工学结合新思维高职高专财经类“十二五”规划教材

大学生创业实战指导

主编　张　静

对外经济贸易大学出版社
中国·北京

图书在版编目（CIP）数据

大学生创业实战指导 / 张静主编．—北京：对外经济贸易大学出版社，2012

工学结合新思维高职高专财经类“十二五”规划教材

ISBN 978-7-5663-0437-7

Ⅰ．①大…　Ⅱ．①张…　Ⅲ．①大学生－职业选择－高等职业教育－教材　Ⅳ．①G647．38

中国版本图书馆 CIP 数据核字（2012）第 198104 号

大学生创业实战指导

张　静　**主编**

责任编辑：王文君　毛飞琴

对 外 经 济 贸 易 大 学 出 版 社

北京市朝阳区惠新东街 10 号　　邮政编码：100029

邮购电话：010－64492338　　发行部电话：010－64492342

网址：http://www.uibep.com　　E-mail：uibep@126.com

山东省沂南县汇丰印刷有限公司印装　　新华书店北京发行所发行

成品尺寸：185mm×260mm　　14.75 印张　　341 千字

2012 年 9 月北京第 1 版　　2012 年 9 月第 1 次印刷

ISBN 978-7-5663-0437-7

印数：0 001－3 000 册　　定价：27.00 元

出版说明

工学结合新思维高职高专财经类“十二五”规划教材是对外经济贸易大学出版社贯彻教育部教高［2006］16号《关于全面提高高等职业教育教学质量的若干意见》精神，联合天津商务职业学院(原天津对外经济贸易职业学院)、天津职业大学、河北工业职业技术学院、北京工业职业技术学院、天津国土资源和房屋职业学院、天津海运职业学院等国家、省（直辖市）级示范性高等职业院校推出的一套面向高职高专层次、涵盖不同专业的立体化教材。本系列教材包括国际经贸、财会金融、工商管理、物流管理、电子商务、旅游与酒店管理六个专业。

根据教高［2006］16号文件关于“高等职业院校要积极与行业企业合作开发课程，根据技术领域和职业岗位（群）的任职要求，参照相关的职业资格标准，改革课程体系和教学内容，建立突出职业能力培养的课程标准，规范课程教学的基本要求，提高课程教学质量”的要求，本套教材以提高学生专业实际操作能力和就业能力为宗旨，采取情景模块、案例启发、任务驱动、项目引领、精讲解、重实训的编写方式，让学生在理论够用的基础上，在专业技能培养环节，特别是“教学做一体化”方面有所突破，“确保优质教材进课堂”。

根据国家职业教育的指导思想，目前我国高职高专教育的培养目标是以能力培养和技术应用为本位；根据教育部提出的高等职业教育“与行业企业共同开发紧密结合生产实际的实训教材”的要求，其教材建设突出强调应用性和适用性，既要满足专业教育，又能适应就业导向的“双证书”（毕业证和技术等级证）的人才培养目标需要。本套教材的作者不仅具有丰富的高等职业教育教学经验，而且具有企业第一线实践经历，主持或参加过多项应用技术研究。这是本套教材编写质量与高等职业特色的重要保证。

本套教材配有教师用PPT文稿，方便教师教学参考。

愿本套教材的出版对“十二五”期间我国高等职业教育的创新发展和高职人才培养质量的稳步提升有所助益！

对外经济贸易大学出版社

2011年6月

前言

《大学生创业实战指导》是“工学结合新思维高职高专财经类‘十二五’规划教材”之一。

在高等院校开展创新创业教育，积极鼓励高校毕业生自主创业，不仅成为教育系统服务于创新型国家建设的重大战略举措，同时也是落实以创业带动就业，促进高校毕业生充分就业的重要措施。

当代大学生是最具创新、创业潜力的群体之一。党的十七大明确提出了“提高自主创新能力，建设创新型国家”和“促进以创业带动就业”的发展战略，鼓励、引导和支持大学生自主创业，人力资源和社会保障部就此组织实施了“大学生创业引领计划”，其工作目标为：“2010—2012 年，三年引领 45 万名大学生实现创业。有创业愿望并具备一定条件的大学生都得到创业培训，准备创业的大学生都得到创业指导服务。” 教育部《关于大力推进高等学校创新创业教育和大学生自主创业工作的意见》(教办［2010］3 号)中提出，要“大力推进高等学校创新创业教育工作，创新创业教育要面向全体学生，融入人才培养全过程”。同时强调：“加强创新创业教育课程体系建设。把创新创业教育有效纳入专业教育和文化素质教育教学计划和学分体系，建立多层次、立体化的创新创业教育课程体系。加强创新创业教育教材建设，借鉴国外成功经验，编写适用和有特色的高质量教材。”

在创新创业教育成为全国高等院校人才培养战略的重要组成和全面实施阶段之际，高等职业教育承担的历史责任更为重大。本教材的编著者旨在把创新创业理念与实践融入高职教育的过程，突出创业知识、创业思路、创业方法的应用与创业实践技能的培养，以此强化培养大学生的创新意识，引发大学生的创业激情，指导大学生创业的路径，传递大学生创业成功的经验，提升大学生的创业实践能力，从而更进一步满足大学生创业的素质与技能培养之需。

本教材按照创新与创业的基本流程，分步骤逐一讲解创业各阶段的工作内容与方法手段，配合大量创业经典案例和专家介绍的经验技巧，形象生动地向学生传授创业技能，突出实用性和实践性、基础性和扩展性、层次性和灵活性的特点，展现给学习者系统的创业知识与创业技能体系，是一部不可多得的青年创业指导手册。

本教材具有如下特色：

一是教材体例的创新性。《大学生创业实战指导》以创业者的一般性流程为载体，以创业各阶段创业者的实际操作内容和技能为主线编排教学内容，辅以大量创业案例和创业导师的经验指导与提示，使学生按照教材展示的创业路径按图索骥即可完成创业过程中最基础的任务，为成功创业奠定坚实的信念与战略基础。

二是内容设计的实用性。本教材完全按照创业过程必须经历的基本环节、基本要素与基本技能，并依照创业的基本步骤设计并安排教学内容。每个创业步骤的具体内容则依据工作流程与能力训练等逐步展开，系统地将知识要点、岗位应用与技能训练有机地结合起来，既纵横有度，又突出实践性、实战性，为成功创业提供系统的创业知识与操作技能。

三是教学过程的连续性。本教材按照创业内容的一般性时间顺序、操作步骤、推进阶段为依托，巧妙地以“STEP”（步骤）形式生动地向师生展现教学过程。在每个创业步骤里，都精选了与本步骤创业技能密切相关的创业故事与导师提示，学生在“工学结合”的教学方式下，既如同置身于创业者的经典案例库中，品味国内外创业成功与失败的故事的真谛，又能亲耳聆听创业导师的谆谆教诲，还可以增强创业的实战技能。“教学做一体化”所引导的教学模式，促使学生既要学会用一个创业者的思维考虑问题的能力，也应训练学生以企业家的方式解决问题的能力。

《大学生创业实战指导》对大学生创业的基本要素和主要运作环节进行了系统有序且详细的讲解与训练安排。全书共分为三个阶段，即创业准备阶段、创业实施阶段、后创业阶段；包括九个步骤，即了解大学生创业、寻找创业机会、培养创业者素质和能力、拟订创业计划、筹集创业资金、办理创业的法律手续、组建与培养创业团队、开拓市场与维护客户和管理与运营创业企业。每个创业步骤均以工作过程系统化地充实教学内容。

本教材由天津商务职业学院张静老师负责全书的体系设计和总纂定稿。

参与本书编写的人员分工为：张静老师编写了 STEP（步骤）二、六、七、九；庞静老师编写了 STEP（步骤）三、四；仝玺老师编写了 STEP（步骤）五、八；冯立楠老师编写了 STEP（步骤）一；张瑞老师在资料收集与整理方面做了大量工作。天津商务职业学院就业处许文韬老师、职业指导师张丽丽老师提供了创业政策等的指导性建议。

天津商务职业学院的魏秀敏教授为本教材的选题立项、内容选取、体例确定以及特色彰显作了大量耐心细致的工作。

在本书的编写过程中，编著者还得到了长盛国际贸易发展有限公司总经理龚礼强先生、太敬机械有限公司总经理李敬玉女士、大野航务有限公司董事长兼 CEO 南希女士、经纶广告营销策划有限公司总经理沈来庆先生、体适堡运动有限公司执行总裁肖杰先生等多位创业成功人士的大力支持，在此一并致谢。

由于笔者水平有限，书中难免存在疏漏与不足，敬请高职教育界同仁与富于创新精神的莘莘学子批评指正。

编　者

2012 年 5 月

目　录

第一部分

创业准备阶段

Step 1 了解大学生创业

导 入

展飞同学马上就要大学毕业了，面临激烈的就业市场竞争，展同学却没有忙着制作简历、到各公司面试，他有着自己的打算，那就是做老板！这是他从小的愿望。但有着理工科学习背景的他却对创业道路还很模糊，现在他来求助创业导师，希望通过他的引领顺利进入创业之门，我们也一起和他探索创业的奥秘吧！

学习目标

1. 了解创业时代的特点
2. 了解创业的作用
3. 掌握创业的内涵、类型和特征
4. 掌握创业的一般模式

1.1 创业时代来临

21世纪是一个变革与竞争的时代，创业活动正在世界范围内蓬勃兴起，新企业大量地涌现，并且比历史上的任何时期更容易成长为大型企业。创业不是天才的独创，也不是普通人的妄想，而是每个社会成员改变命运、追求卓越的途径，是一个国家取得核心竞争力的关键。

从20世纪80年代开始，一系列新的时代特征为引爆这场创业革命提供了有利的契机。

第一，各国纷纷放松管制，降低各种税率，大力推行各种鼓励创业的措施；

第二，进入知识经济时代，以信息技术为代表的大量新技术的出现创造了众多新的商业机会，并使得规模经济所要求的最小规模大大降低，这种技术上的特点为许多新企业的诞生提供了良好的机遇；

第三，随着收入的提高，人们的需求变得更为个性化和多样化，因而创造出大量的商机，需要规模较小的企业去满足；

第四，资本市场变得相当发达，大量的新兴的金融创新，特别是风险投资获得了空前的发展，为新兴企业克服资金障碍提供了新的可能。

在这些变化的“合力”推动下，创业的浪潮席卷国民经济的各个领域。创业变革浪潮作为一种体现时代精神的新特点、新迹象，是各种变化着的社会经济力量综合作用的产物。管理学家彼得·德鲁克将之概括为“创业型经济”。

一、创业型经济将改变中国经济增长轨迹

全球经济正处于新一轮的调整和重新排序之中，经济增长的实践表明，内生经济增长的动力主要来自于大量的创业活动。作为知识、技术、管理、资本与创业精神互融的新型经济形态，创业型经济对技术创新、制度创新、产业结构跃升以及经济增长方式转变、促进就业型增长有着重要的战略意义。面对当前的国际金融危机，各国政府都认识到应对危机不只是对原有经济结构的简单恢复，更重要的是依靠新的科技革命、产业革命，对新的经济结构和产业结构的重新构建。从历史经验来看，世界经济危机往往会催生新科技的突破，从而推动新一轮的经济增长，带动整体经济步入新的繁荣。

随着创业板的起航，经济寒冬中的中国创业型经济正从春潮涌动变成激流澎湃，“国家创基业，企业创财富，百姓创家业，能人创企业，干部创事业”的大格局正在形成。从产业发展方向上看，发展知识密集型、科技密集型和人力资本密集型产业，发展以科技型、知识型、服务创新型、创意型新兴创业企业为主导的创业型经济。从区域创业方向看，无数在金融危机中破茧而出的新创企业、各行各业涌现的隐形冠军、科技小巨人，甚至是数以万计的创业家和商业新秀，他们都将是后危机时代引领中国新一轮经济增长的动力组合。

创业故事

新生代企业家：用创业改变世界

在商界，尤其是互联网界，一群年轻人正在浮出水面。当人们习惯将拥有财富的企业家们想象成老成、老到、饱经风霜的中年人时，这群年轻人踏浪而来。他们年轻，充满朝气，从来不讳言自己对于财富的追求；他们思维缜密，但并不鄙视或远离现实的商业生活；他们视角独特，昭示着他们正在改变着世界。

Facebook CEO［脸谱首席执行官马克·扎克伯格（Mark Zuckerberg）］，刚满 25 岁，是全球最年轻的创业亿万富豪，出生于美国纽约，从小受到良好的教育。他拒绝了年薪 95 万美元的工作机会，选择去哈佛上大学。在哈佛的第二年，他与室友一起，花了一星期时间写网站程序，建立了一个为哈佛同学提供互相联系平台的网站，命名为 Facebook（脸谱）。他不仅推动了新的商业模式，同时也用 Facebook 打开了一个新的世界。

二、创业改变人生

“长风破浪会有时，直挂云帆济沧海”。我们今天所处的这个时代，是各路英才实现抱负、大显身手、大展宏图的时代，成功的创业者必备的素质是高智商、高情商和高财商，并能够充分认识到创业必定是一条艰苦之路而义无反顾，百折不挠，敢于开拓，勇攀高峰，是创业改变了无数创业者的人生轨迹，铸就了他们事业和人生的辉煌。如果不下海创业，也许朱孟依（合生创展集团有限公司主席）仍然同祖祖辈辈一样，在重复着“日出而作，日落而息”的日子；丁磊（网易公司创始人兼 CEO）和郭广昌［复星高科技（集团）有限公司董事长、上海复星实业股份有限公司董事长、复地（集团）股份有

限公司董事长］仍在研究所或者书斋里发出“十年寒窗无人问”的长叹；许荣茂（世茂集团董事长）则在他的乡间诊所中依然默默无闻……

创业是一个人对社会、对自然、对自我的挑战，它最能激发出一个人的生命潜能，最能充分显示一个人的人生价值。正是因为有无数创业者的不懈努力，才有中国经济连续20 多年 GDP（国内生产总值）高达 9.2% 的增长，才有全球“中国热”的到来。榜样的力量是无穷的，今天在科学发展观的引领下，全民创业的热潮又一次汹涌而来。

创业故事

轮椅上的辉煌

南风集团的掌门人吴宁被人们称为轮椅上的创业英雄。他从小残疾，为了治病，家里一贫如洗，19 岁时，吴宁从一天只能赚 10 元钱的卖菜、卖西瓜、卖雪糕、卖瓜子开始了艰苦的创业。那时他还没有轮椅，要在一大早靠朋友把他和要卖的东西送到市场或电影院门口，晚上再推回来。无论酷暑严寒，在沈阳的大街小巷，吴宁一坐就是一整天。由于下肢瘫痪、大小便失禁，只能在夜里吃一点点食品，不敢喝水。碰到下雨的天气，而他却走不了，只能坐在那里让大雨淋着……卖瓜子一天赚 10 多元，卖菜一天赚 20 多元，卖啤酒一天能赚 100 多元。为这“第一桶金”他付出了 8 年的岁月，经受了常人难以忍受的艰辛和痛苦，但是他刚毅地坚持了下来。从 1986 年开始到 1988 年，他终于积攒了几千元。租了一间 10 多平方米的临街平房，雇了 3 个小伙子，做起了啤酒生意。那一年吴宁赚了几十万元。而后他租了 150 多平方米的一个门面房，在批发啤酒的同时，开起了商店，并办起了包装运输队。一年的总收入有了上百万元。从 1990 年开始，除了商贸公司、食品公司、运输公司外，他还办起了出租车公司、建筑公司。到 1994 年的时候，吴宁积累了约 1 000 万元左右的资金。这为他进入房地产市场打下了基础。2000 年以来，南风集团先后投资了 10 多个房地产项目，并坚持“盖老百姓买得起的房子”的企业理念。由于质量好、价格低，南风集团的地产项目成为沈阳市卖得最好的楼盘。

从卖菜开始，到批发啤酒，到成立公司，再到现在将公司打造成为沈阳的一个知名品牌，吴宁先后获得了“全国自强模范”、“辽宁省劳动模范”、“辽宁省十大杰出青年”等荣誉，并在 2002 年 1 月被选为沈阳市人大代表。

人生的改变需要付出代价，改变一种生活需要十足的勇气，需要十足的渴望，需要去实施行动的十足的激情。创业即使失败也不会穷死，大不了还是过原来的日子，这是最坏的结果。创业是给自己创造成功的机会、改变的机会、转折的机会，无论这种机会促成成功的比例是多少，但有机会就大于零。更何况在今天，整个社会处于一种活跃期，经济处于快速增长期，那么，对于善于发现机会与创造机会的创业者而言，都不失为黄金期。尤其是在当下这种经济活动频繁、思潮踊跃、政策宽松、创投活跃、用户成熟的大环境中，如果足够自信，那么不管年龄如何、学历高低、是男是女、出身如何，都有可能从默默无闻的草根变成创业英雄。

导师提示

虽然创业成为许多人改变人生，提高自身价值的途径，但并不是所有的创业者都能迎来辉煌，尤其是刚刚走出校门的大学毕业生，如果没有市场与管理知识的储备，再加上没有充分的从业经验及社会经验，创业风险就更大。所以大学生对待创业应冷静，充分衡量利弊，并做好迎接挑战的心理准备。

三、冷静看待大学生创业

（一）大学生创业优势

大学生往往对未来充满希望，有着蓬勃的朝气以及“初生牛犊不怕虎”的精神，而这些都是创业者应该具备的素质。

大学生在学校里学到了很多理论性的东西，有着较高层次的技术优势，而目前最有前途的事业就是开办高科技企业。技术的重要性是不言而喻的，大学生创业从一开始就必定会走向高科技、高技术含量的领域，“用智力换资本”是大学生创业的特色和必然之路。一些风险投资家往往就因为看中了大学生所掌握的先进技术，而愿意对其创业计划进行资助。

大学生有对传统观念和传统行业挑战的信心和欲望，而这种创新精神也往往造就了大学生创业的动力源泉，成为成功创业的精神基础。

最后，大学生创业的最大好处在于能提高自己的能力、增长经验以及学以致用；最大的诱人之处是通过成功创业，可以实现自己的理想，证明自己的价值。

（二）大学生创业弊端

由于大学生社会经验不足，常常盲目乐观，没有充足的心理准备，对于创业中的挫折和失败，会感到十分痛苦茫然，甚至沮丧消沉。其实，创业成功的背后往往是很多的失败换来的。看到成功，也看到失败，这才是真正的市场，也只有这样，才能使年轻的创业者们变得更加理智。

急于求成、缺乏市场意识及商业管理经验，是影响大学生成功创业的重要因素。学生们虽然掌握了一定的书本知识，但终究缺乏必要的实践能力和经营管理经验。此外，由于大学生对市场营销等缺乏足够的认识，很难一下子胜任企业经理人的角色。

大学生对创业的理解还停留在仅有一个美妙想法与概念上。许多人认为用一个自认为很新奇的创意就能吸引投资，成功地创办企业，这样的事以前在国外确实有过，但在今天这已经是几乎不可能。现在的投资人看重的是创业计划的技术含量以及市场赢利的潜力，而对于这些，创业者必须有一整套细致周密的可行性论证与实施计划，决不是仅凭三言两语的一个主意就能换来投资。

大学生的市场观念较为淡薄。不少大学生很乐于向投资人大谈自己的技术如何领先与独特，却很少涉及这些技术或产品究竟会有多大的市场空间。就算谈到市场的话题，也多半只会计划花钱做做广告而已，而对于诸如目标市场定位与营销手段组合这些重要方面，则全然没有概念。其实，真正能引起投资人兴趣的并不一定是那些先进得不得了的东西，相反，那些技术含量一般但却能切中市场需求的产品或服务，常常会得到投资人的青睐。同时，创业者应该有非常明确的市场营销计划，能强有力地证明赢利的可能性。

1.2 创业与创业者

一、创业的内涵

创业就是创业者对自己拥有的资源或通过努力能够拥有的资源进行优化整合，从而创造出更大经济或社会价值的过程。根据杰夫里·提蒙斯（Jeffry A.Timmons）所著的创业教育领域的经典教科书《创业创造》（New Venture Creation）的定义，创业是一种思考、推理结合运气的行为方式，它为运气带来的机会所驱动，需要在方法上全盘考虑并拥有和谐的领导能力。创业者需要贡献出时间、付出努力，承担相应的财务的、精神的和社会的风险，只有做到这些才可以获得金钱的回报，达到个人的满足和经济的独立自主。创业的内涵包括以下特征：

（1）创业是创造具有“更多价值的”新事物的过程，这个过程不是光有能力、资金、头脑就可以达到，有时还需要时机及他人相助等外在因素。

（2）创业需要贡献必要的时间，付出极大的努力。

（3）承担必然的风险。包括财务、精神、社会领域及家庭等方面的风险。

（4）创业的报酬不止是金钱，还包括独立自主和个人满足。

创业作为一个商业领域，致力于理解创造新事物（新产品、新市场、新生产过程或原材料，组织现有技术的新方法）的机会如何出现并被特定个体发现或创造，这些人如何运用各种方法去利用和开发它们，然后产生各种结果，让我们继续探索。

导师提示

创业的13原则

1. 合法；
2. 长久；
3. 稳定；
4. 制度好，能赚到大钱；
5. 零风险不伤人脉；
6. 生活必需品，好推广，易接受；
7. 市场大，前景广；
8. 国家支持；
9. 有成熟的系统和团队；
10. 请一位精明的会计师；
11. 选择一个有效的加盟项目；
12. 请专家报税，一位高明的税务专家可替你免很多税；

13. 保持健康心理，心灵平静。

二、创业的类型及特征

创业者会因为许多的动机而走上创业的道路，个人背景、生活经历等等方面的差异会让他们选择不同的创业类型，也就是不同的起步方式。通过调查人们发现，创业类型主要可以分为以下几种：

（1）离职创立新公司，新公司与原来任职公司属于不同行业性质，新公司也必须立即面对激烈的市场竞争。

（2）新公司由原行业精英人才组成，计划以最佳团队组合，集合众家之长来发挥竞争优势。

（3）创业者运用原有的专业技术与顾客关系创立新公司，并且能够提供比原公司更好的服务。

（4）接手一家营运中的小公司，快速实现个人创业梦想。

（5）创业者拥有专业技术，能预先察觉未来市场变迁与顾客需求的新趋势，因而决定掌握机会，创立新公司。

（6）为特殊市场顾客提供更好的产品与服务而离职创立新公司。特殊市场顾客包括机关、特定行业企业或小众市场等。

（7）创业者为实现新企业理想，在一个刚萌芽的新市场中从事创新，计划获得领先创新的竞争优势，但相对的不确定性风险也比较高。

（8）离职创立新公司，产品或服务和原有公司相似，但是在流程与营销上有所创新，能为顾客提供更满意的产品与服务。

三、创业的阶段

创业一般可分为四个阶段：

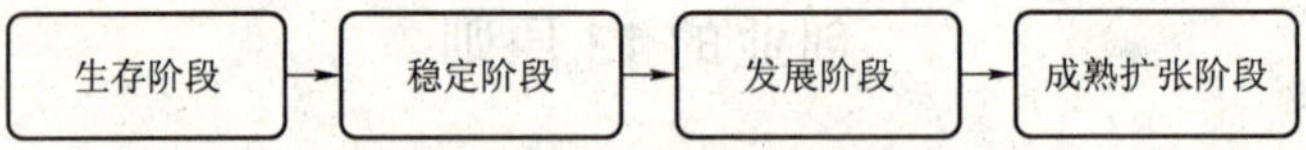

图 1-1　创业阶段图

（一）生存阶段

以现有的产品、技术、渠道为优势，获得生存空间，只要有想法（点子）、肯努力、会销售，就可以获得相应的机会，在这一阶段，与其说是在“创业”，不如说是“做生意”。

（二）稳定阶段

通过规范运营，建立稳定的系统，来增加机构效益，关键是“建立一套持续稳定的运作系统”和“被动现金流”，让企业不再依赖于创业者的个人能力和背景获得发展，这需要创业者的思维从想法提升到思考的高度，从原先的做生意转变为成就事业、创办企业，创业团队也要初步形成。

（三）发展阶段

这时依靠的是硬实力（产业化的核心竞争力），整个商业机构形成系统平台，依靠的是一个个团队通过系统平台来完成管理，人治变成公司治理，销售变成营销，区域性渠道转变成一个个地区性的网络，从而形成系统。这时创业者就可以“退休”了，这是许多创业者梦想达到的理想状态。

（四）成熟扩张阶段

这是创业者的最高境界，集团总部的系统平台和各子集团的运营系统形成一种体系。集团总部依靠的是一种可跨越行业边界的无边界核心竞争力（软实力），子集团形成的是行业核心竞争力（硬实力），这样将使集团的各行各业取得它们在单兵作战的情况下所无法取得的业绩水平和速度。这是企业发展所能追求和达到的最高境界。

四、创业者

（一）创业者的内涵

“创业者”就是自主创业，在追求个人富足和自身价值实现的同时，创造社会财富和吸纳劳动力，切实为国家经济发展和社会进步作出积极贡献的群体。创业者是一种主导劳动方式的领导人，是一种无中生有的创业现象，是一种需要具有使命、荣誉、责任能力的人，是一种组织、运用服务、技术、器物作业的人，是一种具有思考、推理、判断的人，是一种能使人追随并在追随的过程中获得利益的人，是一种具有完全权利能力和行为能力的人。

创业故事

各色的大学生创业者

北京市某高校计算机系2010届毕业生王奇，与人合伙开餐馆之前也和其他人一样，为求职四处奔波，投出的简历不计其数，结果却不尽如人意。王奇说：“想找到合适的工作并不容易，不是工资太低，就是对方要求太高。于是，就想到了自己创业，‘条条大路通罗马’，这条路不通我换条路走吧！当然了，创业也不是一朝一夕的事，我得一边琢磨投资项目，一边选址，还有好多的事情得计划到。饭馆开业前3个月，我没睡过一天好觉。”

大学生吴飞并不是在就业压力下选择创业的。在北京工业大学软件学院读研的他，由于在校出色的表现，获得了学校每年为数不多的留校名额。可是从小就敢打敢拼的他，毅然放弃了别人眼中的“香饽饽”，投身到自己最爱的计算机专业，并和几个同学联手创建了自己的软件工作室。像吴飞这样，为了追寻自己的理想而创业的大学生还有很多。

随着网络的发展，网上有了更多更便捷的交易平台，虚拟店铺也成了不少大学生创业的首选。小鹏就是这样的店主，他在淘宝上经营一家动漫产品的小店，由于产品更新快、服务质量好，小店的生意蒸蒸日上。他乐呵呵地告诉记者：“别的好处先不提，起码咱不怕被炒鱿鱼了！”不用朝九晚五地上班，在家就能赚钱的他着实让大家“眼红”。

“自主创业”渐渐成了许多大学生推崇的理念，有的人已经开始“小试牛刀”——学校校园内随处可见学生自办的“租书屋”、“饰品屋”、“便利屋”等。在学校周围，也有学生自己开的小饭馆、电脑维修店等。

（二）创业者的分类

1. 按照创业者的人格特质分类

美国心理学家约翰·麦纳（John B. Miner）对100位事业有成的创业者经过长达7年的跟踪调研，发现这些创业者存在共同的人格特质，约翰·麦纳根据特质的不同，将创业者分为四种类型：成就上瘾型、推销高手型、超级主管型和创意无限型。

（1）成就上瘾型创业者。这类创业者的人格特质主要表现是必须拥有成就；渴望回馈；喜欢拟定计划和设计目标；具有强烈的进取心；对组织忠诚；相信以己之力可以改变生活；相信工作上应该由自己制定目标，不能受制于他人；对认定的事业表现出执着而不放弃的决心，坚持到底，不达目的不死心，是目标非常确定的上瘾者。

（2）推销高手型创业者。这类创业者的人格特质主要表现是：善于观察和体恤他人的感受；喜欢帮助他人；相信社会互动很重要；需要与他人发展良好的关系；有良好的交际能力；有强烈的合作意识，相信销售对执行公司经营战略十分重要。

（3）超级主管型创业者。这类创业者的人格特质主要表现是：很讲信用、很负责任，他们的能力、力量来自于贯彻目标的决心，期望成为企业中的领导人物；具有决断力；对集体持肯定态度；喜欢与他人竞争；期望享有权力；渴望能够出人头地。

（4）创意无限型创业者。这类创业者的人格特质主要表现是：热爱创新，富有创意；相信新产品的研发对企业经营战略的执行十分重要；聪明过人；希望避免风险；有创意有主张，绝对与众不同，鹤立鸡群，有着强烈的冒险性及好奇心。

信息广角

中国创业者的类型

● 生存型创业者。创业者大多为下岗工人、失去土地或因种种原因不愿困守乡村的农民以及刚刚毕业找不到工作的大学生。一般创业范围均局限于商业贸易，少量从事投资少的加工业。

● 变现型创业者。该类创业者大多为过去在党、政、军、行政、事业单位掌握一定权力或者在国企、民营企业担任经理人期间聚拢了大量资源的人，在机会适当的时候开办公司、企业，将过去的权力和关系变现，将无形资源变现为有形货币。

● 主动型创业者。又可分为两种，一种是盲动型创业者，一种是冷静型创业者。前一种创业者大多数极为自信、做事冲动。冷静型创业者是创业者中的精华，其特点是谋定而后动，不打无准备之仗，或是掌握资源，或是拥有技术，一旦行动，成功的概率通常很高。

另外还有一种类型创业者，除了赚钱，没有什么明确的目标。就是喜欢创业，喜欢做老板的感觉。也从来不考虑自己创业的成败得失。

2. 按照创业者的创业内容分类

（1）生产型创业者。生产型创业者是指通过创办企业推出产品的创业者，是以生产技术为主体，通常这种产品科技含量较高。比如，爱多的创业就是以生产 VCD 产品打开家电市场的。

（2）管理型创业者。管理型创业者就是指那些综合能力较强的创业者，他们对专业知识十分精通，而且对企业管理、运作、市场、财务等十分熟悉，能够通过各种有效的企业管理手段，带动企业前进。

（3）市场型创业者。市场型创业者的一个重要特点就是注重市场，善于把握市场变化机会。在中国计划经济向市场经济转轨过程中，涌现出了大批的市场型创业者。海尔集团总裁张瑞敏就有一句名言："三只眼睛看世界"。其意思就是计划经济时期企业只要一只眼，即盯住政府就可以了；而市场经济条件下的企业则需要有两只眼，一只盯住市场，另一只盯住员工；而转型期的企业则需要具备第三只眼，也就是说盯住市场和员工之外，还要盯住政府出台的政策。

（4）科技型创业者。科技型创业者多与高校和科研机构相关联，以高科技为依托创办企业。20 世纪 80 年代之后，为了鼓励科技成果转化为生产力，国家推出了一系列鼓励高等院校和科研机构创办企业的措施。如今许多知名科技企业的前身就是原来的"校办企业"和科研机构创办的"所办企业"，如北大方正、清华同方以及联想集团等。

（5）金融型创业者。金融型创业者实际上是一种风险投资家，他们向企业提供的不仅仅是资金，更重要的是专业特长和管理经验。他们不仅参与企业的经营方针和规划的制定，而且还参与企业的营销战略制定、资本运营以及人力资源管理。

（三）创业者应具备企业家精神

企业家精神是我们社会中不可缺少、极其珍贵的一种精神财富，同时也是成功创业者必须具备的。企业家精神主要包括创新精神、竞争精神、契约精神、信用精神、民族精神和未来精神等。

创业者之所以能够创业，就在于他的创新精神。要创业，就不能墨守成规，亦步亦趋，老是重复别人做过的事，而应当以新立足，以奇取胜，作出别人没有做过的事业。

竞争精神，这是创业者真正的活力所在，创业诞生于竞争之中，尤其在当今社会中，竞争更为激烈，创业者只有具备竞争意识，才能在政治、经济等各个领域的角逐中捷足先登。

契约精神要求创业者必须讲求信用。信用实际上是企业家的生命，维护企业和个人的信用就应像保护自己的双眼一样，在企业经济交往活动中以诚信为本，是创业者必须追求的一种基本精神。市场经济既是契约经济、信用经济，又是法制经济。

成功的创业者都应有一种强烈的爱国之情、报国之志。重要的一点就是人要有志气，要有闯劲。

创业故事

史玉柱的创业路

从史玉柱（巨人集团创始人）个人来说，与其说史玉柱是个企业家，不如说他是个幻想家、一个商业革命的推崇者。史玉柱，这个崇拜毛泽东、把《毛泽东选集》已经读得滚瓜烂熟的并不算年轻的创业者，从来就是把创业当成革命来干的。他把商场抽象成几大战场，而自己则是每场战役的总指挥，用打“三大战役”的方法进行促销电脑、保健品和药品。在每个省都从最小的城市启动市场。县城攻下来后，再全力进攻一个市，然后是几个市，一个省……做保健品时，他想象为什么人家要买自己的保健品，并亲身走入消费者中，去了解消费者对产品的需求。有人描述说，史玉柱有巨大的勇气和胆魄以及敢于冒险的精神。他是富于激情的人，这种激情甚至表现为诗人的浪漫气质，表现为对未来的想象力，表现为对遥远目标的不懈追求，表现为对于清规戒律的蔑视，表现为敢于反传统，表现为蔑视权威，表现为不拘一格，表现为不断地超越等。

1.3 创业的一般模式

一、创业模式分类

根据创业者对市场的不同认识，人们多会采用下面的四种创业模式：

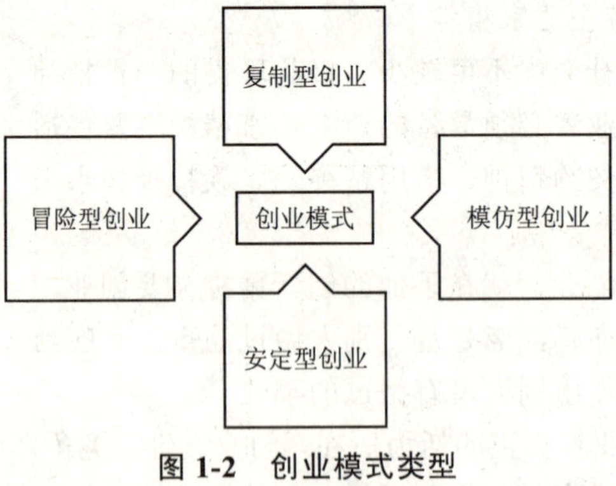

图 1-2 创业模式类型

（一）复制型创业

即复制原有公司的经营模式，创新的成分很低。例如某人原本在餐厅里担任厨师，后来离职自行创立一家与原服务餐厅类似的新餐厅。新创公司中属于复制型创业的比率虽然很高，但由于这类型创业的创新贡献太低，缺乏创业精神的内涵，不是创业管理主要研究的对象。这种类型的创业基本上只能称为“如何开办新公司”，因此很少会被列入创业管理课程中学习的对象。

（二）模仿型创业

这种形式的创业对于市场虽然也无法带来新价值的创造，创新的成分也很低，但与复制型创业的不同之处在于，创业过程对于创业者而言还是具有很大的冒险成分。例如某一纺织公司的经理辞掉工作，开设一家当下流行的网络咖啡店。这种形式的创业具有较高的不确定性，学习过程长，犯错机会多，代价也较高昂。这种创业者如果具有适合的创业人格特性，经过系统的创业管理培训，掌握正确的市场进入时机，还是有很大机会可以获得成功。

（三）安定型创业

这种形式的创业虽然为市场创造了新的价值，但对创业者而言，本身并没有面临太大的改变，做的也是比较熟悉的工作。这种创业类型强调的是创业精神的实现，也就是创新的活动，而不是新组织的创造，企业内部创业即属于这一类型。例如研发单位的某小组在开发完成一项新产品后，继续在该企业部门开发另一项新产品。

（四）冒险型创业

这种类型的创业，会给创业者本身带来极大改变，但其个人前途的不确定性也很高；对新企业的产品创新活动而言，也将面临很高的失败风险。冒险型创业是一种难度很高的创业类型，有较高的失败率，但成功所得的报酬也很惊人。这种类型的创业如果想要获得成功，必须在创业者能力、创业时机、创业精神发挥、创业策略研究拟定、经营模式设计、创业过程管理等各方面都有着很好的搭配。

二、我国大学生现有创业模式

我国大学生创业的历史发展还比较短，通过调查和查阅资料发现，目前有 6 种比较成熟的创业模式：

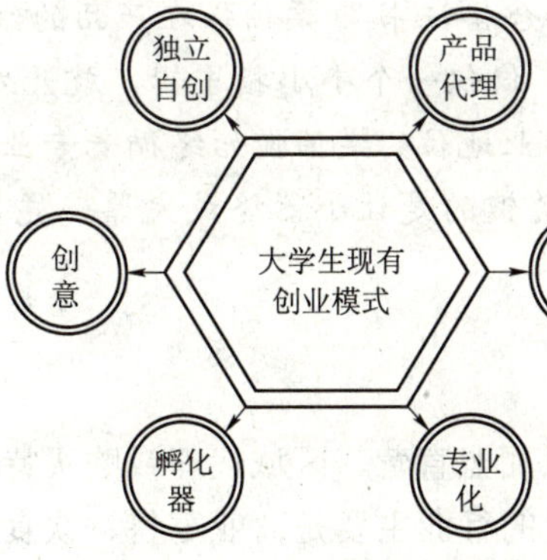

图 1-3　大学生现有创业模式

（一）独立自创模式

独立自创模式是指大学生为了实现在就业的同时积累资本和经验，由个人或几个人组成创业团队白手起家，完全独立地创业，属于典型的个人创业。创业行业主要集中在商业零售、餐饮、化妆品、服装、图书批发、家具、眼镜、乐器等的经营上。这种创业模式的资金需求较小，创业者可以通过自己前期的兼职积攒、向亲朋好友借债或在政策范围内获得小额贷款的形式筹集。在管理上主要是采取自我雇佣的业主组织形式，产权关系上以个人独资或合伙投资经营为主，在经营取得成功，发展到一定规模的时候，就成立具有法人地位的股份制小型公司。这种创业模式投资小，面临的不确定性程度低，稳扎稳打，步步为营，逐渐积累壮大，成功率较高。

创业故事

“小”指甲钳的“大”作为

梁伯强借助“非常小器”的指甲钳，使得圣雅伦牌成为了中国第一、世界第三的指甲钳品牌，梁伯强也成为了亿万富翁。

1998年4月，梁伯强从茶几上用来包东西的旧报纸上读到一则名为《话说指甲钳》的文章，他便产生了一个念头：做一个响当当的中国品牌指甲钳。他去过广州、天津、北京、上海和苏州的国营指甲钳厂，这些工厂全都已经关门大吉。于是，梁伯强开始学技术，把目标锁定在韩国著名的“777”牌指甲钳上。梁伯强从韩国订了30万元货，然后组织人员研究“777”的技术，再把买来的指甲钳卖出去，研究人员一遇到什么不懂的地方，梁伯强就飞去韩国。由于梁伯强是以中国经销商的身份前去考察的，韩国人不仅详细解释了梁伯强提出的问题，还亲自带他去厂区参观。这样梁伯强仔细了解了他们的自动化生产技术和设备。一年里，梁伯强飞了20多次韩国，买进了1 000多万元的货。这段时间，他的研究人员基本上把“777”的技术学到了，通过做“777”经销商，他也逐渐铺开了自己的销售网络，不久，他的第一批名为“圣雅伦”牌的指甲钳新鲜出炉。梁伯强不惜重金请来各方专家，数次拿着精心改良的样品飞赴沈阳五金制品检测中心接受检测。2000年6月，“圣雅伦”得到了全国五金制品协会有史以来颁发的第一张“指甲钳质量检测合格证书”。梁伯强在产品的细节和文化含量上下功夫，强调产品的个性化和环保概念。仅仅一个小小指甲钳，就开发出了200多个品种。这奠定了“圣雅伦”在指甲钳的专业地位。梁伯强始终循着专业化模式发展，不但让“圣雅伦”成为全世界的名牌；最关键的是让小器终成大器，凭借小小指甲钳获得了巨大的财富。

（二）产品代理加盟模式

这种创业模式是指大学生以加盟直营、区域代理或购买特许经营权的方式来销售某种商品或服务的创业活动。加盟的行业主要是商业零售、饮食、化妆品、服装等技术含量不高而用工较多的行业。资金筹集上一般是由个人独资或几个人合伙出资，组织管理上实行总店或中心的统一模式自我雇用、自我管理，并且能分享经营诀窍和资源支持，得到长期专业指导和配套服务。这种创业模式由于有经营管理上现成的模式可供直接采用，可充分利用特许企业的品牌效应减少经营风险，享受规模经济的利益，被称为“站在巨人的肩膀上”的创业。

（三）分化拓展模式

这种创业是指大学生首先加入某高新技术或商品流通，成为该企业的骨干员工，然后利用企业内部创业的机会来实现自己创业理想的行为。一些大学生发挥自己的专业特长，迅速成为公司的骨干，而这时公司恰好准备变更或重塑公司的主要方向，由公司投资，并委托骨干员工来负责新业务或新项目。作为骨干分子，在资本、经验、人力资源发展到适当程度之际，并判断有更好的商机出现时，就脱离原公司集团以自己个人积累的资金为主，来创建新的法人企业。创业者在参照原公司集团经营管理模式的基础上，根据自己的偏好做进一步改进。这种创业模式可以依托原公司客户关系网扩大业务，创业风险较小，成功概率较高。

（四）专业化模式

这种创业模式是大学生将自己拥有的专长或技术发明通过“知本雇佣资本”的方式发展成企业。创业的大学生具备某一专业、技术特长或成功研制一项新产品、工艺，但要创建企业需要高额资本，而学生往往由于缺乏信用保证难以通过信用机制从外部筹措大量的急需资金。于是大学生就以技术、专利、其他智力成果作为生产要素，吸引有眼光的公司提供风险投资基金来创建企业。这种创业模式主要集中于电子信息、生物技术、高科技农业等技术含量高、知识密集型的行业。经营形式上采取股份法人公司制，管理上十分强调企业家精神和团队精神。这种模式是技术与风险资金的结合，不确定性程度高，风险大。

（五）孵化器模式

孵化器模式是大学生受各种创业大赛的驱动和高校创业园区创业环境的熏陶、资助、催化而进行的创业活动。许多高校经常举办各种各样的创业大赛，参加大赛的大学生在创业大赛中熟悉了创业程序，储备了创业知识、积累了创业经验、接触和了解了社会，是对创业的模拟实验；同时高校纷纷建立科技园区或创业园区，园区中的科技创业基金中心或大学生创业投资公司对经过严格评估的优秀参赛项目进行股权形式的投资，建立股份制公司并且定期对投资项目进行评估，实行优胜劣汰，对项目进行创业催化。创业者可以得到政策的支持和创业园区的各专家的培训和指导，包括免费提供办公场所、公共文秘、财会、人事服务，咨询、辅导、评估和项目管理服务、办理证照、落实优惠政策、推荐申报、市场营销服务等。这种创业模式集中于高科技行业，很多项目是研究生的导师承担的各级政府课题基金项目的成果。

（六）创意模式

这种创业模式刚刚兴起，是大学生根据自己的新颖构想、创意、点子、想法进行的创业活动。概念创新集中于网络、艺术、装饰、教育培训、家政服务等新兴行业，创业者的设想能够标新立异，在行业或领域里是个创举，并迅速抢占市场先机。创业的资金需求量不是很大，一般创业者向亲朋好友借款或在政策范围内小额贷款，特别有创造性、能吸引商家眼球的也可以引来大公司的股权形式的资金注入，组织管理上个人独资、合伙、股份公司均可。这种创业需要具有独特的个性特征和旺盛的创业欲望，善于洞察商业机会，创业难度高，不确定性大，但成功的收益也很大，是一种开创性价值创造型创业。

创业故事

马云的创业起步

刚刚步入而立之年的马云在当时已经是杭州十大杰出青年教师，校长还许诺了他外办主任的位置。但是，特立独行的马云放弃了学校的一切毅然下海。1995 年初，马云去美国，第一次接触到互联网。此时，即使在全球范围内，互联网也刚刚开始发展，在这样的情形下，远在尚未开通拨号上网业务的杭州，马云就已经梦想着要用互联网来开公司盈利。于是马云召集来 24 位做外贸的朋友，想听听外贸人对 Internet（互联网）的商务需求。1995 年 4 月，马云和妻子再加上一个朋友，凑了两万块钱，于是中国第一家专门给企业做主页的杭州海博电脑服务有限公司就这样开张了，网站取名“中国黄页”，成为中国最早的互联网公司之一。1995 年 5 月 9 日，中国黄页上线，马云从身边的朋友开始找生意。他的生意经是：先向朋友描述 Internet 的好处，然后要他们的资料，通过 EMS 寄到美国，美国的生意伙伴将 Homepage（主页）做好，打印出来，再快递寄回杭州。马云将网页的打印稿拿给朋友看，并告诉朋友在 Internet 上能看到。此时，离中国能上 Internet 还有 3 个月。

因为无法实际地在网络中看到，有些朋友怀疑马云在编故事。马云说：“你可以给法国的朋友打电话，给德国的朋友打电话，或者给美国的朋友打电话，电话费我出，如果他说没有，那就算了；如果他说有，你要付我们一点点钱。”3 个月后，临近杭州的上海正式开通互联网，马云的业务量激增。在各企业纷纷忙着建立自己主页的时候，马云的先见之明为他带来了丰厚的利润。

三、大学生的点子创业

30 年前，美国人弗雷德 · 史密斯凭着一个想法——隔夜传递，被风险投资家看中，创办了“联邦快递”。如今，“联邦快递”已是全球最大的快递运输公司，在全球 211 个国家开展业务。当许多人还在为没资金、没技术而大伤脑筋时，有那么一群梦想家，凭着敏锐的市场嗅觉和新奇的商业创意，从普通创业者摇身变成了日进斗金的创业家：第一家网络书店、第一个搜索引擎网站 Yahoo……这些成功案例使“概念创业”浮出水面，让越来越多的创业者意识到，一个一闪即逝的灵感，也能成为梦开始的地方。

（一）点子创业分类

创业离不开创意、点子、想法。只有这样，才能抢占市场先机，才能吸引风险投资商的眼球。同时，这些超常规的想法还必须具有可操作性，而非天方夜谭。点子创业有以下类型：

1. 异想天开型

创业故事

法国人贝利用自己独特的想法改变了旧报纸的命运。在贝利看来，每个人对自己的生日都很敏感，希望收到特别的礼物，而鲜花、蛋糕等传统礼物，由于其短暂性和普遍性，无法很好地体现生日的特殊性。于是，他创立了一家“历史报纸档案公司”，把旧报纸当成礼品，出售给生日日期与报纸出版日期相同者。从表面上看，贝利卖的只是一个“日子”，但却抓住了人们追求个性化的心理，同时也抓住了独特的商机。如今，贝利每年可卖出 25 万份旧报纸。

异想天开中蕴藏着诸多的成功机会，飞机的发明源于福特兄弟“人类也能像鸟一样飞翔”的想法，大卫·H·克罗克的离奇想法则造就了“会飞的邮件”——电子邮件。创业也是如此，奇特的创意有时也能成为一种创业资本，有着剑走偏锋的神奇作用。当然，与众不同的创意，在创业初始会受到怀疑甚至嘲弄，禁不起考验的就会如昙花一现，而那些坚持下来并积极把想法转化成实际者，往往有着抢占先机的优势。

2. 问题解决型

创业故事

马利特目前从事消毒牛奶瓶生意，他的创业灵感来自一次郊游。马利特夫妇带孩子出游，给孩子喂食时发现没带奶瓶。他们从附近商店买了一只奶瓶，却无法对奶瓶进行消毒，制造消毒奶瓶的念头由此闪现。经过艰难的研发，马利特于 2000 年推出一种可回收的消毒奶瓶。产品一上市便大受欢迎，仅英国和美国两地，年销售量就超过 400 万个。

每个人在日常生活中都会碰到或大或小的恼人问题，有人埋怨几声就息事宁人，有人则从自身经历或朋友的困境中发现商机。例如，晚上遛狗时差点给车撞了，由此推出宠物反光衣；发现孩子不会用大人的吸管，就开始生产弯曲吸管等。这一类型的创业者如能一针见血抓到问题所在，并且脑筋急转弯，想出解决问题的妙方，成功几率极高，当然问题必须带有一定的普遍性。

3. 异业复制型

创业故事

马化腾原本只是一个“超级网虫”，如今却拥有了一家注册用户超过 2 亿的网络服务公司，如此巨大的转变只是源于突发奇想：在网上“寻呼”朋友。这就是如今最流行的通讯方式——QQ，它的功能就如日常生活中的寻呼机，但以网络为载体，使用起来更方便，而且可漫游全球各地，因此被形象地称为“网络寻呼机”。一个“拷贝”过来的想法，改变了上亿人的沟通习惯，引领了一种新的网络文化，更创造了一种新的营利模式。

创业成功者未必都是新领域中第一个“吃螃蟹”的人，有时他们的创业想法来自成熟领域，只是在某些方面进行了创新。如果你不是点子王，但很会举一反三，联想力丰富，那么不妨试着把一个行业的原创概念复制到另一个行业。异业复制的好处是有范本可循，不必瞎摸索，但不同行业的经营模式能否移花接木得浑然天成，则是对创业者智慧的考验。

4. 国外移植型

创业故事

广州东利行公司与腾讯公司签署了为期7年的QQ形象标志有偿使用协议，当时许多人都怀疑，一只带着红领巾的小企鹅能带来多大的利润？“东利行”总经理贺志军却从美国迪斯尼公司的成功中看出了商机：QQ的注册用户超过8 600万，用户以年轻人为主，他们对时尚产品的购买力极强。于是，“东利行”提出“Q人类Q生活”的卡通时尚生活概念，开发漫画、精品玩具、手表、服饰、包袋等10大类约1 000种带QQ企鹅标志的产品，并在全国各地开设了100多家连锁店。

“东利行”的创意源于全球闻名的迪斯尼公司。米老鼠、唐老鸭、白雪公主等卡通形象已成为迪斯尼公司取之不尽的财源。“东利行”正是移植了“迪斯尼”的创业思路和赢利模式。如果你经常出国旅游或浏览国外资讯，见多识广，洞察力强，那么不妨把国外的新鲜点子搬回来。这是最便捷的创业方式，有成熟的模式，但需注意文化差异，要对国外的创业概念进行本土化改造，以免好点子水土不服。

（二）点子创业步骤

一个点子可以造就一个企业，有时的确有着四两拔千斤的神奇作用。但成百上千的想法，难以计数的灵感，就像沙子一样，创业者如何才能从中淘出金子般的创业设想？这需经过两个步骤：

1. 严谨分析

创业者应对创业点子进行冷静而细致的分析，了解清楚自己的创意是否独具匠心，有没有强大的市场需求，是否具有可操作性，在推行过程中有无防止“克隆”的保护措施……在此基础上确定最有发展前途和风险相对较小的创业方案。

2. 多方咨询

任何梦想的实现都需要实实在在的实施，并且需要依靠许多外部条件。因此，概念创业者行动前最好多听听各方面，如成功的创业者、风险投资家、创业咨询机构等的意见和建议，他们提供的宝贵经验和专业指导，往往能起到点石成金的作用。对有意尝试点子的创业者，创业还需要技术、资金、人才、市场经验、管理等各种因素，如果仅凭着点子贸然去创业，是行不通的。以IT创业为例，不少人认为就是几个年轻人，一个创意，一个专利技术，一笔风险投资，占一片市场，弄到股市上，就可以一夜暴富。其实，IT创业过程非常复杂，从创意构想，到筹集资金、设计研发、市场推广等，需要经历无数环节，其中任何一个环节出现问题，都可能导致创业失败。

想要创业，就必须先要深入地了解创业，通过调查与学习，人们才能拥有自己的经验，才能为以后的创业工作铺平道路。了解创业的类型，为自己选择一条合适的出路，也就是为自己选择一个适合的生活。

思考与训练

一、思考题

1. 创业有何重要意义？

2. 创业的内涵是什么？

3. 创业类型有哪些？各自的特征有哪些？

4. 创业的模式有哪些？

二、小测试

下面这个测验会通过心灵的潜望镜窥探出你内心深处的潜质，使你更深层次地了解自己，看你是否适合创业。

1. 朋友在 QQ/MSN 上给你发过来一个有趣的小图标，你的反应是哪种？

A. 看见它很开心，笑完就算

B. 立刻把它 COPY 成自己的

C. 如果是你自己喜欢的那种类型，立刻到网站上去搜全套图标换上

D. 不仅 COPY 成自己的，还在 5 分钟之内，把它传给了 3 个以上的朋友

2. 岁末大扫除，你会先丢掉下列哪一样物品？

A. 旧报纸和过期的杂志

B. 款式过时的衣服、饰品

C. 不喜欢的基本上都在抛弃之列，绝不手下留情

D. 都不丢，如果不合用的尽量进行改造

3. 在朋友聚会中，轮到你的发言时间，大家的反应通常是

A. 各干各的事情，偶尔对你的话有一句回应

B. 有一两个好朋友会非常注意听你说，其他人不在状态

C. 激起非常多的争议，赞同你和反对你的都很卖力

D. 超过半数的人是热烈赞同的反应，剩下的人也不会非常反对

4. 你是如何和新朋友熟悉起来的？

A. 顺其自然，不作任何动作

B. 等别人慢慢来了解自己

C. 找话题，哪怕从天气、体育、时尚说起，加快彼此间的认识和契合点

D. 热情地邀请新朋友一起爬山，做 SPA，参加你人际圈中的聚会

5. 如果你是老板，你希望你的秘书或者助理如何着装？

A. 和其他职员一样穿制服，一视同仁

B. 休闲、随意的装束，没必要苛求太多

C. 时尚、惹火的摩登穿着，让自己也赏心悦目

D. 保守简约的套装裙，短裙过膝，端庄得体最重要

6. 如不需要考虑经费问题度一次假，你会选择到哪个地方去游玩呢？

A. 去正在消失中的热带雨林，感受最原始的气息

B. 参观有着悠久历史的雅典卫城及诸多神庙，品味古希腊神话的深远寓意和独特魅力

C. 参观埃及“世界七大奇迹”之一的神秘金字塔群

D. 参加巴黎、纽约和东京全世界血拼游

完美创业者的答案应该是：C，C，D，C，C，A。想成为投资者看中的对象，这6项素质缺一不可。如果答错，也不必灰心，来看看专家给的贴心建议。

1. 选错：需要在行动积极性方面改进自己。

不管是自赏还是传给朋友，你只会把握手中现有资源，守着自己的小天地，偏向心灵层面的探索。静态方面的工作和波澜不惊的平稳生活较合适你。

建议：不妨多接触各个不同的领域，包括你讨厌的，别过于局限，这是增进创业机会的好方法。

2. 选错：需要多增加一点冒险精神。

你谨慎保守，唯恐出错，只懂得领该得的薪水。不善于另开财源，也不适合自主创业，因为不懂得舍弃是无法达到资源最优化的。

建议：在举棋不定的时候，可以像专业财务顾问那样给自己列表，把最后的20%淘汰。

3. 选错：学会说最煽动的语言。

平时你不会将心情写在脸上，别人很难猜测你的心意。面对创业的商机你很心动，但只会坐等或说错话。

建议：学习用什么样的语言技巧才会让自己看上去非常有吸引力，再多一点闯劲和激情。

4. 选错：一定要尽快提高交际能力。

对创业者来说，交际能力是一项很重要的工作指针，在凡事讲求团队合作的今天，不能过分依赖单打独斗。

建议：注重自己的形象与谈吐，把彼此的沟通与相处看得更重要，培养你的好人缘。

5. 选错：太保守和太新潮，都会错过很多机会。

投资者只喜欢那些充满激情，但又小心翼翼的人，这看似矛盾的两种素质得完美集于一身，他们才会把MONEY（钱）交给你，这很难，但有人做到了，你应该可以。

建议：当一个谨慎的乐观主义者，面对投资的诱惑时勇于面对，但要仔细审核自己的创业目标是否切合实际，是否在你的能力范围之中。

6. 选错：创新不够是最大的制约因素。

很少有人对利益稳定但单薄的传统制造业伸出天使之手，目前没有的新行当才是他们感兴趣的，因为高利润总是在那里出现。

建议：跟进灵感迸出的好点子，大力实施，业精于勤。如果勤快点，你可以是个充满创意的创业高手。

Step 2　寻找创业机会

导　入

展飞同学坚定了自己创业的决心后，开始寻找适合自己的创业项目，市场上的各种创业机会虽然很多，但到底哪些适合自己，哪些市场适合进入，即使确定了行业方向又如何选择创业的企业形式呢？带着这些问题，展飞同学向创业导师请教了很久，终于树立了创业信心。

学习目标

1. 了解创业调研的重要性，掌握创业调研的方法
2. 会结合外界环境因素分析创业商机的优劣
3. 了解创业的不同方式和组织形式
4. 了解几种典型行业创业的形势分析

2.1　寻 找 商 机

一、创业调研

现在在网上也经常可以看到这样的广告:“××年最具潜力的十大项目”、“××年最赚钱的×大行业”等，这些广告初看上去可能会让人热血沸腾，但对一个创业者来说，在决定是否进入这个领域的准备期，一项基本的程序必不可少，这就是——创业调研。

（一）创业调研的内容

创业调研包括环境调研、创业条件调研、产品服务调研、同类企业经营情况调查和顾客调研。

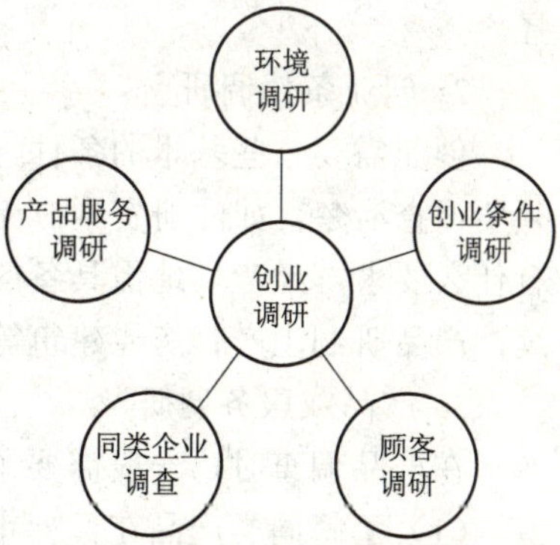

图 2-1　创业调研的内容

创业故事

黄亮计划创办一家以生产工艺品为主的企业，创办初期面向本地旅游区的游客，向旅游景点的商店供应价格便宜、式样简单、有地方文化特色的工艺品，重点是公司客户，例如旅游纪念品公司、工艺品公司、贸易公司等。这类客户对市场比较了解，除了选样定货外，—般指定所需款式，订货量也比商店大，付款比较有把握，企业的风险小。以后还可以与城里的装修公司合作，提供泥塑装饰品。

黄亮和朋友李燕去做调研，他家方圆100公里内有六处旅游景点，以敦煌为主，都要乘长途车才能去。他们没钱住旅店，只能每次带上干粮早出晚归，多跑几趟。黄亮需要考虑做什么样品、怎么做；李燕需要考虑向谁推销、怎么推销，还有包装、运输，收款、信息收集等方面的事情。所以两个人都得直接去调查。黄亮和李燕决定分头去旅游点，混在人群里观察各种游客都喜欢买什么（式样、材质、大小、颜色、包装等），成交价多少。他们还要设法向商店老板和摊贩打听流行纪念品的进货价、付款方式，每次都要买回几个畅销的纪念品样品作为参考。

1. 环境调研

环境主要是指市场所在地的政治法律环境、经济环境、社会文化环境、科学技术环境以及地理气候环境等因素的总称。事实上，不仅国与国之间的宏观市场环境是不相同的，即使在同一个国家，由于地理气候，经济科技，以及历史文化的差异，都会造成不同省、市、地区甚至县一级的市场环境的较大分别，所以创业者准备将目标市场定位在某一地区时，对本地区的政治、经济、科技、文化、地理等因素的了解就显得尤为重要。

在进行宏观市场调查时，创业者要详细考察目标市场所在地有关创业以及创业所在行业的政策及法律法规，例如对创业及创业项目是否有优惠政策或措施，是否有法律法规禁止进入的事项等；考察在市场所在地的经济科技水平下，创业具有多大的发展空间，例如当地的经济发展水平、消费水平、科技水平等是否能为创业提供广阔的市场和相关支持；考察当地历史文化长期积累的社会心理对于自己创业所在行业的心理接受程度，例如当地人的消费习惯和偏好如何，多少人可以成为自己的现实消费者和潜在消费者等；此外还要考察当地的地理和气候对自己的创业有什么样的影响，例如，一般情况下在险峻崎岖的山区销售自行车未必能赚得大钱，而在热带地区销售羽绒服也并非一个明智的选择。

2. 创业条件调研

创业需要一些基本的条件，对于一些特殊行业国家会有一些限制性条件，创业前必须要调查清楚。如注册资本有无限制，从业人员需具备什么资格，股本结构和出资方式有什么要求，经营场地需具备的条件，房屋租赁需要哪些法律文书，审批需履行哪些手续，产品研制生产、房屋建筑等方面有什么要求和限制等。

3. 产品或服务调研

在产品调查时，一般需要了解以下信息：

（1）了解同类产品在目标市场中销售的具体数字和品牌、规格、来源、生产厂家、价格，并根据当地的有关统计人口、社会经济统计数据，寻找出过去和现在发生的变化情况，预测将来可能发生的变化。

（2）了解当地市场有关产品的消费变化，主要调查当地同类产品的生产数量和可能发生的变化、当地产品的销售数量、当地的经济收入水平、消费习惯等，在此基础上分析产品今后可能出现的消费变化趋势。

（3）调查同类产品在当地的年消费量、消费者数量和产品的消费方式、产品消费范围的大小、消费频度、产品用途以及具有什么竞争性代用品等因素。

（4）为了预测产品未来的消费变化趋势，还应了解产品在当地市场上的生命周期状况，并结合相关因素进行综合分析和判断。

同时，在进行产品调查时，还应该对产品市场进行细分，从而了解在当地市场上什么类型的消费者可能会购买自己的产品，准确地估计当地市场的发展潜力，正确地选择产品销售的目标市场，并进而了解不同类型的消费者对各种产品的需求，有针对性地采取改进产品的策略和措施，使之适销对路，以扩大产品的销路。

4. 同类企业经营情况调研

《孙子兵法》云“知己知彼，百战不殆”，商业活动是一场没有硝烟的战争，激烈的市场竞争对企业的利润获得影响巨大。因此，对产品的竞争调查也是决定企业生存发展的关键因素之一。竞争对手调研应包括：竞争者有哪些，其经营状况如何；竞争者的经营规模和资金状况；竞争者的经营品种、质量、价格、服务情况；竞争者的技术装备、产品或服务的研制开发能力；竞争者的购销渠道和销售策略；竞争者的声誉和形象；潜在竞争者的状况等。

在分析研究主要竞争对手竞争力的同时，还必须认真分析研究那些规模较小但能成功达到一定的市场占有率的企业的经验，以便发现打开市场销路的机会和可能性，并最终找出最有希望使产品销售成功的方法和途径。一般来说，在竞争中取得成功的原因不外乎以下几点：产品质量好；成本低且价格竞争性强；经销地点选择适当；产品性能独特，如拥有专利；企业竞争力强且分销渠道通畅；广告宣传和推销工作效果较好，并争取和充分利用了合理的政策资源等。另外，还要认真总结、反思失败企业的原因和经验教训，作为前车之鉴，避免重蹈覆辙。

创业故事

黄亮前后用了两个星期以办事或串亲的名义到邻村打探。他只看了两处作坊，因为别的作坊不让他调查，大部分时间只能托亲戚朋友根据他列的简单调查表探听。最终他了解到以下信息：

1. 附近已经有 5 家朱砂泥作坊，都是家庭式个体小企业，最早的已经开工 3 年，多数上马不到一年；

2. 这些企业雇用的工人从 1 名到 8 名不等，都是手工操作，最多的使用 5 个工作台；年产量最小的不到 1 万件，最大的 4 万来件，平均大约 2.4 万件；

3. 他们做的都是低价的简单工艺品，零售价在 1.5 元至 5 元之间；

4. 每家的品种只有三四个，各家的款式大同小异，都是从别处抄袭来的，略加改动，没有多少创新，用简单包装盒，或干脆没包装；

5. 单价的区别主要在于规格大小不同，另外还有外观、运输距离和销售环节等几个因素；

6. 各家都没有企业战略，摸着石头过河，唯一目标是多赚钱；

7. 各家都不打广告、不贴商标，没有一家自己开店，都找些亲戚或熟人在旅游点摆摊，同时也批发给商店、摊贩；

8. 兰州郊区有两个小厂，使用钢模制坯，产品精致，品种多，质量稳定，单价也高，最贵的20元。黄亮还没能力与这样的企业比试，所以不准备直接与对手竞争。

至于更远处的竞争者，黄亮和李燕没有足够的时间和资金去了解，也不知道怎么打听。根据从本省报纸刊登的旅游业统计数字和旅游现场了解到的情况，仅敦煌一处旅游区去年就卖了朱砂泥工艺品15万件以上，再加上其他5个景点，总共30万件。而邻村几家的产量加起来不到总量的一半，这说明兰州和外地来货超过一半。他们在旅游点看到的外来货和邻村产品相比，造型和质量好一点，平均贵一元。他们推断远处的对手也是农村小型作坊，起步早一些。从价格看，销售多一道环节，产地距离大致300～400公里。

摸底调查后，黄亮和李燕对自己的方案信心更足了，脑子里添了不少主意，同时也感到压力大了，他们决心奋起直追，一定要比邻村人做得更好。

5. 顾客的调研

一般而言，顾客调查主要内容包括顾客构成、顾客购买力、消费心理、消费行为、消费动机、消费决策过程等，可以作为企业产品的市场定位以及营销决策的重要依据。

（1）顾客构成。顾客构成简单来说就是顾客的基本情况和类型。在这项调查中，创业者要明确自己产品顾客的性别比例、年龄结构、文化程度、经济收入和消费特点等，通过调查区分顾客中的哪些群体可能是自己的忠实顾客、目标顾客、潜在顾客，并分析他们之间相互转化的可能性。

导师提示

顾客的分类

根据潜在的忠诚顾客和顾客的终身价值可以把顾客分为4类：白金顾客（“顶尖”客户），即与本企业目前有业务往来的前1%的顾客；黄金顾客（“大”客户），即与本企业目前有业务往来的随后4%的顾客；铁顾客（“中等”客户），即与本企业有业务往来的再随后15%的顾客；铅顾客（“小”客户），即所剩下来的80%的顾客。根据这样的调查与区分，创业者可以选择恰当的营销策略，保持并扩张原有的忠实顾客和目标顾客的规模，同时吸引更多的潜在顾客并促使潜在顾客向目标顾客甚至忠实顾客转变。顾客细分之后，经营者通常可以采取以下4种策略：

1. 将高价值顾客作为目标顾客发展。
2. 为防止忠实顾客被竞争对手掠走，而采取防御策略。
3. 用最少量的资源维持一般价值顾客现有关系。
4. 放弃较小或无利可图的低价值顾客。

（2）顾客购买力。消费者购买力也是决定市场规模的关键。有调查显示：城市女性已经成为最具购买力的消费者，31至40岁女性购买力最强。也有调查称，“网络e族”购买力已高达600亿美元。

信息广角

总体而言，我国消费者购买力未来将呈现以下趋势：扩大内需的政策措施将促进购买力水平不断提高；人口增加和城市化进程加快将使居民购买力规模逐步扩大；消费率偏低使消费市场具有较大的发展潜力；新的消费周期将使市场发展领域进一步扩张。

创业毕竟是一种操作性很强的商业活动，每个创业者都有自己特定的目标消费群体和目标商业区域，所以创业者有必要全面了解目标顾客和目标区域的工资收入、消费水平及购买力状况，深入分析他们购买力与实际消费水平的关系，以便制定与消费者购买力相匹配的产品或服务的价格策略。

（3）消费者心理。消费者心理是消费者消费过程中最为基础的环节，直接决定了消费者的消费行为和消费动机。一般来说，消费者的消费心理主要有以下几种类型：求美心理、求名心理、求实心理、求新心理、求廉心理、攀比心理、癖好心理、猎奇心理、从众心理。当然这些心理在不同的消费群体之间也会存在较大的差别。

导师提示

不同群体的消费心理特征

1. 少年儿童的消费心理特征：好奇心强、模仿性强、稳定性差。

2. 青年的消费心理特征：追求时尚和新颖，表现自我，体现个性，容易冲动，注重情感。

3. 中老年人的消费心理特征：富于理智，较少感情冲动，精打细算，主观性强，不易受外界影响，追求方便易行，品牌忠诚度高。

4. 女性的消费心理特征：追求时尚，追求美观，感情强烈，喜欢从众，喜欢炫耀，自尊心强。

此外还有调查显示：不同消费者的消费心理还表现出女性花钱爱算计，年龄越大，花钱越谨慎，学历、职位越高，花钱越不仔细等特点。创业者只有深入了解目标顾客的消费心理特点，考察他们的爱好、习惯等，才能投其所好，把握他们的消费动机和消费行为，从而吸引更多的目标顾客。

（4）消费者购买动机。消费者购买动机一般可以分为生理性动机和心理性动机两种。生理性动机是指消费者为满足生存需要而产生的购买动机，这是最基本的动机类型；心理性动机是消费者为了满足心理或感情的某种需要而产生的购买动机，这一动机类型又包括感情动机、理智动机和信任动机三种。感情动机是由人的感情需要而引发的购买欲望；理智动机是指消费者对某种商品有了清醒的了解和认知，在对这个商品比较熟悉的基础上所进行的理性抉择所作出的购买行为：信任动机就是指基于对某个品牌、某个产品或者某个企业的信任所产生的重复性的购买动机。经营者需要调查不同类型的顾客以及同类顾客的不同消费动机，以此为根据制定不同的营销策略。

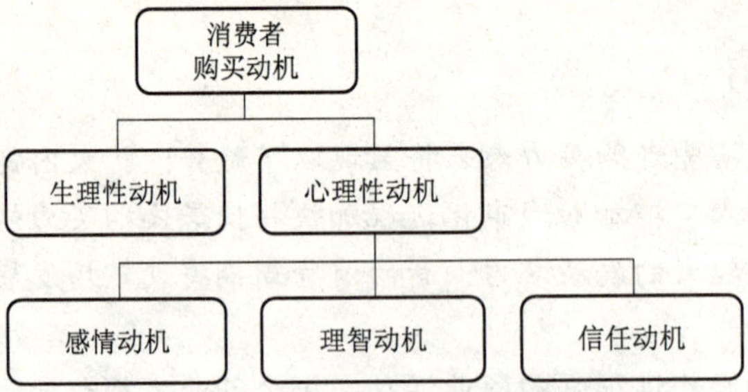

图 2-2 消费者购买动机

（5）消费决策过程。消费者心理学中，消费决策是消费者从思考到作出购买决定的心理过程。消费者购买决策可分为 5 个阶段：确认需求，寻求信息，方案评定，购买决定，购后评价。

导师提示

购买决策者（客户）类型

购买决策者（客户）分为 4 种类型：力量型、活泼型、平和型、完美型。力量型客户做事果断，购买决策异常迅速，第一次或第二次接触产品就能迅速作出购买与否的决定；活泼型客户情绪波动很大，购买决策也非常迅速，通常接触产品 2～3 次就会确定自己的购买意向；平和型客户常常被形容为“绵羊”或“考拉”，因为他们往往非常平和缓慢地作出决定，这通常需要 4～5 次以上的接触；完美型客户做事力求完美，不希望别人告诉他怎么做，而是希望通过自己的研究得出结论，这种类型的人决策谨慎，决策时间较长，可能需要 5～7 次接触才会作出购买与否的决定。之所以将顾客做这样的区分，是因为不同类型的顾客的购买决策过程和特点差异较大，只有把握这些差别才能确保营销策略的有效性。

既然消费决策是一个动态的过程，那么多种因素都会对顾客的购买决策产生重要影响，例如外界的环境因素，包括空间环境、人际环境、社会文化环境、经济环境和家庭环境等；顾客获得信息的渠道和方式；产品或服务的质量以及顾客自身心理因素，包括性格、爱好、年龄、性别、知识经验、态度等；这些因素都属于创业者进行顾客调查时需要了解的内容。

（二）创业调研的程序

市场调查的步骤一般可分为 4 个阶段，即准备阶段、调查阶段、分析阶段、总结阶段。

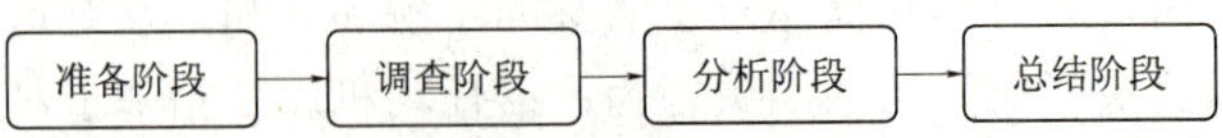

图 2-3 市场调查的步骤

1. 准备阶段

准备阶段是整个市场调查的基础，准备阶段要做的主要工作包括明确调查目标、选定调查范围和调查对象、确定调查方法等。

2. 调查阶段

调查阶段是市场调查研究方案的执行阶段，主要是按照准备阶段调查方案所确立的调查计划、调查方式和调查方法进行资料和信息的收集，具体贯彻调查设计中所确定的思路的活动，这是整个市场调查过程的核心。调查者在调查过程中要注意以下两点：一是依靠目标领域、行业或单位，努力争取他们的支持和帮助，合理安排调查任务和进程，尽量避免或减少调查活动给他们的正常工作带来的不利影响；二是密切联系全部被调查对象，尽力获得他们的理解和合作，绝不损害他们的利益，并在必要的情况下，为他们提供力所能及的帮助。

3. 分析阶段

这一阶段的主要工作是审查、整理资料，统计分析和思维加工。审查资料就是对调查获得的文字和数字资料进行全面审核，去伪存真，去粗取精。统计分析是运用统计学的原理和方法研究调查对象的数量关系，揭示其规模、结构、水平和比例等关系，反映其发展方向和趋势等，为进一步的思维加工提供可靠的统计依据。思维加工就是运用逻辑的思维方法，对审查、整理后的文字资料和经统计分析的数据进行分析研究，揭示调查对象的本质及发展规律，并得出理论性结论。

4. 总结阶段

总结阶段是社会调查的最后阶段，这一阶段的任务主要是撰写调查报告，评估、总结调查工作。

导师提示

调查报告的内容

调查报告的内容主要包括：

1. 调查目的：概要介绍本次市场调查的主要目标，例如打算就哪些问题进行市场调查；要了解哪些方面的信息等。

2. 调查范围：根据创业的目标区域，确定在多大范围内开展调查，调查的对象是谁，以及在什么时间、什么地点进行调查。

3. 调查方法：是全面调查、重点调查还是抽样调查？主要是采用文献法、问卷法、访谈法、观察法还是实验法或者几种方法相结合？采用哪种统计方法？

4. 调查内容：这部分是调查报告的主题，包括资料、分析、结论等内容，其中结论是报告的重点，要通过认真研究和科学分析，使报告具有一定的确定性。

5. 提出建议：把经过整理、分析、判断而形成的初步构想写成备选方案，作为下一步经营计划的蓝本。

创业者在编写调查报告时，要注意调查对象的代表性，数量的广泛性，重视竞争对手客户的调查；同时注意获取信息的多元化，重视对不利于自己的情况与信息的搜集，尽量发现存在的问题和可能遇到的困难。

（三）创业调查的方法

调查方法也就是调查中各种具体的资料或信息的收集方法。总体而言，市场调查方法可分为两大类，即直接调查方法和间接调查方法。其中前者包括访谈法和观察法两种；文献法、问卷法则属于间接调查方法的范畴。

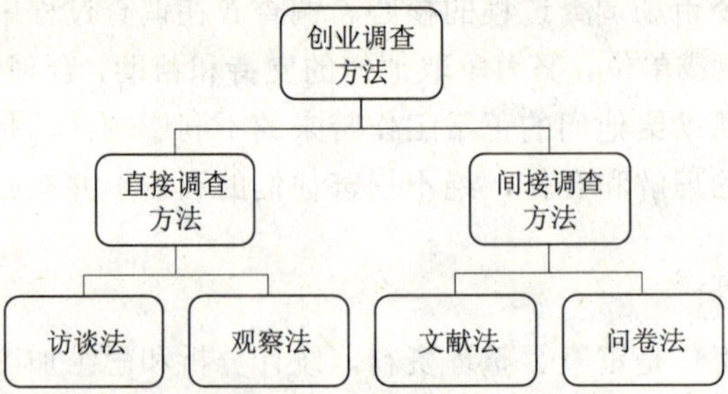

图 2-4 创业调查方法

1. 文献法

文献法的基本步骤一般包括文献搜集、信息摘录、文献分析三个环节。文献搜集是指按照调查目的查找出有关文献或文献中包含的信息内容的过程，它包括文献的检索和搜集两个方面。信息摘录是指从搜集出的文献中摘取并记录与调查目标有关的信息内容的过程。其一般步骤可分为浏览、筛选、精读、记录四个过程。文献分析是对文献中某些与调查目的有关的内容进行分析和研究，揭示其所反映的外在内容及内在本质，进而达到说明调查研究主题的目的。按照分析方式又可将其分为定性分析和定量分析两种类型。

2. 问卷法

调查问卷对我们来说也许并不陌生，问卷法是调查者运用统一设计的问卷向被选取的调查对象了解情况或征询意见的调查方法。其中，问卷是调查研究中收集资料的一种工具，它以精心设计的问题表格为主要表现形式，用以测量人们的特征、行为和态度以及社会事物、社会现象的有关情况。

一般来说，一份问卷通常包括以下几个部分：封面信、指导语、调查内容、其他资料。封面信即一封致被调查者的短信，其作用在于向被调查者介绍和说明调查者的身份、调查目的等。指导语是用来指导被调查者如何正确填答问卷、访问员如何正确完成问卷调查工作的一组陈述，起到类似于使用说明书的作用。调查内容是整个调查问卷的主体，应包括三部分内容，分别是：被调查者基本情况（构成），如性别、年龄、职业、文化程度、经济收入等；被调查者行为方面的问题，如“您平均每天的上网时间是多少？”；被调查者态度方面的问题，如“您最喜欢哪种类型的网站？”。除了上述内容以外，问卷还包括一些相关信息，如问卷的名称、编号、问卷发放及回收日期、调查员、审核员姓名、被调查者住址、问题的预编码等。

导师提示

调查问卷的语言和提问方式

1. 问题尽量用简单易懂的语言，忌用专业术语。

2. 问题要尽量简短。

3. 避免使用双重含义的问题，如“你家人喜欢上网吗？”。

4. 问题不要带有倾向性，如“你不喜欢上网，是吗？”。

5. 不要使用否定形式进行提问，如“你是否赞成网络不实行实名制？”。

6. 不提问被调查者不知道的问题。

7. 不要直接询问敏感性问题。

8. 问题的参考框架要明确。参考框架指问题对于什么背景而言，在什么范围内或对什么方面而言。

3. 访谈法

访谈法是由访谈者根据调查研究所确定的要求与目的，按照访谈提纲或问卷，通过个别访问或集体交谈的方式，系统而有计划地收集资料的一种调查方法。

访问者的提问有多种方式，或开门见山，直奔主题，或投石问路，旁敲侧击，具体采用哪种提问方式一般应考虑以下因素：

（1）问题本身的性质和特点。如果问题本身比较尖锐、敏感、带有攻击性或者复杂而难以回答，应采用谨慎、委婉的方式提出，而一般性的问题则可以正面、大胆地提出。

（2）被访问者的具体情况。如果被访问者敏感多疑、顾虑重重、对具体情况不太了解或者理解和回答问题能力较差，宜采用循循善诱、逐步深入的方式提问。反之，则可以采用直接的方式。

（3）访问者与被访问者之间的关系状况。如果二者之间较为陌生或者尚未建立基本的信任和初步的感情，应采用谨慎、渐进的方式提问；如果双方较为熟悉或已经建立基本的信任和初步的感情，就可以采用直接、简洁的提问方式。

此外，访问者在访问过程中提问的话语要尽量简短亲切，语言尽量通俗化、口语化、地方化，切忌话语冗长累赘，同时尽量避免使用学术性、书面性语言。

4. 观察法

观察法是观察者根据研究目的，有组织、有计划地运用自身的感觉器官或借助科学的观察工具，直接搜集正在发生的、处于自然状态下的市场现象有关资料的方法。它是市场调查的方法之一，是在无需与被调查对象沟通的条件下，通过对被调查对象的观察和记录，来收集资料的一种调查方法。

目前，在企业的市场调查中，比较常用的观察法有直接观察法、间接观察法和借助器械观察法三种。

二、选择创业商机

（一）选择创业项目的原则

1. 选择国家政策鼓励和支持并有发展前景的行业

目前政府大力提供和鼓励发展的非公有小企业类型主要有：科技型小企业；为支柱产业化（钢铁、汽车、通信设备、石化、电话设备、家用电子电器、生物、医药、信息）提供配套服务的小企业；服务型小企业等。

导师提示

资金有限的创业者的行业选择

1. 选择所需投资不多的劳动密集型行业（即都市型工业），如服装、食品加工、印刷包装、工艺品、电子仪器等。

2. 选择为某些大企业进行零配件加工的行业，既可保证产品销售，又可节省投资。

3. 选择信息、咨询、广告等服务行业。

4. 选择维修、快递、家政、清洗、保健等便民、利民服务行业。

5. 选择开餐厅、面店、小百货店、文具店等餐饮业、商业。

6. 选择加盟连锁经营。

2. 认真进行市场调研，适应社会需求

创业者必须树立这样一个观点，即“企业是为解决顾客的问题而存在的”，没有满意的顾客就没有公司的存在。项目的选择必须以调研为依据，以市场为导向。

创业故事

上海有位创业班学员想创办一个母婴服务社，但具体搞什么经营项目却没有仔细打算好。通过市场调研，她了解到上海每年有12万男女青年结婚，有几万个婴儿出生，不少年轻妈妈抱怨“月子保姆”很难找到。她从这种抱怨中看到了需求，于是她成立了“乐帮生活指南配送服务社”，专门为孕妇介绍经过培训、有上岗证的母婴护理员，受到了社会欢迎，业务不断扩大。

3. 坚持创新，做到“人无我有，人有我优，人优我特”

创新包括：开发新产品或改造老产品；开辟一个新的市场；采用一种新的生产方法；获得原料或半成品新的供给来源；实行一种新的企业组织形式。

（二）选择创业项目的条件

1. 行业要求

选择的行业最好是新兴行业，因为这样的行业具有大的发展潜力，竞争少。

2. 投资要求

投资规模最好不要一开始就求大，这样可以减少风险，见效快，同时还要有长远的收益。

3. 产品要求

产品一定要独特，有广泛的市场需求，最好是消耗性产品。

4. 经验要求

创业人员与团队要有良好的销售经验，同时销售团队的合作也十分重要。

5. 合法性要求

要遵守国家法律法规，歪门邪道的项目决不能做。

6. 其他要求

创业企业经营所需的时间和地域的限制越少越好。

（三）如何发现创业项目的商机

发现创业商机有很多方法，主要如下：

1. 锦上添花

创业故事

李俊峰，农民出身，1996年21岁时出门打工，一直到2001年他26岁时，才真正拥有了第一部属于自己的手机。李俊峰总想使自己的手机有点特色，与众不同。当时有一种小贴纸，本来是让人家贴在墙上或书包上做装饰之用的，他用来贴在手机上，效果还不错，真能够产生“区别众生”的效果。后来他将这种贴纸改进，在上面打印上自己喜欢的图案，再压上一层塑料膜。经过这样“改装”的手机，在众多手机中显得是那么的卓尔不群，李俊峰的虚荣心得到了极大的满足。同事们不断地要求他帮忙给自己“改装”手机。到后来，一些朋友的朋友为了排在别人前面得到他的手机贴纸，甚至愿意出钱购买。2002年初，李俊峰干脆辞职，拿出6年打工的全部积蓄，共1万8千块钱，在北京西单一家商场租了一小截柜台，正式开始做起了手机贴纸和手机美容的生意。3 年过去了。李俊峰依靠一片小小的手机贴纸，成立了自己的公司，叫做大秦手机化妆公司。他不但自己做，还发展加盟代理，目前旗下已拥有加盟代理商数十家。一片小小的手机贴纸，3年来为李俊峰带来了超过百万元的利益，以后还会给他带来更多收益。不仅是手机贴纸，现在李俊峰还将业务开拓到手机添香、手机水晶刻印、手机镶钻等三十多种手机美容业务，生意十分红火。

（1）依托一个成熟的行业，而且行业需要足够大。行业成熟度高，利用现成消费群，才可以省去开拓新市场的费用和唤醒消费者的麻烦。

（2）专注支流业务，不做主流业务。所谓锦上添花，指的就是满足消费者在主流需求得到满足之后的衍生需求。比如手机，消费者购买手机的主要目的是为了通讯，为了随时随地方便地与他人沟通。所以，强大的通讯功能和畅通的通讯服务是消费者在消费手机这项产品和服务时的首要和主要诉求。手机是否好看，只是消费者的衍生需求，对于中小投资者来说，选择在细分市场做支流业务，专注消费者的个性化需求才是明智之举。

（3）仅仅满足一部分人，而不是满足所有人的需求。拿手机来说，目前国内的手机消费者已达 3 亿，想要满足所有 3 亿消费者的愿望是不现实的，也是不可能的。所以市场规模够大，即使只是满足他们中间一小部分人的需求，也足够中小投资者“吃饱”。

（4）服务要到位。衍生需求，换句话说，就是可有可无的需求，有则更好，没有对消费者也不会造成什么损失。正因为如此，此类需求大多数时候是属于精神层面的需求，对从业者提供的服务往往有着超高的要求。这是需要投资者格外注意的。

这一类的行业目前还有很多，比如互联网热潮兴起后的周边衍生业务、教育热潮兴起后的周边衍生业务、汽车热兴起后的周边衍生业务。目前正在兴起数码浪潮，包括数码相机的快速普及。拿数码相机来说，在主流业务数码相机的生产和销售、数码相片冲印之外，还有很多细分市场业务需要有人去做，如数码相片的加工和修改，利用数码相片制作个人电子纪念簿、幻灯片等等。又比如彩屏手机兴起后，随即衍生出一个彩铃的“小”业务。

2. 化整为零

创业故事

在珠海市前山明珠南路有一个袜子店。虽然店只有 10 平方米，卖的却是市面上不很常见的品种五趾袜。就是这样一个冷门商品，每个月带给店主的收益却超过万元，这个店的名字就叫“碧玉五趾袜子专卖店”。店主谭碧辉，原来是江西萍乡到珠海的一个打工妹。她看中了袜子专卖店，并且将目标瞄准了那种能将脚趾头分隔开来的五趾袜。这种袜子有一个好处，就是因为将脚趾分隔，使人不容易沤脚，犯脚气。广东那个地方温暖潮湿，患脚气病的人很多，这是一种迎合市场需要的产品，却因为不够时尚，同时没有人肯下力气去推广，以致在偌大的珠海想找一双五趾袜简直比登天还难。谭碧辉就看准了这样一个机会。非但如此，现在谭碧辉的五趾袜已经进入了细节经营的境界，冬天夏天有冬天夏天的袜子，春秋季有春秋季的袜子，质地、款式也各有不同，深受消费者的欢迎。

消费者追求的是个性与品味，经营者可以应对的就是专营与分割。拿穿着来说，无论是头、身、腰，还是手、腿、脚，又都可以切割出无数的细节。这是适合小本创业和中小投资的一种变化，投资者要善于掌握，对此机会善加利用。可供“切割”的商业形态很多，如光是一个结婚，就可以细分到婚介、婚礼筹办、司仪、婚纱专营、结婚摄影、婚车租赁、宴席布置、喜糖采办等数十个细项，而每一个细项几乎都可以“切割”出来进行专营。此类操作需要注意的是：

（1）花色品种要全。人们购买此类小商品大多是集中性购买和批量性购买，因此需要让消费者有选择的余地。

（2）此类店大多属于小投资，小本经营。店铺较小，不易引起人们的注意，所以需要特别重视宣传。另一方面，此类店因为独具特色，很容易引起新闻媒体的注意，可加以利用，必要时可主动与新闻媒介取得联系。

（3）小商品的流行风尚瞬息万变，所以进货时要注意多品种、小批量，以免造成积压，使资金周转成为问题。

（4）如果是“技术性”的切割，要体现技术的“含金量”。如北京呼家楼有一家专门安装门窗玻璃的公司，因为技术过硬，很多宾馆酒楼在安装门窗玻璃时都专门请他们过去，生意十分红火。虽然这家公司做的只是建筑安装和装修工程中极小的一个细分类别，赢利却比很多能干“全活”的公司都要好得多。这一种“切割”，对技术有非常高的要求，能真正体现技术的“含金量”，如果有这一方面的特长，可以加以考虑。

3. 就地打井

创业故事

1996 年，中国香港明星张敏在上海开了一家名叫露莎莲妮的高档发型屋，乔治当上了露莎莲妮的技师，帮人洗发、烫发、染发，但是没几天老板就发现了他在发型设计上的天分，破格将他晋升为发型师，与从中国香港、法国、新加坡聘请来的那些发型师平起平坐。后来乔治又辗转于杭州等地一些发屋做发型师，目的是磨炼自己的技术。时机成熟后，乔治开始了自己的创业生涯。因为缺乏资金，他无力租赁繁华的店面，只能在杭州一个偏僻的角落接下一家别人经营不下去的发型屋，改造后打出了自己的名头：乔治发型设计中心，时为 2000 年 3 月 18 日。开始时因为地段不好，乔治的生意很不景气，但过了不久，就有很多过去乔治在别的发型屋做设计师时的忠实 FANS 跟踪而来，仅仅过了一年多，乔治的发型中心就变成了发型广场，面积达 500 多平方米，名气紧跟杭州那些财大气粗的美发巨无霸，如新爱情故事、阿伟、东方名剪等，成为杭州美发市场的一个后起之秀。现在在乔治的发型广场剪一次头发，最低的只要 25 元，而最高的则需要 380 元，很多文艺界的名人如胡兵、瞿颖、陆毅等，都接受过乔治的服务。

创业最简单的方法就是从自己熟悉或有专长的事情做起，这样可以起到事半功倍的效果，大大减少创业过程中的波折。

（1）冷静评估你所拥有的资源，包括你的社会关系、专业特长，并评估其所蕴含的商业价值，寻找你创业和投资的着力点。

（2）如果经评估，你现在还不具备创业的必要资源和必要特长，要先学习必要的技术和其他方面的知识，小本创业者大多底子薄，经不起太多折腾，在这方面一定要慎之又慎，不打无准备之仗。

（3）不是任何资源包括专业知识、技术特长都有商业价值。创业者和投资者在评估自己所拥有的资源时要尽量避免“自我感觉”。很多创业者和中小投资者因为缺乏经验，容易凭“感觉”行事，有时候这样做确实有助于抓住机会，但多数时候这样做有害无益。如果你对自我评估没有信心，那么，你可以请你的朋友和家人一起来帮你进行评估。

4. 移形换位

创业故事

徐波是湖南到广州的打工仔，张勇光是他的朋友。2002年的一天，两个人看着周围很多老乡做生意，有点心动，但是两个人都没有多少本钱，做什么好呢？因为湖南人的口味比较特殊，做饭用的原材料也比较特殊，广州看不到专门经营湖南土特产的商店，如果做这一行，说不定会有钱赚。两个人马上进行市场调查，不久，他们合伙投资10来万元的湖南杂货店在广州大道南方日报社附近正式登场亮相，商店取名为“湖南味道”。两个人虽然钱不多，但还是痛下决心花1万块钱请广州书画界的名家李华白题写了“湖南味道”四个字的招牌。招牌挂出来，厚重的墨迹让人肃然起敬。在徐波和张勇光的店里，处处突出的都是“湖南味道”，所售货物都是地道湘产自不必说，连员工都是非纯正湖南人不用。走进徐波和张勇光的店里，触耳一片“湘音”。湖南人爱嚼槟榔，不停嚼着槟榔的老板看见顾客进来，会问你要不要也来上一颗。几乎没有经过什么曲折，徐波和张勇光的小店从第一个月就开始赢利，如今“湖南味道”在广州的湖南老乡中已经尽人皆知。

利用老乡的乡土之思来赚钱，只是移形换位的一种形式。移形换位的意思说到底，就是利用人和物在不同空间表现出来的不同价值差别来获取利润。不同地域之间、城乡之间可以交流和交换的东西很多，只要存在交流与交换，就存在着商业机会。商业活动说到底其实也就是一种人与物交流与交换的活动。在此类操作中，需要注意的是：

（1）产品地域特色要浓。地域特色浓，才能引起其他地域消费者的足够重视和兴趣。

（2）以中低价商品为主。一件商品在这个地方是人们很熟悉的东西，甚至是日常消费用品，换个地方则成了人们不熟悉的新东西，成了情趣商品或享受型商品。这类商品大多属于可有可无的商品，而中小投资者或创业者大多没有足够资金去打广告或做推广，以唤起人们消费的欲望和热情，在这种情况下，如果商品价格较高，则不易为人们所接受，难以在短时间内打开市场。如果将市场培育期放得过长，中小投资者和创业者在资金上一般又难以支持，所以以中低价商品为主，是符合中小投资者和创业者的实际情况的。

（3）重视质量和信誉。对于土特类产品经营者来说，因为销售对象大多是老乡，家乡的东西他们很熟悉，很容易品出产品的地道与真假；另一方面，因为大家都是老乡，老乡之间有乡土乡音容易亲密无间，这是优势，同时，大家知根知底，只要有一点疏忽和服务不到位，坏名声很快就会在一个封闭的圈子里传得尽人皆知，生意将彻底垮台，很少有挽回的机会。

5. 设身处地

创业故事

俞红，1990 年代初毕业于杭州大学，曾在一家国企做过管理工作，还曾在“康师傅”企划部做过企划。1999 年，俞红的女儿来到人间，一直难以找到合适的月子保姆。在女儿来到人间的短短一个月内，俞红竟然换了 6 个保姆。经过一番市场调查，俞红发现月子保姆市场确实不小。有创业情结而始终找不到好项目的她决定将创业目标锁定在这里。她与省妇女保健医院合作，共同开发月子保姆市场。后来她又试探着与省儿童保健医院联系，对方同样深感兴趣。俞红到工商部门去申请登记注册时，对方十分惊讶，因为他们还从来没有听说过有这样一个行当。俞红的公司是杭州第一家以产妇、新生儿为服务对象的专业公司。虽是一门小生意，而且做的是短期业务，因为每家使用的月子保姆一般就在 1 个月左右，但是附加值很高，单位产值十分惊人。俞红的公司目前除去各项开支，每月纯利可达数万元。近期，她还准备在义乌和温州、宁波、台州等地开办分公司或者发展加盟连锁机构。

从自己和别人的困难中发现商业机会，已经成为了一个常规的方法，成功的几率非常高。这是因为当自己或别人感到困难的时候，证明市场已经形成，需要做的只是采取正确的方法，对已经形成的市场进行开发而已，这比凭空创造一个新市场要容易得多，需要的投入也会小得多。所以，作为投资者和创业者平时要留心观察，机会说不定就在身边。

6. 天外飞仙

创业故事

广州天河南一路的“爱情密码”情侣礼品商店是两个好朋友合作开的，这两个好朋友一个叫李朝东，一个叫宋群。商店开业于 2004 年 2 月，经营一年之后每月营业额就已突破了 45 万元，而且发展了 45 家加盟连锁店。李朝东和宋群在一年中详细调查了广州市场，发现专门面向情侣销售礼品的商铺还没有。他们意识到这是一个机会，但他们同时也感到了困难。困难就在于，情侣相送一般对礼品的要求都比较高，而中国虽然是礼品生产的大国，但工艺、技术却不能算是最先进的国家，在这种情况下，他们将进货的眼光瞄向了全世界，如从韩国进口会接吻和说“I love you”的手机对链，从日本进口“情侣鸡蛋娃”，包括从俄罗斯、法国、瑞士等国进口的各种情侣礼品，使他们的礼品商店一开业便处在高位，显得鹤立鸡群。很多礼品，除了在他们的“爱情密码”外，根本见不到，更不可能买到。两个人做独门生意，加上花样百出的营销，用 10 万元开店，从第 3 个月起，营业额便达到了 4 万元，此后月月走高，让两个人赚得盆满钵满。

随着经济的全球一体化，各国经济的交流日益频繁，为投资者创造了诸多的机会。对于中小投资者来说，国外很多本身价值不高但附加值很高深受消费者欢迎的小商品，适合中小投资者经营。在经营这类产品的时候要注意：

（1）所选商品一定要时尚。从目前来看，进口的时尚类小商品比实用性小商品要更容易为消费者所接受。

（2）专项经营，集中力量做某个小的类别商品。中小投资者大多资金不足，而小商品门类繁多，如果力量分散，多种经营，什么都有一点，什么都不精不全，将很难形成氛围。做情侣礼品就专心做情侣礼品、卖糖果的就专门卖糖果（甚至可以细分成巧克力专营、水果糖专营等等），这样比较有利于打开市场，吸引消费者，取得好的经营效果。这也是比较省力、风险较小的一种创业方式，比较困难的是如何建立国外的进货渠道。有些朋友通过互联网下单来解决这个问题，但受骗上当的比较多。另外，还有国外的一些新风俗、新型休闲方式、新的商业形态，如果能够加以适当引进，都可能成为很好的创业投资机会，比如近两年流行国内、圆了很多女士创业梦和财富梦的十字绣，就是由北京的一位创业者首先从法国引进的。在法国，十字绣本来是一种用来供上流阶层女士聚会时打发时间和消遣的小把戏。

（四）验证你的创业构思

1. SWOT 分析

SWOT 是长处（Strength）、弱点（Weakness）、机会（Opportunity）和威胁（Threat）四个英文词的缩写。

长处——指你的企业的优势所在。例如，你的产品比竞争对手的好；你的商店位置非常有利；你的员工技术水平很高等。

弱点——指你的企业的劣势所在。例如你的产品比竞争对手的贵；你没有足够的资金按自己的愿望做广告；你无法像竞争对手那样提供综合性的系列服务等。

机会——指周边地区存在的对企业有利的事情。例如，你想制作的产品越来越流行；附近没有和你类似的商店；或潜在顾客的数量将上升，因为许多新企业正在向这个地区迁移等。

威胁——指周边地区存在的对你企业不利的事情。例如，在这个地区有生产同样产品的其他企业；原材料价格上涨将导致你的产品成本提高；你不知道自己的产品还能流行多久等。

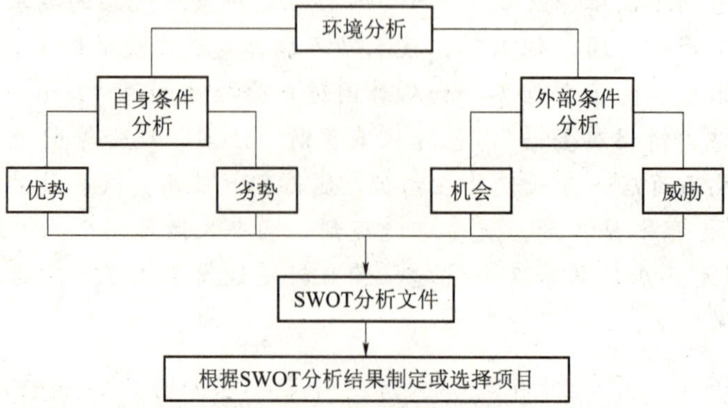

图 2-5 SWOT 分析过程

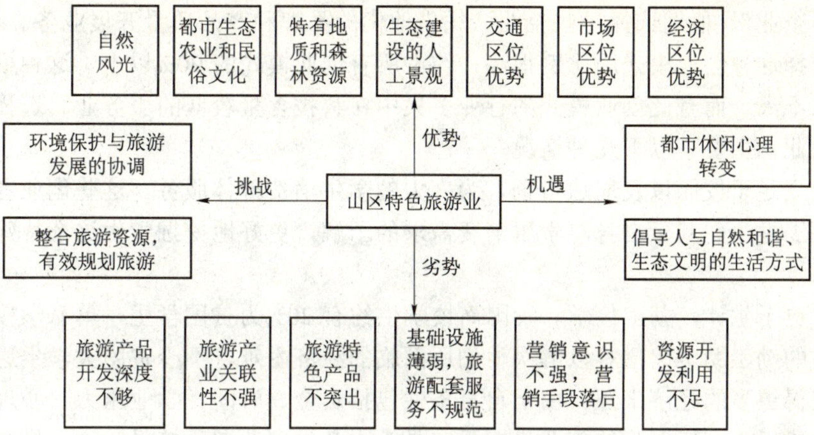

图 2-6　某旅游企业 SWOT 分析示意图

2. SWOT 分析的结果

依据 SWOT 分析的结果可以为创业与否作出决定：

（1）坚持自己的创业想法并进行全面的可行性研究；

（2）修改原来的创业构思；或

（3）完全放弃这个创业构思。

优势–劣势 各种战略类型 机会–威胁	优势–S （列出优势） 1. 2. 3. 4. ……	劣势–W （列出优势） 1. 2. 3. 4. ……
机会–O （列出机会） 1. 2. 3. 4. ……	SO战略 发挥优势 利用机会	WO战略 利用机会 克服弱点
威胁–T （列出威胁） 1. 2. 3. 4. ……	ST战略 发挥优势 回避威胁	WT战略 减小弱点 回避威胁

图 2-7　SWOT 分析结果策略对照表

2.2　选定创业方式

有调查显示，目前约有 2%的大学生参加了不同形式的创业，其创业方式主要包括以下四种：

一、个人独资（个体经营）和合伙制开个小店面或代理加盟创业

这是一种最为常见的大学生创业模式，主要是指大学生个人或者几个人创办的“工

作室型小企业”，他们选择一些企业，凭借他们的品牌和产品质量开展业务。调查显示，大学生选择这种创业模式的比例很高，约占所有创业模式的90%以上。这种模式对创业者的要求不高，而且此创业模式的行业多集中在科技含量较低的服务业。选择此模式的大学生创业者主要有以下几种情况。

（1）立足于校园以及周边市场，为广大的学生消费群体服务。这些创业者来源于学生，服务于学生，基于自身对学生消费需求的了解，更好地挖掘学生这个特殊的消费市场。

（2）迫于生计，勤工俭学。我国高校学生约有20%为贫困学生，单靠学校的贫困补助及有限的勤工助学岗位难以解决他们所面临的经济困难，不少贫困大学生通过这种创业模式获得更多的经济来源。由于自身条件包括资金、时间、学业压力、心理压力等限制，这种低投入、低风险的创业模式更容易为大学生创业者所接受。这一模式与大学生经商部分类似，但不能将二者相提并论。

这种创业模式具有以下特点：

（1）涉及行业很多，选择自由灵活。创业者可以抓住学生消费群体特点来确定行业，在各个领域进行创业。

（2）启动资金少，大大降低了大学生的创业风险。

（3）代理加盟创业品牌形象较好。

（4）代理加盟创业客户信任度较高。

（5）需要较多的精力投入。创业者需要花大量的时间来经营店面，对于在读的大学生而言，有可能影响学业。

二、法人股份制的小型公司

这是指大学生以股份形式合资从事的创业活动，多数由家长、亲戚作为后盾，提供资金支持。这种创业模式也是我国高校就业的一条途径，广泛存在于大学高年级或者刚刚毕业的大学生创业团队中。高年级学生意识到就业的压力，更多地会选择合作创办企业解决自己的工作问题。这些创业团队往往选择较高科技含量的行业开展业务，更多的走的是IT、高科技的路子。

创业故事

温州超越公司是一家以互联网网络技术服务为核心的高新技术企业，其创业团队来自超越网第一批成员。公司依托温州师范学院，凭借当时学校的超越网（浙南最大的红色网站）并依靠家里和同学之间的合资创办，以“来源于教育，服务于教育”为理念开发了一系列学科教育网站。目前公司核心成员已经毕业进入社会，凭借自身技术，闯出了一片天地。

这种创业模式的特点和主要问题有：

（1）企业组织等模式相对稳定；

（2）资金投入较多，风险较大，直接面对市场的机遇和挑战；

（3）大学生创业者在管理、人事、财务等方面缺少经验，对各项政策法规的了解不够；
（4）技术人员少，思维能力有限，因而产品技术含量较低，多数还属于低层次竞争；
（5）信息流通慢，辨别能力差，对于市场上的情况较难作出迅速反应；
（6）研发资金投资周期长，不利于初创型企业发展。

三、凭借一些公司庞大的客户关系网进行创业

这种模式主要是把一些公司的客源当作自己创业企业的客户从而扩大自身业务量，建立协作关系，拓展自身市场。在社会上可以看到一些成功的民营企业将自己的创业经验、管理方法等传授给大学生创业者，帮扶其创业，就属于这种创业模式的范畴。这种创业模式是合作竞争、快者生存的新经济时代的必然产物。随着经济的发展，这一模式已经成为一种最具潜力的创业模式，也是新经济时代主流的创业模式。

创业故事

华拓网络是一家以系统集成、软件开发等业务为核心的高新技术公司，为企业提供全面的信息系统建设解决方案。公司在技术方面依托某网络与信息系统研究所，原始资金投入来自一家民营企业，其运营模式与那家民营企业类似，但客户对象不同。凭借技术、销售网络等优势，华拓网络这家新型的高科技公司正在蓬勃发展，收益也十分可观。

相比较而言，这种创业模式具有以下特点：
（1）创业效率以及创业成功率高；
（2）企业成长周期短；
（3）创业者需要具有良好的知识、技术和素质；
（4）创业者个人风险小；
（5）销售网络通畅，资金回笼快。

四、高新技术专业的大学生以技术创业进驻创业园

这是一种利用国家的优惠政策，凭借自身专业技术或完善的创业计划在国家兴建的创业园区进行创业的方式。

自 1998 年清华大学首届大学生创业大赛成功举办以来，我国大学生创业计划大赛不断涌现，国家关于大学生创业的优惠政策不断出台，各地的创业园区相继兴建，大学生创业得到了政府和社会各界前所未有的关注、认可和支持。这有利于大学生创业者发挥自己的专业特长，凭借自己的兴趣和技术创业，通过详细的商业计划书，吸引风险投资商。目前已有不少大学生创业者利用这一创业模式迈出了成功的第一步，例如温州大学生创业园（浙工贸）、温州高新技术产业园区创业服务中心、鹿城创业服务中心等创业园中都不乏大学生创业的成功案例。

这一创业模式通常呈现出以下特点：
（1）得到政府政策的支持和创业园区的帮助；

（2）风险小，但各个细节要考虑周密；
（3）凭借专业创业，理论联系实际，加速知识向生产力转换；
（4）受地方政府保护；
（5）信息来源好，流通快。

2.3 几种典型行业创业分析

稍有商业眼光的人也许都会注意到生活中的这样一种现象：工业制成品如彩电、微波炉、空调、电脑等的价格一降再降，早些年属于奢侈品的手表、自行车、半导体等更成“明日黄花”；与此相反，一些服务行业的价格却节节攀升。这一现象带给我们这样一种启示：我国产业利润正悄悄转移，各行业境遇正经历着巨大的变化。

一、热门行业特征

对大多数创业者来说，进入一个热门行业或者潜在的热门行业会是一个不错的选择，“热门行业”一般具有以下特征：
（1）热门行业是新兴的朝阳产业，发展迅速，机会较多；
（2）热门行业顺应市场经济发展趋势，具有巨大的市场需求或潜在市场需求；
（3）热门行业竞争激烈，人才需求量大；
（4）热门行业的收入水平较高，工作环境较好；
（5）热门行业具有良好的发展前景。

二、主要热门行业

根据以上热门行业特点以及我国市场经济的发展和经济结构的调整方向，我们可以预测，以下10类行业将成为未来蓬勃发展的热门行业：

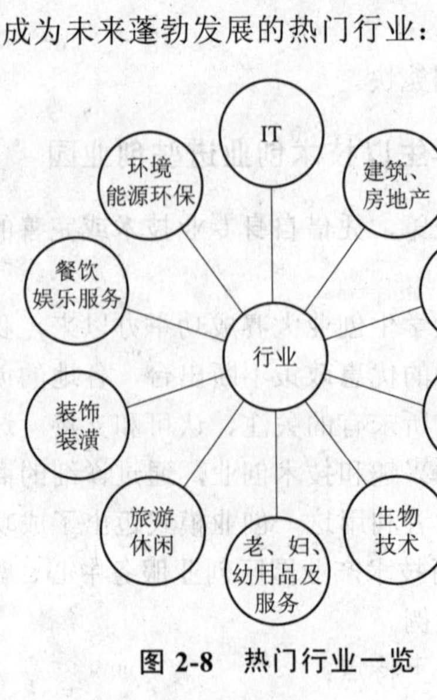

图 2-8 热门行业一览

（一）IT 行业

IT 行业在 2003 年 SARS（“非典”）期间锋芒初露，电子商务、网络教育、网络会议等一系列网络服务项目第一次让人们感受到了它的巨大发展空间，据有关统计，2003～2005 年间 IT 行业在亚洲就创造了 425 万个就业机会。

与此相对应的事实是：最近几年来，工程技术研发人员一直是 IT 行业最热门的人才，硬件工程师和软件工程师需求量巨大。尽管一些突发情况可能会使信息产业的 IT 公司在销售和市场方面遭受挫折，但这并不妨碍 IT 行业仍被看作一个蓬勃发展的朝阳产业。

（二）建筑、房地产行业

现实生活中一个可以看到的事实是：全国各地的房价一路攀升。这种现象之后的背景是住房政策改革和住房的商品化以及建筑、房地产业的巨额利润。房地产行业也因此面临无限商机，并因此带动了与之相关的房地产开发、咨询、销售、物业管理、租赁、二手房转让等行业的迅速发展。虽然居高不下的房价历来为人们所诟病，但这似乎并不能抑制强劲增长的购房需求。另据统计，近年来建筑行业的招聘数量一直稳居各行业的前 10 位。建筑、房地产行业的良好发展前景由此可见一斑。

（三）汽车制造业

我国经济的高速发展和人们物质生活水平的不断提高使家庭对汽车的需求量不断增大，个人对家用汽车的需求将在今后相当长的时间内呈持续上升趋势，这就给家用汽车制造业带来了前所未有的机会，商家也必将从中获得丰厚的利润。同时，家用汽车市场的发展还将带动汽车装饰、维修、轮胎、汽车零配件、制造轮胎的橡胶产业、用于汽车生产的钢铁业等其他相关技术产业的发展。

（四）电信行业

当今时代快节奏、高效率的生活方式使人们对信息传递的快捷性、同步性提出了越来越高的要求，对相关通讯产品（如电话、手机、传真机）以及通讯服务的需求增长十分明显。有调查显示，目前我国的电话与移动电话人均拥有量远低于世界平均水平，通讯市场的开发潜力巨大，这将给通讯业带来新的机遇和丰厚利润。

（五）生物技术类行业

有人称 21 世纪是生物的世纪，生物科技经济发展必然成燎原之势。这种说法不无道理。据报道，目前我国年产值过亿元的生物技术企业雨后春笋般蓬勃发展，各地方政府也把生物技术作为经济发展的突破口，生物技术产业增长空间巨大，生物科研人才也成为近年来国际人才竞争的焦点之一。对生物技术行业来说，这无疑是一个利好消息，如果能抓住时机迎头赶上，相信一定可以在这个领域作出不俗成绩。

（六）老年人、妇女、儿童用品及服务行业

据第五次全国人口普查的资料显示，我国大陆人口达 12.658 3 亿人，60 岁及 60 岁以上的人口比例已超过 10%，这就意味着我国已进入老龄化社会。另据专家预测，2020 年，我国 60 岁及 60 岁以上的人口比例将达到 16.84%，2050 年这一比例将上升到 27.77%。如此大规模的老年人口必然催生出一个巨大的老年人需求市场，老年人的医疗、保健、社区服务等方面的需求急剧增加。因此，由老年人保健品、药品、生活必需品、社区服务等构成的老年人服务行业必将具有更大的发展前景，形成一个新的朝阳产业。

此外，随着人们对生活质量期望的提高，尤其是女性和儿童对服装、化妆品、洗涤用品以及其他生活必需品的需求越来越大，在这些用品上的投入也会越来越高，并将带动相关产业的迅速发展，在未来的若干年，这一行业仍然有巨大的发展潜力。

（七）旅游休闲及相关产业

生活水平的提高以及节假日数量的增多，外出旅游休闲几乎已经成为人们生活的重要组成部分。人们旅游休闲机会的增多不仅加速了旅游业的发展，同时也带动了服务业、运动产品、体育场馆、旅行社、旅游产品等行业的繁荣发展，形成了一个促进经济发展的强大产业群。

（八）装饰装潢业

随着国内城市居民住房的商品化，装修业得到了前所未有的发展，室内装饰产品和装修工程承包业也随之成为一个获利颇丰的行业。有关部门的统计资料表明，当前城市居民每家装修住房的投入在2～5万元左右，并呈现出不断增长的趋势，这些因素都促进了装饰装潢业的迅速发展。

（九）餐饮、娱乐与服务业

“民以食为天”，当人们解决了基本的温饱问题之后，必然会对生活质量提出更高的要求，加之社会生活节奏的加快，使人们对于餐饮、娱乐以及服务业都提出了更多更高的要求。以快餐为例，虽然国外的西式快餐业在中国发展迅速，但西式快餐业更多的是针对儿童市场，对大多数中国人而言，烹制考究、营养丰富的中式快餐也许更适合他们的胃口。

（十）环境能源类环保产业

这一产业可视为标准的 21 世纪朝阳产业，有着巨大的发展潜力。随着经济发展及社会进步的不断深入，环境问题已成为日益严峻的社会问题，环境保护的呼声越来越高。与此相适应，人们对环保产品的需求也越来越强烈。加大环境保护力度，寻求新的可再生资源无疑成了社会持续发展的一条必由之路。随着环境保护投入的大幅度增加，我国环保产业发展较快，成为国民经济的重要组成部分，在未来的若干年内，这一行业仍然具有巨大的发展空间。

以上是未来几种比较热门的行业情况，但行业的热门与否只是一个相对的概念，随着时间的推移，旧有的行业格局可能被打破，行业间利润的分配面临重新洗牌，而且就创业而言，也并非所有的创业者都适合在热门行业摸爬滚打。所以对创业者来说，与盲目追求热门行业相比，选择一个适合自己的行业也许更有意义。创业者如何选择合适的行业，只有经过行业调查才能够回答。

导师提示

创业者如何了解行业的具体情况

创业之前，创业者应自问以下问题：

1. 我属于哪个行业？

2. 该行业有什么特点？

3. 国家与各级政府对于该行业有何政策及法律规定？
4. 哪些公司或企业已经进入该行业？它们的经营状况如何？市场占有率多少？
5. 进入该行业需要多大的成本投入？我是否有足够的资金？
6. 该行业是否存在壁垒？我是否能顺利进入？如何进入？
7. 我进入该行业有什么优势和不足？
8. 近年来该行业总体的经营状况如何？
9. 该行业的供需状况如何？市场空间多大？
10. 该行业的竞争状况如何？
11. 该行业目前的平均利润如何？
12. 未来该行业发展趋势如何？

思考与训练

一、思考题

1. 创业调研有何重要意义？
2. 创业调研的方法有哪些？
3. 创业调研的内容有哪些？
4. 创业的企业方式有哪几种，各自的特点有哪些？

二、练一练，做一做

1. 结合自己实际情况制作 SWOT 分析表，找出自己的优劣势及目标行业的机会与威胁，然后确定创业方向的可行性。

2. 找出自己喜爱的行业及创业方向，分别收集信息，作出行业分析报告。

Step 3 培养创业者素质和能力

导　入

展飞同学向创业导师请教了一些创业相关问题后，逐步树立了创业信心。当他读了一些创业成功人士的故事后，发现成功除了外在条件，成功人士身上具备的素质也是成功的必要条件。于是展飞向创业导师请教创业者身上应具备怎样的素质，如何做才能具备这些素质。

学习目标

1. 了解创业者，理解创业者应具备的素质
2. 理解创业者所具备的能力
3. 理解如何培养创业者的素质与能力
4. 了解几种典型行业创业的形势分析

3.1 创业者的素质

素质指人与生俱来的以及通过后天培养、塑造、锻炼而获得的身体上和人格上的性质特点，是从事社会实践活动所具备的能力。

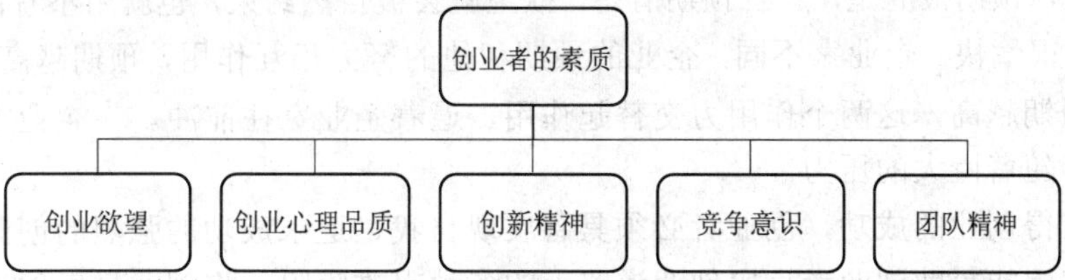

图 3-1　创业者素质

导师提示

李嘉诚说创业者素质

勤奋是一切事业的基础。要勤奋工作，对企业负责、对股东负责。

对自己要节俭，对他人则要慷慨。处理一切事情以他人利益为出发点。

始终保持创新意识，用自己的眼光注视世界，而不随波逐流。

坚守诺言，建立良好的信誉。良好的信誉，是走向成功的不可缺少的前提条件。

决策任何一件事情的时候，应开阔胸襟，统筹全局，但一旦决策之后，则要义无反顾，始终贯彻一个决定。

要信赖下属。公司所有行政人员，每个人都有其消息来源及市场资料。决定任何一件大事，应召集有关人员一起研究，汇合各人的资讯，从而集思广益，尽量减少出错的机会。

给下属树立高效率的榜样。集中讨论具体事情之前，应提早几天通知有关人员准备资料，以便对答时精简确当，从而提高工作效率。

政策的实施要沉稳持重。在企业内部打下一个良好的基础，注重培养企业管理人员的应变能力。决定一件事情之前，应想好一切应变办法，而不去冒险妄进。

要了解下属的愿望。除了生活，应给予员工好的前途；并且，一切以员工的利益为重，特别对于年老的员工，公司应该给予绝对的保障，从而使员工对集团有归属感，增强企业的凝聚力。

创业是极具挑战性的社会活动，是对创业者自身智慧、能力、气魄、胆识的全方位考验。大学生要想获得创业成功，必须具备基本的创业素质。创业基本素质包括创业欲望、创业心理品质、创新精神、竞争意识、团队精神。

一、创业欲望

成功创业者的欲望，许多来自于现实生活的刺激，是在外力的作用下产生的，而且往往不是正面的鼓励型的。刺激经常让承受者感到屈辱、痛苦，也经常在被刺激者心中激起一种强烈的愤懑、愤恨与反抗精神，从而使他们作出“超常规”的行动，唤起“超常规”的能力。这大概就是孟子所说的“知耻而后勇”。

地产商冯仑曾说过：“地主的生活最愉快，企业家的生活最有成就感。地主地里能打多少粮食，预期很清楚，一旦预期清楚，欲望就会被自然约束，也就用不着再努力，所以，会过得很愉快。企业家不同，企业的预期和他的努力相互作用，预期越高努力越大，努力越大预期越高，这两个作用力交替起作用，逼着企业家往前冲。”企业家有成就感的同时也伴随着巨大的压力。

要想取得创业的成功，创业者必须具备实现自我、追求成功的强烈的创业欲望。强烈的创业欲望能帮助创业者克服创业道路上的各种艰难险阻，将创业目标作为自己的人生奋斗目标。

创业故事

李碧浩，上海六通信息科技有限创办人，复旦大学博士研究生，2006 年受 EFG 创业基金支持开始创业，被誉为大学生创业的“带头大哥”。李碧浩在读大学的时候就有了创业的想法，他一边努力学习，一边利用业余时间，和朋友接一些网站开发和推广的业务，不断充实自己，增加社会经验。其间，他还担任过大学生科技协会主席，带领会员进行一些学习、研究和创新的小发明等，其中有的发明还在全国科技竞赛上获过奖。除此之外，李碧浩还经常翻阅各类财经、管理类的书籍和杂志，虚心向成功企业家学习，研究他们的管理理念和心得，然后再根据自身实际，总结出一套创业方案等。虽然还没有完全脱离学校，但他创业之前的经历却很丰富，这为之后的创业提供了扎实的基础。

二、创业心理品质

创业之路，是充满艰险与曲折的，自主创业就等于是一个人去面对变化莫测的激烈竞争以及随时将会出现的需要迅速正确解决的问题和矛盾，这需要创业者具有非常强的心理调控能力，能够持续保持一种积极、沉稳的心态，即有良好的创业心理品质。它是对创业者的创业实践过程中的心理和行为起调节作用的个性心理特征，它与人固有的气质、性格有密切的关系，主要体现在人的独立性、敢为性、坚韧性、克制性、适应性、合作性等方面，它反映了创业者的意志和情感。创业的成功在很大程度上取决于创业者的创业心理品质。

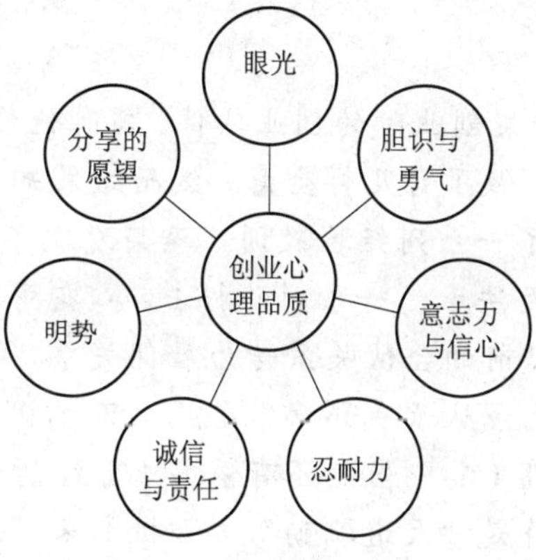

图 3-2　创业心理品质

（一）眼光

眼光，即对市场的敏锐度。要知道市场的机会在哪里，需求在哪里，“把握机会”与“灵活变通”的最佳结合。这表现在创业初期对创业项目的选择和创业过程中对各种信息的把握能力上。从许多成功创业者的创业经历可以看到，大部分创业者在选择项目时不是局限于眼前利益，考虑得更多的是未来的发展空间。除了项目的准确选择外，在企业发展过程中，敏锐地捕捉市场信息的变化，及时调整发展战略也是一个成功企业家必备的素质。对此，创业者们如是说：“要善于把握、捕捉机遇，把机遇转变为成功机会”；“要有善于捕捉市场机会的眼光”。

创业故事

周宇一开始是做女士内衣的，他说：“因为女人和小孩的钱更容易赚。是什么事真正启发了我呢，1997 年我到上海出差，看见很多经销商提着货款排了将近二十米的队伍在买货，我就知道这种货肯定缺。当我找完原材料准备生产的时候，有很多人跟在我后面要货，我根本不需要推销、营销。因此你要创业，一定要有眼光，一定要知道市场的机会在哪里，需求在哪里。”

（二）胆识与勇气

在创业界，往往是风险与机遇并存。创业者必须善于发现新生事物，并对新生事物有强烈的探求欲；必须敢于冒险，即使没有十足把握，也应果断尝试。不能看到创业的不确定性就动摇了创业的决心，失去机会；更不能因为在创业中遇到了这样或那样的困难和挫折，就掉头走人。失败的结果或许令人难堪，但却是取之不尽的活教材，在失败过程中所累积的努力与经验，都是缔造下一次成功的宝贵基础。成功需要经验积累，创业的过程就是在不断的失败中跌打滚爬。只有在失败中不断积累经验财富，不断前行，才有可能到达成功彼岸。

美国 3M 公司有一句关于创业的至理名言：为了发现王子，你必须与无数只青蛙接吻。对于创业家来说，必须有勇气直面困境，敢于与困难“接吻”。

创业故事

王某和张某，曾经是李某创业时的创业伙伴。当时他们三人披星戴月、风餐露宿，一起摸爬滚打了几年时间，做了好几样生意，然而结果却不如人意，当初大家拼凑起来的本金基本蚀光。经历了一系列经验教训，李某发现了新的机会，打算东山再起，而王某和张某却因为已经无法承受一系列的打击，心灰意冷，无法再度信任他们的伙伴，提出要退出合伙，从以前的合伙关系转为雇佣关系，帮李某打工。李某在反复做工作没有效果的情况下，无奈从亲戚那里借了几十万元将两个朋友的本金返还，独自承担再次失败的风险，雇佣（其中当然还有依靠）曾经的伙伴、现在的员工王某和张某在新的领域里奋斗。也许是“天道酬勤”、“否极泰来”的缘故，结果公司的经营取得了成功。到现在这个公司已经是年产值（销售额）过亿元的公司了。这两个朋友开始不平了。李某是否靠胆识获得的成功这里不论，王某和张某的失败却肯定在于胆识两个字。

（三）意志力与信心

创业的道路不可能是一帆风顺的，从成功创业者的创业道路来看，他们无不经历过各种困难和考验，有些困难和考验的残酷性是常人所无法想象的。正是坚韧不拔的意志和逆境中奋发向上的精神使他们渡过种种难关，铸就了日后的辉煌。而这种意志与精神又正是与他们自信联系在一起的。人的意志可以发挥无限力量，可以把梦想变为现实。对创业者来说，信心就是创业的动力。要对自己有信心，对未来有信心，要坚信成败并非命中注定而是靠自己努力，更要坚信自己能战胜一切困难。曾被誉为中国首富的希望集团总裁刘永好认为，优秀的企业家和管理人才是在市场竞争中打拼出来的，而不仅仅是一张 MBA（工商硕士）文凭。他特别强调，要成为企业家必须吃苦耐劳，而不能只是纸上谈兵。

创业故事

史玉柱说过：不能做“囚徒”的人，就不要当企业家。他不是说要企业家去触犯法律，而是说企业家要敢于过囚徒般的日子。他“关”过自己150天的“禁闭”。1990年1月，香港一家公司的金山汉卡冲击国内市场，压倒了史玉柱研究开发的M-6401汉卡。面对冲击，史玉柱只能再做一次“计算机疯子”。他把自己反锁在房间里，不管外面的世界是精彩还是无奈，都与他失去了联系。除了每周下一次楼买一箱方便面外，再没下过楼。即使春节，也是由两台计算机陪着过的。5个月，没洗过一次衬衫，没看过一次电视，没吃过一顿可口的饭菜，靠20箱方便面支撑着。5个月炼狱般的生活，史玉柱最终重新夺回了电脑市场。

（四）忍耐力

成语里有一句“艰难困苦，玉汝于成”，还有一句“筚路蓝缕”，意思是说创业要忍受肉体上和精神上的折磨。对一般人来说，忍耐是一种美德，对创业者来说，忍耐却是必须具备的品格。创业者为了实现自己的创业梦想，创业路程绝对不是一条坦途，创业者必须有一种坚定不移的意志和继续前进的能力，同时还需要情感上的忍耐力。

创业故事

冯军，中关村华旗资讯的老总，在中关村是从小生意做起的。他有个“冯五块”的外号，因为他在推销东西的时候，老是对人说：这个东西我只赚你5块钱。有媒体曾经这样描述冯军在“村”里的生活，“冯军常用三轮车载四箱键盘和机箱去电子市场，但他每次只能搬两箱，就这样他将四箱货从一楼搬到二楼，再从二楼搬到三楼，如此往复。有时累得瘫在地上坐不起来，但他更需要承受的是心理上的落差。

冯军在中关村创业，要丢掉清华大学高材生的面子，见人得点头哈腰，赔笑脸说好话。他所创建的华旗在中关村虽然比不上联想、方正鼎鼎大名，可也不是寂寂无名之辈，这样低声下气都是为了公司的生意。这也是许多创业者需要忍受的折磨。

（五）诚信与责任

作为一种特殊的资本形态，诚信日益成为企业的立足之本与发展源泉。创业者品质决定着企业的市场声誉和发展空间。不守“诚信”或可“赢一时之利”，但必然“失长久之利”。反之，则能以良好口碑带来滚滚财源，使创业渐入佳境。

在青年创业者们身上，“诚信”精神主要体现在两个方面：一是在平等基础上与他人的竞争与合作；一是对企业和企业产品质量的负责，这同时也是对消费者和社会负责的表现。创业不仅是为了实现自己的价值，更重要的是承担社会责任。

创业故事

20世纪70年代末，高中毕业的林建平放弃了原来的热门生意，独自到仙游县建筑公司当起了一名普通木工。不久，他带领涵井村20多个有建筑技术的青年组成建筑队，开始了真正的创业之路。1990年，林建平走出仙游，进军莆田，把企业做大做强，中外合资莆田市武夷房地产开发有限公司正式诞生。市科委大楼、糖烟酒公司大楼、商检大楼、人大大楼、文献大楼等一系列莆田市标志性建筑数年间在他的公司承建下相继建成，同时他也成功地把公司发展为年创百万利税的企业，打造出"武夷房地产"这个响当当的品牌。

林建平靠什么在莆田建筑业界独领风骚呢？用他的话说："两条腿走路，一条是诚信，一条是质量。"多年来，林建平以诚信赢得信誉，靠质量占领市场。创建的优质工程不胜枚举，工程竣工验收合格率达100%；开发的小区多次被有关单位评为优质工程；创办的公司被评为莆田市"重合同守信誉企业"、福建省"品牌信用单位"；个人也先后当选为莆田市第三届人大代表、第四届政协委员、诚信促进会副会长、省市先进工作者和劳动模范、中国基本建设优化研究会副会长。

（六）明势

明势的意思分两层，作为一个创业者，一要明势，二要明事。势，就是趋向，要想赚钱关键是要做对方向，这个方向就是势。势，又分大势、中势、小势。

创业之人，一定要跟对形势，要研究政策，这是大势。在政策方面，国家鼓励什么，限制发展什么，对创业的成败更有莫大的影响。不能逆势而上，逆国家之势而上。这就需要学习法律、经济学方面的知识。特别是在社会主义国家，一个成功的创业者，不能只埋头创业，不抬头看路。他不仅应是事业的实干家，同时也应是具有清醒政治头脑，富有政治眼光的创业领导人，他要时刻把握企业的社会主义方向，使自己的经营活动符合党和国家的政策、法律、法规。中势指的是市场机会。市场上现在时兴什么、流行什么，人们现在喜欢什么、不喜欢什么，可能就标明了创业的方向。这需要掌握市场营销知识以及心理学方面的知识等等。小势，就是个人的能力、性格、特长。创业者在选择创业项目时，一定要找那些适合自己的能力、契合自己的兴趣，可以发挥自己特长的项目，这样才有利于做持久的全身心的投入。

明势的另一层含义，就是明事，一个创业者要懂得人情事理。俗话说："世事洞明皆学问，人情练达即文章"。创业是一个在夹缝里求生存的活动，尤其是处于社会转轨时期，各项制度、法律环境都不十分健全，创业者只有先顺应社会，才能避免在人事关节上出问题。创业者不但要明政事、商事，还要明世事、人事。这应该是一个创业者的基本素质。世事无常，一定要审时度势。

创业故事

在上海，应届大学毕业生创业可享受免费风险评估、免费政策培训、无偿贷款担保以及部分税费减免等四项优惠政策；凡高校毕业生从事个体经营的，1年内可免交登记注册费、个体户管理费等费用。2005 年，上海市政府专门设立了上海市大学生科技创业基金会，为大学生创业提供资金扶持和创业指导，这也是全国首家从事推动大学生进行科技创业活动的非营利性公募基金会。

政策上的诸多扶持为刚出校门的大学生创业者们注入了一剂“强心针”。上海理工大学毕业的李碧浩就是众多受益者之一。2005 年研究生毕业后，李碧浩和几个同学组建起一个创业团队，并制定了科学、详细而有效的创业项目申请计划，因此顺利获得了科技创业基金和国家中小企业创新基金。他们认真听取了基金会创业导师对创业环境的评估和风险评估以及创业科技员给出的场地、支出等建议，在基金会的帮助下，上海六通信息科技有限公司终于在 2006 年 3 月 10 日正式挂牌成立。

公司成立后，先后得到了国家和政府的各种政策扶持，缓解了公司的压力，省去了很多繁琐的程序，给公司的发展提供了许多便利条件。2007 年初，李碧浩带领团队挥师北上，在北京成立了分公司。2007 年底，在上海市大学生科技创业周上，六通公司被授予“大学生科技创业最具潜力奖”。

（七）与他人分享的愿望

作为创业者，一定要懂得与他人分享。一个不懂得与他人分享的创业者，不可能将事业做大。

人的需要按层次共有五种：第一是生存需要，第二是安全需要，第三是社交需要，第四是尊重需要，第五是自我实现需要。在企业里，老板应与员工共同分享包括物质的和精神的财富。员工从老板那里得到了满足，才能反过来为老板做更多的事，创造更多的价值。作为创业者必须懂得有舍才有得。分享不仅是慷慨，更是明智。

创业故事

蒙牛乳业集团股份有限公司董事长牛根生曾说:“我非常欣赏李嘉诚的一句话，即‘个人和企业的荣誉在资产负债表里是没有的，但是它是价值无限的资产”这一点一定要记住。财聚人散、财散人聚。当年我想在蒙牛这边办企业，那边（伊利）无论管理、技术或者业务人才，一下子过来三四百人，都带着钱要入股，而且这样一来伊利那个地方的年薪也没了，位置也没了，蒙牛究竟有什么大的希望呢？为什么他们能来呢？我想这应该是因为：第一，他觉得老牛办事有可能成；第二，最关键的原因是老牛有一个分钱的习惯。大家要记住当缺钱的时候，首先，敢花钱。你得不把钱当回事，这样大家才愿意把钱放在你那，他觉得把钱放在你那比放在他们家都安全，这样的话你就不缺钱了。其次，信誉。我从业务关系户手里借来的资金，小到几千万几百万多到上亿，因为当初建立蒙牛的时候取得了非常好的信誉，现在大家懂得放在银行都不如放在咱这放心。如果你经常借朋友的钱，说明天还后天也不还，你就很难找钱，你一生中，钱是不会和你友好的，你也不会有钱的。我们奉行小胜凭智，大胜靠德。如果你德行不好，哪来的钱，有了钱也等于没有，也得穷。”

创业者的心理素质，还表现在自信、乐观、能够承受一定压力、具有较大的雄心等方面。自信心是任何一个创业者取得成功的前提。特别是在从事某项此前所未有的创业活动时，其创业的新颖性，势必会有一些人不理解，甚至会招来冷嘲热讽，自信心就成为创业者的精神支柱。自信心和乐观是密不可分的，乐观是自信心的支撑点。没有乐观的态度，自信就难以支持，更谈不上持久。

三、创新精神

“创新”的基本内涵是创业者通过利用一种新的发明创造，或者利用一种未经试验的技术可能性来生产新商品。又或者用新方法来生产老商品，通过开辟原料供应的新来源，或开辟产品的新销路和通过改组工业结构等手段来改良，彻底地改革生产模式。创新是创业的本质和手段，它贯穿于创业的全过程，创业者在市场竞争条件下，其实质就是一个不断创新者。

金利来领带的创始人曾宪梓说：“做生意要靠创意而不是靠本钱!”在竞争激烈的市场中，缺乏创新的企业很难站稳脚跟，改革和创新永远是企业活力与竞争力的源泉。成功创业者往往以旺盛的精力、创造性的思维解决问题，不愿意墨守成规，采取简单重复的方法完成任务。他们的成功不仅表现在当解决问题的方法无法实现预期目标时的调整能力，更表现在不断打破常规，寻求新的、更有效率的方法完成任务。

创业故事

繁华的台北东区忠孝东路上，各式各样异国美馔与装潢顶级餐厅非常多。躲在弯弯曲曲的巷弄里，没有华丽装潢、宽敞店面的“牛爸爸牛肉面店”，几年前推出一套 3 000 元台币的牛肉面，在经济低迷时期，照样有人来吃。大家一直很好奇，一碗牛肉面凭什么卖到 3 000 元台币？负责人王聪源说：“我们卖的是一种用心的价值。”的确，吃过他们入口即化的美国无骨牛小排，客人就没话说了。3 000 元牛肉面套餐包括四道精致小菜和用日本肋条、巴西牛筋、澳洲牛腱子肉煮成的汤面，以及甜点杏仁冻、意大利奶酪与饮料。所用的食材都是熬煮六小时以上才完成的。

王聪源说，牛肉因品种、豢养方式、进口商不同而有不同的口感，从一开始他就坚信，既然肉的质量如此多样，牛肉面绝对不是只有水煮一种口味，他一直思考如何把大众的餐饮做到精致化。于是他开始研发不同口味的牛肉面，最后他发现将牛肉煎煮后再腌泡是一种突破的方式。王聪源以满足客人的口味需要不断地创新牛肉面的做法，现在他店里的二十二种商品都是经过顾客的挑选，才保留到现在的菜单上的。

四、竞争意识

竞争是市场经济最重要的特征之一，是企业赖以生存和发展的基础，也是立足社会不可缺的一种精神。人生即竞争，竞争本身就是提高，竞争的目的只有一个——取胜。随着我国社会主义市场经济从低级向高级发展，市场竞争也愈来愈激烈。从小规模的分散竞争，发展到大集团集中竞争；从国内竞争发展到国际竞争；从单纯产品竞争，发展到综合实力的竞争。因此，创业者只有敢于竞争，善于竞争，才能取得成功。

五、团队精神

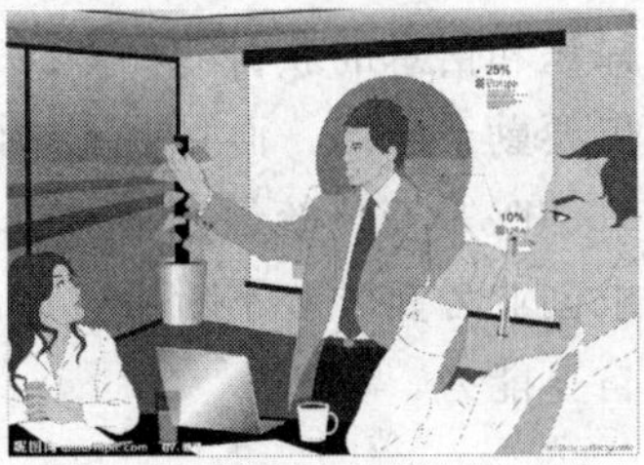

一个良好的创业团队是企业成功的关键，大家一起创业，分享各自的知识和经验，同时也可避免很多创业“雷区”。

成功的创业者往往善于选择合作伙伴，通过共同努力达到预期目标，这就是“共享合作”能力与“知人善用”能力。团队精神应该包括选择合作对象以及如何配合两个方面。在创业者的创业过程中则应该表现为如何吸引人才和如何使用人才。泉州市万维网络开发有限公司总经理陈朝晖先生认为，一个人的想法难免有所偏颇，因此在进行重大决策之前，他必会认真听取他人意见，不断补充和纠正自己。这种民主决策的方法不仅能尽量避免失误，而且往往让企业中的人才充分发挥他们的作用，使他们有更大的发展空间，这也是很多企业减少人才流失的重要手段。

3.2　创业者的能力

创业者必须具有区别于普通人的素质，那就是创业综合能力，它是一种高层次的能力，由多种特殊能力综合而成，是创业者在创业实践中学会做事、学会做人、学会生存、学会发展、学会创造等各种能力的有机结合体。一个成功的创业者至少要具备以下几种能力：

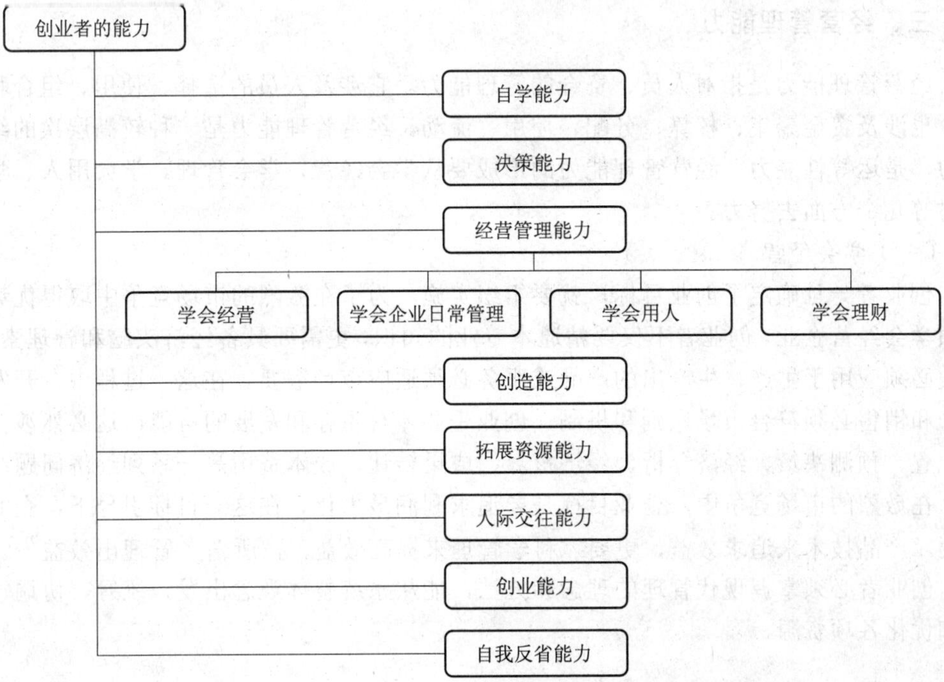

图 3-3　创业者的能力

一、自学能力

这是人才成长、成功的一项基本能力。当今社会，知识和信息急剧膨胀，每个人要想有所作为，必须掌握大量的专业知识和信息情报，了解国内外学科发展的最新动态。而知识和信息的获得，一方面来自课堂，另一方面则主要依靠自己去掌握。因此，我们不仅要勤于学习，而且要善于学习。科学研究表明，一个科技人员所应用的知识总量，只有20%是在传统学校学习中获得的，而其余的80%则是在工作和生活中获得的。这就要求创业者要学会不断摄取自己需要的新知识和利用相关知识的科学方法，以有效地提高自身能力。

二、决策能力

决策能力是创业者根据主客观条件，因地制宜，正确地确定创业的发展方向、目标、战略以及具体选择实施方案的能力。决策是一个人综合能力的表现，一个创业者首先要成为一个决策者。创业者的决策能力通常包括：分析能力、判断能力和创新能力。大学生要创业，首先要从众多的创业目标以及方向中进行分析比较，选择最适合发挥自己特长与优势的创业方向和途径、方法。在创业的过程中，能从错综复杂的现象中发现事物的本质，找出存在的真正问题，分析原因，从而正确处理问题，这就要求创业者具有良好的分析能力。

三、经营管理能力

经营管理能力是指对人员、资金的管理能力。它涉及人员的选择、使用、组合和优化；也涉及资金聚集、核算、分配、使用、流动。经营管理能力是一种较高层次的综合能力，是运筹性能力。经营管理能力的形成要从学会经营、学会管理、学会用人、学会理财等几个方面去努力。

（一）学会经营

创业者一旦确定了创业目标，就要组织实施，为了在激烈的市场竞争中取得优势，必须学会经营企业。创业者不仅要精通本专业的知识，更需要具备经济头脑和管理素质。科技必须应用于生产，生产出的产品或服务必须适应市场需要。在这一过程中，开发、生产和销售必须符合市场原则和机制，创业企业才有生存和发展的可能，这必然涉及资源配置、预测决策、经济分析、经济核算、成果转让、成本费用等一系列经济问题。同时，在激烈的市场竞争中，企业目标是要追求利润最大化，在这一目标引导下，企业不仅要靠产品技术来追求效益，更要靠科学管理来提高效益，正所谓“管理出效益”。因此，创业者必须掌握现代管理的理念和方法，能从系统整体观念出发，统筹、协调、控制和优化各项资源。

导师提示

企业经营管理需注意的问题

1. 防止企业在经营战略上出现失误。

防止企业在经营战略上的失误，主要应防止出现以下失误：（1）防止企业经营盲目多元化。（2）防止企业经营单一化。（3）防止企业扩张过快，致使其他各方面跟不上企业的快速扩张需要。

2. 防止资金出现危机。

3. 防止企业管理机制跟不上企业的发展。

4. 防止企业文化跟不上企业的发展，企业管理的最高境界是用文化来管理企业。

5. 防止人才跟不上企业的发展。

6. 防止信息、技术跟不上时代发展的变化需要。

7. 防止企业在发展过程中不愿改变现状。

8. 防止恶性竞争。

9. 防止内部失控。

10. 注重企业核心竞争力的培育。

（二）学会企业日常管理

要学会质量管理，要始终坚持质量第一的原则。质量不仅是生产物质产品的生命，也是从事服务业和其他工作的生命，创业者必须严格树立牢固的质量观。要学会效益管理，要始终坚持效益最佳原则，效益最佳是创业的终极目标。可以说，无效益的管理是失败的管理，无效益的创业是失败的创业。要做到效益最佳则要求在创业活动中人、物、资金、场地、时间的使用都要选择最佳方案运作，做到不闲人员和资金、不空设备和场地、不浪费原料和材料，使创业活动有条不紊地运转。学会管理还要敢于负责，创业者要对本企业、员工、消费者、顾客以及对整个社会都抱有高度的责任感。

（三）学会用人

市场经济的竞争是人才的竞争，谁拥有人才，谁就拥有市场、拥有顾客。一个学校没有品学兼优的教师，这个学校必然办不好；一个企业没有优秀的管理人才、技术人才，这个企业就不会有好的经济效益和社会效益；一个创业者不吸纳德才兼备、志同道合的人才共创事业，创业就难以成功。因此，必须学会用人，要善于吸纳比自己强或有某种专长的人才共同创业。

（四）学会理财

首先，学会理财要学会开源节流。开源就是培植财源，在创业过程中除了要抓好主要项目创收外，还要注意广辟资金来源。节流就是节省不必要的开支，树立节约每一滴水、每一度电的思想。大凡百万富翁、亿万富翁都是从几百元、几千元起家的，都经历了聚少成多、勤俭节约的历程。其次，要学会管理资金。一是要把握好资金的预决算，做到心中有数；二是要把握好资金的进出和周转，每笔资金的来源和支出都要记账，做到有账可查；三是把握好资金投入的论证，每投入一笔资金都要进行可行性论证，有利可图才投入，大利大投入、小利小投入，保证使用好每一笔资金。总之，创业者应心中时刻装有一把算盘，每做一件事、每用一笔钱，都要掂量一下是否有利于事业的发展，有没有效益，会不会使资金增值，这样才能理好财。

导师提示

合理“用钱”

作为创业者，应该怎样支配所赚来的钱呢？

1. 为企业再生产预留滚动资金

对于企业来说，发展是永恒的主题，发展永远是企业的第一要务。因此，创业者一定要为再生产准备足够的资金，以确保企业正常、持续运营。

2. 为搭建员工发展平台而投资

在创业已经获得一定回报的情况下，创业者要适度考虑为创业伙伴改善一下综合条件，包括工资、福利、工作环境等诸多方面。由于尚处创业阶段，这些开始创业就跟随自己的员工都是“宝”，创业者要尽可能稳住他们、留住他们，同时在企业还未完全模式化及流程化的情况下，“创业元老”的流失可能会给经营带来一定的波动。

3. 为履行企业社会责任而投资

从理论上来说，履行企业社会责任不分企业大小。创业企业虽多为小企业，履行企业社会责任的能力与空间可能很有限，并且操作点也很少，但也应尽力而为。对于创业者，不要把履行企业社会责任的投入当成负担。

4. 为形成核心竞争优势而投资

对于创业企业，只有核心竞争优势真正形成，在市场上才能具有相对稳定的竞争优势。在此之前，创业企业要积极寻找自己的经营“短板”，为努力打造核心竞争优势而投资。

四、创造能力

这是人才最重要的素质之一，包括开拓进取精神、敏锐的观察力、灵敏的应变力、丰富的想象力、灵活的创造性思维和高度的创造力等。人才的真正价值，就体现在他们能够根据社会的需要有所发现、有所发明、有所创造、有所贡献。没有创造，就谈不上成才。创造能力包括两方面的涵义，一是大脑活动的能力，即创造性思维、创造性想象、独立性思维和捕捉灵感的能力；二是创新实践的能力，即人在创新活动中完成创新任务的具体工作的能力。创造能力是一种综合能力，与人们的知识、技能、经验、心态等有着密切的关系。具有广博的知识、扎实的专业基础知识、熟练的专业技能、丰富的实践经验、良好的心态的人容易形成创新能力，它取决于创新意识、智力、创造性思维和创造性想象等。

五、拓展资源能力

创业不是引“无源之水”，栽“无本之木”。每一个人创业都必须有其凭依的条件，也就是其拥有的资源。资源有内部资源和外部资源两种。内部资源主要是创业者个人的能力，其所占有的生产资料和知识技能，也就是通常所说的有形资产和无形资产。创业者的家族资源也可以看作是内部资源的一部分。拥有一份良好的内部资源，对创业者来说无疑是重要的。比尔·盖茨就是靠他的自身技术独霸市场。创业者的外部资源，其中最重要的一点是人脉资源，它是创业者构建人际网络或社会网络的能力。如果没有广泛的人际网络，那他的创业一定会非常艰难。这种人脉资源要根据创业的阶段性在最短时间内建立起来。

六、人际交往能力

人际交往能力是指妥善处理组织内外关系的能力，包括与周围环境建立广泛联系和对外界信息的吸收、转化能力以及正确处理上下、左右关系的能力。创业者应该做到妥当地处理与外界的关系，尤其要争取政府部门、工商以及税务部门的支持与理解，同时要善于团结一切可以团结的人，团结一切可以团结的力量，求同存异，共同协调地发展，做到不失原则、灵活有度，善于巧妙地将原则性和灵活性结合起来。

创业的过程就是不断熟悉社会，同时让社会熟悉自己、接纳自己的过程。为此，创业者一定要敢于面向社会，闯入社会，把社会看成是自己获取支持，获得能量、信息与材料的源泉，同时，扩大交往，与人合作，使自己具有一个开放的创业环境。总之，创业者只有搞好内外团结，处理好人际关系，才能建立一个有利于自己创业的和谐环境，为成功创业打好基础。

创业故事

有人看到，史玉柱经常和这帮“孩子”（他对员工的亲切称呼）一起打游戏，甚至是玩到天亮。如果发现游戏中存在问题，即使是在凌晨三四点，史玉柱也会给研发团队的人打电话。正是在这样的与其说是雇佣关系不如说是朋友关系的相处中，史玉柱和这个20人的研发团队逐渐融合。媒体评价说，他不仅仅是一个工作上的老板，更是与员工拥有共同兴趣的朋友。就在无形之中，使得研发人员感受到一个商界领袖的魅力，从而产生对企业的热爱。

“富在深山有远亲，贫在城邦无近邻。”可一个让人很难理解的事实是，无论成败，史玉柱的周围都有一群死党。史玉柱说，他们之所以如此不离不弃，主要是因为大家志同道合，相信凑在一起一定能干一番大的事业；另外就是他对他们还算真诚，就是不骗他们。“我觉得我和他们在工作上是经常会发生冲突的，但是个人关系确实非常好。我觉得我比不少的民营企业老板做得好，对自己的下属，对他好是真心的。”关于这一点，史玉柱还强调，“对于自己的团队成员，你潜意识里要随时认定他们和你是平等的，有同样人格，那么你就会学会尊重。”

七、创业能力

创业者应该具备的能力包括观察能力、决策能力、组织能力、推销能力、公关能力等多个方面。观察能力与思想敏感程度紧密相连，是思想敏感程度的实践表现。任何创业都是从发现问题开始的，不能发现问题就无从创业。作为创业者，要善于从常规中发现例外，从正常中发现反常，从黑暗中看到光明，从挫折看到成功。只有具备敏锐的观察力，克服视觉中的“盲点”，才能设计出自己的创业方案。创业者必须具备一定的决策能力，提高自己的决策水平，实现决策的科学化。创业者还应具备一定的组织能力，通过协调、沟通、领导、指导等手段形成集体合力的能力。创业者须具备基本的推销能力。所谓推销，就是创业者实现自己所创造价值的过程，任何创造，都要用之于社会，使他人得到所创造的果实。创业者的公关能力，实际上就是与他人沟通、使他人认识自己所创造价值的能力，在各种传播媒体日益发达，社会联系日益紧密的今天，创业者的公关能力越来越重要。

创业者应该能直面大风大浪，勇于承担责任，他们永不疲倦，在困难面前毫无惧色。因为他们永远是铺路人，他们只能往前冲，没有退路。

创业故事

沈阳有个以拾破烂为生的人，名叫王洪怀。他通过有关部门了解到：将易拉罐熔化后就是一种很贵重的铝镁合金。他算了一笔账：当时市场上的铝锭价格每吨在1.4～1.8万元，每个空易拉罐重18克，5万个就是一吨。于是他决定开办一个金属再生加工厂，大量回收易拉罐熔炼。就这样，他在1年内，用空易拉罐炼出了240多吨铝锭，3年赚了270万元。这就是创新的奇迹，也是创业综合能力的表现。创业综合能力是指一种能够顺利实现创业目标的特殊能力。创业综合能力的形成与发展始终与创业实践和社会实践紧密相连。创业综合能力是一种以智力为核心，与个性心理倾向和个性心理特征紧密结合在一起的能力。

实践证明，仅有专业技术能力的人，可以完成某一职业岗位的职责，成为一名称职的从业者，但很难成为一个开创事业的创业者；而具有创业综合能力的人，可以成为成功的创业者。当客观条件具备时，他们中的一些人常常会脱颖而出，成为领导时代新潮流的成功者。

八、自我反省能力

反省其实是一种学习的能力。创业是一个不断摸索的过程，在创业过程中难免不犯错误。反省正是认识错误、改正错误的前提。曾子说过：“吾日三省吾身”。对创业者来说，应该时刻提醒自己，反省自己，惟有如此，才能时刻保持清醒的头脑，不断进步，为创业之路打下良好的基础。

3.3 创业者素质与能力的培养

大学生要提高自己的创业素质与能力，需要做大量理论和实践方面的工作，做好充分的心理准备，不能急功近利，要稳扎稳打，循序渐进地走好每一步。

一、重视创业素质的自我培养

首先，成功的创业者要有创业观念、有才、有胆、有识，同时有坚韧不拔的意志，能克服创业过程中的困难，按照创业者素质的培养规律，重视创业素质的自我培养，注重培养自己的能力，锤炼自己的胆量。

其次，要克服万事俱备再去创业或者自己具备全部企业者物质再去创业的错误观念。如果那样，没有人能去创业，因为不可能存在具备上述创业者全部特质的人。

实践证明，创业者素质的培养是有规律的，其成长也是有过程的。而从实践中汲取经验和教训是创业者成长的捷径。

二、良好的创业心理品质是重要环节

心理学研究表明，非智力因素及情商在个体活动中具有决定性的作用。在创业能力的形成中，必须重视发挥创业心理优势，消除创业心理障碍。要树立自信、自强、自主、自立意识。

自信就是对自己充满信心，相信自己有能力、有条件去开创自己未来的事业。自信赋予人主动积极的人生态度和进取精神，相信自己能够成为创业的成功者，尤其在遇到失败和挫折时更需要自信。自强就是在自信的基础上，通过企业的实践，不断增长自己各方面的能力，进一步磨练自己的意志，树立起自己的形象，敢说敢当，敢作敢为，不贪图眼前的利益，永远进取，使自己成为强者。自主就是具有独立的人格，具有独立性思维能力，不受传统和世俗偏见的束缚，不受舆论和环境的影响，能自己选择自己的道路，善于设计和规划自己的未来，并采取相应的行动。

导师提示

十种阻碍创业的心态和个性

十种阻碍创业的心态和个性是指：缺少职业意识，优越感太强，唯上是从，懒惰，傲慢，僵化死板，感情用事，固执己见，怯懦怕惹是非，患得患失却又容易满足。

三、注重能力的综合培养是重要方面

创业涉及方方面面，需要与不同的人和事打交道，对人的能力要求很高。因此对创业者综合能力的要求很高，其中包括管理能力、组织协调能力、创造能力、经营能力、语言表达能力、判断能力、公关能力、应变能力、分析问题和解决问题能力、把握机遇的能力、谈判能力、心理调适能力等。

学会认知就是教人掌握认知的方法，学会学习的方法、手段，培养发现问题、分析问题和解决问题的能力。学会做事就是要培养创新能力、应变能力和驾驭处理复杂突发事件、应对危机的能力。学会共同生活就是要培养团结协作能力和团队精神，培养竞争意识和管理能力。学会生存就是要不断增强自主性、判断力和个人的责任感，培养交际能力、语言表达能力、判断能力等。

四、接受一定的正规教育或加强自学

教育的重要性主要体现在对于创业者解决所面临的问题方面所起的重要作用，尽管获得正规学位并不是成功创业的必要条件，比如安德鲁卡内基、亨利福特等这些高中辍学者的成功就能证明这一点，但教育确实能为创业者形成一个有说服力的个人背景，尤其是在受教育的专业和创业的领域有关联的时候。如史玉柱，1984 年毕业于浙江大学数学系，后又到深圳大学科学管理系进修研究生，其所受教育和扎实的专业知识为其之后的成功奠定了牢固的基础。

五、在复杂多变的创业实践中提升自己

创业道路肯定不是一帆风顺的，创业者应着重培养自己过硬的心理素质，既能海纳百川、虚怀若谷，又要经受住失败和挫折，压不弯，打不垮。要抱有一种对成功坚定追求的态度，凭借知识、智慧和胆识去开创能发挥个人所长的事业。

创业的环境是动态变化的，创业过程中的策略和措施必须根据具体环境的变化作出调整。创业者只有按照事物的主流把握调整战略方向，针对具体的变化形式提出应对措施，才能在不断变化的环境中趋利避害、化被动为主动，从而最终赢得胜利。创业是一个斗体力的活动，更是一个斗心力的活动。创业者的智谋将在很大程度上决定其创业成败。尤其是在目前产品日益同质化、市场有限、竞争激烈的情况下，创业者不但要能够守正，更要有能力出奇。

六、根据学习过程积极准备，不断完善提高创业能力、素质

起初应做到，被动盲目学习和积累——专注目标直接相关内容，扩大目标外延，理解目标的社会背景和真实必要条件；接下来在尝试、失败、总结、调整的循环中发现缺陷（包括知识、能力甚至目标本身）并改进，领悟隐藏在市场、技术、商业背后的秘密即规律性，有的放矢地学习；最后，形成自己的观点和思维体系，有选择地补充和提升知识水平。因此，大学生对于创业知识、能力和素质一方面需要事先有意识地准备，另一方面需要在创业进程中不断完善提高。

（一）大学生创业需要在校期间有意识地做好准备

大学生创业首先必须有投身创业的理想和志向，否则，往往容易被创业中的困难、挫折所吓倒。有创业志向的大学生在校期间就应树立崇高的理想和志向，有意识地培养创业的意志品质。在树立崇高理想的基础上，应和实际学习目标结合起来，在学习过程中

不怕困难和挫折，出色地完成学业。同时应积极参加各种实践活动，在确立目的、制定计划、选择方法、执行决定和开始行动的整个实践活动中，锻炼能力和意志品质。在此基础上，还应加强意志的自我锻炼，注意培养提高自我认识、自我检查、自我监督、自我评价、自我命令、自我鼓励的能力。此外，积极参加体育活动，也是锻炼坚强意志品质的重要途径。

（二）大学生创业需要在创业进程中不断完善提高

大学生要想培养商业意识，就应用心去钻研有关知识。在创业实践中要善于观察分析、把握事物的本质，善于收集和利用信息，摸清市场运行的基本规律，积极主动去寻找和创造商业机会。同时，大学生要想挖掘自己的智慧潜能，就必须认识到，智慧潜能是一个内涵十分丰富而又极其复杂的综合概念。因此，在锻炼和培养自己的创业才能时，不能局限于单纯从成才的方面去寻求提高的捷径，而必须从多方面打好扎实的基础，既要通过学习增长知识和智力，又要通过创业和实践来增长才能，还要通过创业过程中的竞争和自我否定增长才能，以求得创业才能得以综合性提高。

大学生由学习知识、积累经验到输出知识、创新创业往往需要通过长期艰苦的探索和磨练，非一朝一夕之功能成。因此，决不能急功近利，拔苗助长。即使事先准备好了，真正面对实际问题时，可能还会发现和学习的东西完全不同。当今社会为大学生自主创业提供了有利的条件和大好机遇，有这方面优势和志向的大学生应该主动学习积累知识和技能背后的更深层次的价值观、心态调整、方法论等方面的共性问题，在此基础上大胆艰苦地尝试，勇于在实践中磨练，努力成为新的创业者。

思考与训练

一、思考题

1. 创业者应具备的素质有哪些？

2. 创业者应具备的能力有哪些？

3. 培养创业者的素质与能力的方法有哪些？

二、练一练，做一做

1. 结合自身的特点，谈一谈应如何培养自己的创业素质与能力。

2. 通过报纸、杂志及网络等媒体寻找创业者的故事，总结成功创业者身上存在的素质与能力，并思考给大学生所带来的一些启示。

第二部分

创业实施阶段

Step 4　拟订创业计划

导　入

展飞选择创业项目之后，开始思考如何撰写创业计划书。可是展飞从来没有写过创业计划书，他有一系列的问题，如什么是创业计划？创业计划书有什么样的作用？有什么样的特征？包括哪些内容？编写创业计划书有哪些技巧？而且最重要的一点是，如何能让投资人对创业计划感兴趣？带着这些问题，展飞去请教创业指导教师，开始逐步了解创业计划，撰写自己的创业计划书。

学习目标

1. 了解创业计划的主要内容
2. 会编制撰写简单的创业计划
3. 了解创业计划编写技巧
4. 了解投资人对创业计划的兴趣点

4.1　了解创业计划

创业计划是就一项具有市场前景的技术产品或服务概念，以获得资本投资为目的，完成一份包括企业概述、业务与业务展望、风险因素、投资回报与退出策略、组织管理、财务预测等方面内容的创业计划书。创业计划基于具体产品或服务，着眼于特定的市场、竞争、营销、运作、管理、财务等策略方案，描述公司的创业机会，阐述把握这一机会创立公司的过程，并说明所需资源。

创业计划书是一份全方位的商业计划，其主要用途是递交给投资商，以便于他们能对企业或项目作出评判，从而使企业获得融资。创业计划书有相对固定的格式，它几乎包括反映投资商所有感兴趣的内容。从企业成长经历、产品服务、市场、营销、管理团队、股权结构、组织人事、财务、运营到融资方案，只有内容详实、数据丰富、体系完整、装订精致的创业计划书才能吸引投资商，让他们看懂你的项目商业运作计划，才能使你的融资需求成为现实。创业计划书的质量对创业者的项目融资至关重要。

创业计划书的起草与创业本身一样是一个复杂的系统工程，不但要对行业、市场进行充分的研究，而且还要有很好的文字功底。对于一个发展中的企业，专业的创业计划书既是寻找投资的必备材料，也是创业企业对自身的现状及未来发展战略全面思索和重新定位的过程。同时，创业计划书也是创业企业的行动指南。一份好的创业计划书是创业者自己在寻求到风险投资的支持后，能够基本顺利实施的项目操作计划。

作为一份标准性的文件，创业计划书有着大同小异的架构。但是，有的创业计划书却能迅速抓住投资人目光，而有的计划书却只能以进入“回收站”作为使命的终结。这是什么原因呢？

客观地说，项目自身素质是最关键最核心的因素，但是一个完美的、专业的表现形式也同样重要，“酒香不怕巷子深”的逻辑在竞争激烈的现代商业运转中并不完全适用。一份成功的创业计划书涵盖了潜在投资人对融资项目所需了解的绝大信息，并且对其中投资方通常关注的要点进行重点陈述分析，这样的创业计划书可以大大减少投资者在进入调查之前的工作量，便于双方迅速进入后期实质运作。

一、创业计划的作用

（一）给潜在的投资者或其代理人看，用于创业融资

据统计，只有 5%的创业计划书能够真正吸引创业投资公司的注意力，更少的创业计划书最终获得融资成功。一份精心准备的创业计划书不但可以使创业者的企业在众多融资申请中脱颖而出，而且可以令创业者在向投资商讲述创业者们的项目时显得更自信和更有条理。创业计划可以指导公司的发展，并能让人了解“创业者要去哪儿”和“创业者怎样去”。

（二）用于同工作伙伴及团队交流时使用，明确公司发展战略及主要策略

对初创的企业来说，创业计划书的作用尤为重要，一个酝酿中的项目往往很模糊，通过制订创业计划书，把正反理由都书写下来，之后再逐条推敲。这样创业者就能对这一项目有更清晰的认识。可以说，创业计划书首先是把计划中要创立的企业推销给创业者自己。写创业计划书的过程可以帮助创业者理清思路，发现许多原来没有考虑到的问题，对于创业者来讲，预先准备好地图或找到向导，创业的旅程将会安全顺利得多。虽然创业的实际执行情况一般都会与当初的计划有很大的出入，但是有一个深思熟虑的企划方案和目标将大大增加创业成功的几率。

对创业计划书在创业投资过程中所起的作用人们有很多误解。有人认为酒香不怕巷子深，一两页的项目介绍就足够了，认真准备创业计划书对于吸引投资完全没有必要；也有人认为创业计划书越详细越好，于是写出上百页的创业计划书来，里面充满了鉴定报告、报章摘要和大量的分析图表。事实上创业投资家根本没有耐心读这么长的计划书。从另一方面来讲，也很难找到一个创业企业，其发展完全是按原来的创业计划书实施的。创业投资家们的经验也表明，创业计划书过长过细，后来失败的可能性更大。

创业故事

曹伟是一家软件外包公司的总经理，面对公司的高速发展态势，曹伟却愁容满面，原因是公司缺乏足够的资金扩大生产规模。为了筹集到这笔资金，曹伟曾经寻求银行贷款却未能如愿。银行一般要求企业具备一定规模的现金流，提供足额抵押、担保的有效资产，而这是曹伟的软件外包企业所不具备的。精通软件技术的曹伟不知道该如何融资，如何找到自己的合作伙伴。朋友建议，要向风险投资融资，首先就是写出一份能够打动

风险投资人的创业计划书。融资心切的曹伟希望能够直接同风险投资人对话，这样就没必要再撰写创业计划书了。但风险投资人认为这并不能够取代创业计划书，因为除了一些朋友的介绍外，主要还是要通过创业计划书来了解整个项目情况。此外，一份详细的创业计划书，还可递交给多家风险投资公司。

经过朋友的点拨，曹伟明白，创业计划书至关重要，一定要亲自完成，要在有限的篇幅中体现项目的独特性等。

二、创业计划应具备的特征

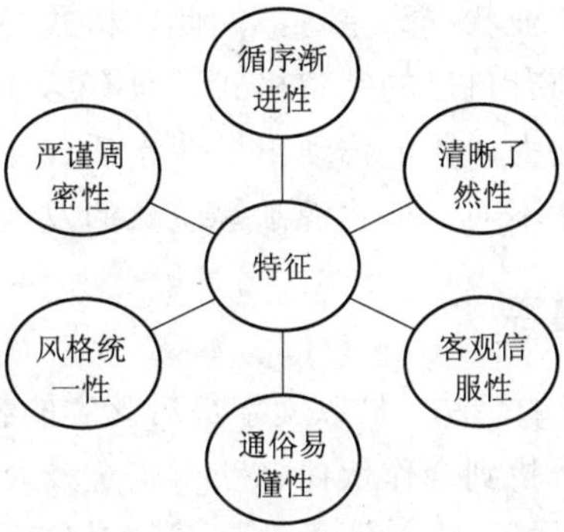

图 4-1 创业计划应具备的特征

（一）循序渐进性

无论编制哪一领域的创业计划，在编制过程中都应该注意到计划的编写决不是一蹴而就的。创业计划一般要经过多阶段多次修改而成。在确立了编写方案，掌握了充分的资料的基础上编制创业计划概要；在创业计划概要的基础上，加入新的议题，新的内容，形成创业计划初稿；对创业计划初稿进行进一步的修改、完善，并加入一些新的议题和新的发现，形成最终的创业计划。创业计划是创业企业的重要文件，因此就更需要循序渐进逐步完善。

（二）清晰了然性

成功的创业计划给读者的印象往往是意义表达明确，文章脉络清晰。创业计划应该重点突出读者所关心的议题，对关键的问题进行直接、明确的阐述，使读者能够尽快理解计划内容，不会在一些细节上产生歧义。

（三）客观信服性

创业计划在内容表述方面应注意运用比较中性的语言，保持客观的基调，力求对计划中所涉及的内容进行不加主观倾向性的评论。尤其不能使用广告性的语言，更不能进行过多的自我批评，给读者留出评判的空间。计划书中任何诱导性或带有倾向性的语言或判断，都会影响读者对计划内容的正确判断，因此必须注意避免。

（四）通俗易懂性

创业计划不是专业论文，创业计划的目标读者中有很大一部分是没有相关专业知识的银行家、投资商等。因此，在创业计划的编写过程中，不应该对技术或工艺进行过于专业化的描述或进行过于复杂的分析，力求简单明了、深入浅出，对必须引用的专业术语及特殊概念在附录中应给予必要的解释和说明。

（五）风格统一性

创业计划的编写一般都是由多人协作共同完成的，一般由企业的不同职能部门的主管完成相应的部分。由于每个人的写作风格及表述方法的不同，往往使最终的创业计划的写作风格缺乏统一性。因此，在创业计划最终定稿之前，应该有一个最终进行调整的过程。一般这个程序由创业者本人或请一些具有相关能力的人员完成，力求最终的创业计划风格统一。此外，应对计划中引用的数据的来源给予明确的记录，并统一标明出处。

（六）严谨周密性

创业计划是以客观表述企业状况为宗旨，因此，格式必须严谨统一。创业计划没有统一的模式，但创业计划必须有自己的完整格式。只有这样才能相对完整地陈述必要的内容，也使计划本身更具说服力，并能体现出专业素质。在计划的编写过程中应注意避免形式随意，机构松散，主体不明，格式混乱等现象的发生。

三、创业计划的主要内容

创业计划书是将有关创业的想法，借以文字最后落实的载体。创业计划书的质量，往往会直接影响创业发起人能否找到合作伙伴、获得资金及其他政策的支持。

计划书的书写重点要依目标而定，即看计划书的对象而有所不同，譬如是要写给投资者看呢，还是要拿去银行贷款。根据不同的目的，计划书的重点也会有所不同。

通常一份创业计划书在前面需要写一页左右的摘要，接下来是创业计划书的具体章节，一般分成以下十方面内容。

第一部分：事业描述。必须描述所要进入的是什么行业，卖什么产品（或服务），谁是主要的客户，所属产业的生命周期是处于萌芽、成长、成熟还是衰退阶段。还有，企业要用独资还是合伙或公司的形态，打算何时开业，营业时间有多长等。

第二部分：产品/服务。需要描述创业者的产品和服务到底是什么，有什么特色，创业者的产品跟竞争者有什么差异，如果并不特别为什么顾客要买。

第三部分：市场。首先需要界定目标市场在哪里，是既有的市场已有的客户，还是在新的市场开发新客户。不同的市场、不同的客户都有不同的营销方式。在确定目标之后，决定怎样上市、促销、定价等，并且做好预算。

第四部分：地点。一般公司对地点的选择可能影响不太大，但是如果要开店，店面地点的选择就很重要。

第五部分：竞争。下列两种情况尤其要做竞争分析，即要创业或进入一个新市场时；当一个新竞争者进入自己在经营的市场时。随时随地做竞争分析，这样最省力。竞争分析可以从五个方向去做：谁是最接近的五大竞争者；他们的业务如何；他们与本业务相似的程度；从他们那里能学到什么；如何做得比他们好。

第六部分：管理。中小企业 98%的失败来自于管理的缺失，其中 45%是因为管理缺乏竞争力。

第七部分：人事。要考虑现在、半年内、未来三年的人事需求，并且要具体考虑需要引进哪些专业技人才、全职或兼职、薪水如何计算，所需人事成本等。

第八部分：财务需求与运用。考虑融资款项的运用、营运资金周转等，并预测未来三年的损益表、资产负债表和现金流量表。

第九部分：风险。风险可能是进出口汇兑的风险、餐厅火灾的风险等，并注意当风险来时如何应对。

第十部分：成长与发展。即下一步要怎么样发展，三年后如何发展，这也是创业计划书所要提及的。企业是要能持续经营的，所以在规划时要能够做到多元化和全球化。

4.2 编制创业计划书

一、创业计划书的撰写

一般来说，创业计划书应该包括创业的种类、资金规划及基金来源、资金总额的分配比例、阶段目标、财务预估、行销策略、可能风险评估、创业的动机、股东名册、预定员工人数等。具体撰写要求有以下方面：

（一）封面

封面的设计要有美感和艺术性，一个好的封面会使阅读者产生最初的好感，形成良好的第一印象。

（二）摘要（提供关键信息）

它是浓缩了的创业计划书的精华。摘要要涵盖计划的要点，做到一目了然，以便读者能在最短的时间内评审计划，并作出判断。摘要要尽量简明、生动，要详细说明企业自身的不同之处及企业获取成功的市场因素。

一个出色的计划摘要将使投资者有兴趣了解更多的内容和信息。它应该成为吸引投资者出资的重要部分，因为它会给投资人留下深刻和长久的影响。摘要应是创业计划书中最精干和项目实施中最相关的部分，它包括：企业的宗旨和基本情况、企业的各方面能力、企业的竞争状况、营销和财务战略、项目实施后大致的投资回报前景以及公司的管理团队。

在介绍企业时，首先要说明创办新企业的思路、新思想的形成过程以及企业的目标和发展战略。其次，要交代企业现状、过去的背景和企业的经营范围。在这一部分中，要对企业以往的情况作客观的评述，不回避失误。中肯的分析往往更能赢得信任，从而使人容易认同企业的创业计划书。最后，还要介绍一下创业者自己的背景、经历、经验和特长等。企业家的素质对企业的成绩往往起关键性的作用。在这里，企业家应尽量突出自己的优点并表示自己强烈的进取精神，以给投资者留下一个好印象。

在计划摘要中，企业还必须回答下列问题：

（1）企业所处的行业、企业经营的性质和范围是什么？

（2）企业主要产品的内容是什么？

（3）企业的市场在哪里，谁是企业的顾客？他们有哪些需求？

（4）企业的合伙人、投资人是谁？

（5）企业的竞争对手是谁？竞争对手对企业的发展有何影响？

（三）企业基本情况

这部分的目的不是描述整个计划，也不是提供另外一个概要，而是对创业者的公司作出介绍。

例：

公司名称＿＿＿＿＿＿＿＿＿＿＿＿＿ 成立时间＿＿＿＿＿＿

注册资本＿＿＿＿＿＿＿＿＿＿＿＿＿ 实际到位资本＿＿＿＿＿＿＿＿＿

其中现金到位＿＿＿＿＿＿＿＿＿＿＿ 无形资产占股份比例＿＿＿＿＿＿%

注册地点＿＿＿＿＿＿＿＿＿＿＿＿＿＿＿＿＿＿＿＿＿＿＿＿＿＿＿＿＿＿＿

公司性质（详见Step7中相关内容）为：＿＿＿＿＿（如有限公司、股份有限公司、合伙企业、个人独资等，并说明其中国有成分比例、私有成分比例和外资比例。）

公司沿革：说明自公司成立以来主营业务、股权、注册资本等公司基本情形的变动，并说明这些变动的原因。

目前公司主要股东情况：列表说明目前股东的名称及其出资情况。

目前公司内部部门设置情况：以组织机构图来表示。

本公司的独资、控股、参股的公司以及非法人机构的情况（可以用图形方式表示）。

公司曾经经营过的业务有＿＿＿＿、＿＿＿＿、＿＿＿、＿＿＿＿、＿＿＿＿。

公司目前经营的业务为 ＿＿＿＿、＿＿＿＿、＿＿＿＿、＿＿＿＿、＿＿＿＿。

主营业务为＿＿＿＿＿＿＿＿＿＿＿＿＿＿＿＿＿＿＿＿＿＿。

公司目前职工情况：拥有员工＿＿人，其中大专以上文化程度的有＿＿人，占员工总数＿＿%；大学本科以上的有＿＿人，占员工总数＿＿%；硕士学位（含中级职称）以上的有＿＿＿，占员工总数＿＿%；博士学位（含高级职称）以上的有＿＿人，占员工总数＿＿%。（最好列表说明，参见下表）

公司经营财务历史列表（单位：万元）

项　目	本年度	前1年	前2年	前3年
销售收入				
毛利润				
纯利润				
总资产				
总负债				
净资产				

公司近期及未来 3～5 年要实现的目标（行业地位、销售收入、市场占有率、产品品牌以及公司股票上市等）。

公司近期及未来3～5年的发展方向、发展战略和要实现的目标。

（四）行业分析

在行业分析中，应该正确评价所选行业的基本特点、竞争状况以及未来的发展趋势

等。关于行业分析的典型问题如下：

（1）该行业发展程度如何？现在的发展动态如何？

（2）创新和技术进步在该行业扮演着什么样的角色？

（3）该行业的总销售额有多少？总收入为多少？发展趋势怎么样？

（4）价格趋向如何？

（5）经济发展对该行业的影响程度如何？政府是如何影响该行业的？

（6）是什么因素决定着企业的发展？

（7）竞争的本质是什么？创业者将采取什么样的战略？

（8）进入该行业的障碍是什么？创业者将如何克服？该行业典型的回报率是多少？

（五）行业/公司产品与服务

要体现行业/公司产品与服务的独特性、竞争性及独享性/排他性。

在市场调查的基础上，选择项目。项目的确定需要考虑如下问题，如：项目是围绕一项发明创造、技术专利还是一项可能研发实现的概念产品或服务？目前产品市场状况正处于什么样的阶段（空白/新开发、可成长/成熟/饱和）？企业如何设计生产线或服务渠道？企业如何组织生产、原料来源于哪里？拥有哪些生产资源；还需要增加什么生产资源？生产和设备的成本是多少？设备的采用方式是租还是买？储存和物流的状况等。

在产品（服务）介绍部分要对产品（服务）作出详细的说明，说明要准确、通俗易懂，使不是专业人员的投资者也能明白。通常产品介绍应包括以下内容：产品的概念、性能及特性、主要产品介绍、产品的市场竞争力、产品的研究和开发过程、发展新产品的计划和成本分析、产品的市场前景预测、产品的品牌和专利、产品的排名及品牌状况。产品介绍一般要附上产品原型、照片或其他介绍。

导师提示

产品介绍必须要回答的问题

1. 顾客希望企业的产品能解决什么问题？顾客能从企业的产品中获得什么好处？

2. 本企业的产品与竞争对手的产品相比有哪些优缺点？顾客为什么会选择本企业的产品？产品的独创性是什么？

3. 企业为自己的产品采取了何种保护措施？企业拥有哪些专利、许可证或与已申请专利的厂家达成了哪些协议？

4. 为什么企业的产品定价可以使企业产生足够的利润？为什么用户会大批量地购买企业的产品？

5. 企业采用何种方式去改进产品的质量、性能？企业对发展新产品有哪些计划？

产品（服务）介绍的内容比较具体，因而写起来相对容易。虽然夸赞自己的产品是推销所必需的，但应该注意，企业所做的每一项承诺都是“一笔债”，都要努力去兑现。在这里企业应尽量用数字化和简单的语言来明确地描述企业产品或服务的属性，让投资人和企业一样对产品有浓厚的兴趣。

（六）人员、组织结构以及团队技能

有了产品之后，创业者要做的就是结成一支有战斗力的管理队伍。企业管理的好坏，直接决定了企业经营风险的大小。而高素质的管理人员和良好的组织结构则是管理好企业的重要保证。因此，投资者会特别注重对管理队伍的评估。

企业的管理人员应该是互补型的，且要具有团队精神。一个企业必须要具备负责产品设计与开发、市场营销、生产作业管理、企业理财等方面的专门人才。在创业计划书中，必须要对主要管理人员加以阐明，介绍他们所具有的能力，他们在本企业中的职务和责任，他们的详细经历及背景。

此外，在这部分中还应对公司结构做一个简要介绍，包括：公司的组织机构图；各部门的功能与责任；各部门的负责人及主要成员；公司的报酬体系；公司的股东名单，包括认股权、比例和特权；公司的董事会成员；各位董事的背景资料。

经验和过去的成功比学位更有说服力。如果创业者准备把一个特别重要的位置留给一个没有经验的人，创业者一定要给出充分的理由。

1. 管理团队

目前投资者已从过去看重创意转而更看重企业的经营团队，因为一个好的策划和项目要想成功必须有一个强有力的管理队伍，这支队伍中应该集管理、技术、市场、财务等各方面的精英，不仅要志同道合，更要有互补性。当然在描述管理团队中，还应描述企业的组织结构、管理目标、管理方法以及团队中个人的职责。团队的展示尤为重要，因为创业本身就是一个团队奋斗的过程。

2. 组织机构与人力资源配置

3. 各部门的功能与责任

4. 公司管理理念和文化建设

公司管理内容包括公司管理者的经验与技能水平、创业热情的大小、管理队伍业务背景、业绩、风险、创业活动等。

文化是组织成员在较长时期的生产经营实践中逐步形成的共有价值观、信念、行为准则及具有相应特色的行为方式、物质表现的总称。

（七）市场竞争分析预测

企业所面对的竞争格局分析主要涉及：市场中主要的竞争者有哪些？是否存在有利于本企业产品的市场空档？本企业预计的市场占有率是多少？本企业进入市场会引起竞争者怎样的反应？这些反应对企业会有什么影响？等等。

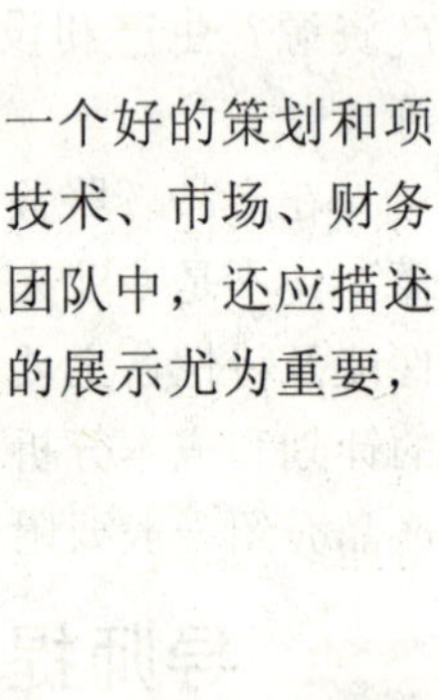

1. 行业发展状况

2. 主要竞争对手

3. 竞争对手的产品特点及市场状况分析

4. 竞争对手的公司实力、产品情况

包括种类、价位、特点、包装、营销、市场占有率等，以及潜在的竞争对手情况和市场变化分析。要求写明竞争状况，自身竞争优势及项目可持续性。此外还包括：需求预测；市场预测；市场现状综述；竞争厂商概览；目标顾客和目标市场；本企业产品的市场地位等。

通过上述描述要向风险投资者展示自己的企业相对于各种竞争者所具有一定的竞争优势，表明本企业是非常有力的竞争者，虽然现在才刚起步，但一定会成为本行业的领先者。

（八）市场与营销策略

对市场错误的认识是企业经营失败的最主要原因之一。营销是企业经营中最富挑战性的环节，影响营销策略的主要因素有消费者的特点、产品的特性、企业自身的状况、市场环境方面的因素，最终影响营销策略的则是营销成本和营销效益因素。

在创业计划书中，营销策略应包括以下内容：

1. 市场机构和营销渠道的选择

2. 营销队伍和管理

3. 促销计划和广告策略

4. 目标市场、市场容量及发展速度

目标市场就是企业决定要进入的市场。企业在对整体市场进行细分之后，要对各细分市场进行评估，然后根据细分市场的市场潜力、竞争状况、本企业资源条件等多种因素决定把哪一个或哪几个细分市场作为目标市场。对于市场容量的估算、未来增长的预测的数据最好是来源于中立第三方的调查或研究报告，避免自行估计。对于特殊市场，在预估时则力求保持客观、中肯的态度，以免有“自吹自擂”之嫌，令人不能信服。

创业计划书要给投资者提供企业对目标市场的深入分析和理解。要细致分析经济、地理、职业以及心理等因素对消费者选择购买本企业产品这一行为的影响以及各个因素所起的作用。创业计划书中还应包括一个主要的营销计划，计划中应列出本企业打算开展广告、促销以及公共关系活动的地区，明确每一项活动的预算和收益。创业计划书中还应简述企业的销售战略：企业是使用外面的销售代表还是使用内部职员？企业是使用转卖商、分销商还是特许商？企业将提供何种类型的销售培训？此外，创业计划书还应特别关注销售中的细节问题。

5. 市场份额及发展速度

6. 价格战略

价格战略是指企业根据自己产品的特点和市场供需关系所确立的价格对策。它是影响企业利润和企业长期发展目标的重要因素。其影响因素包括：国家的物价政策、成本、产品性能、市场的需求量及其弹性、市场结构、市场特征、同行业竞争状况、销售渠道以及价格以外的市场战略等。

导师提示

企业的价格战略分类

1. 最大限度利润价格战略

在竞争对手很少或在极端垄断的状况下，在市场能够接受的限度内把价格定得高一些，以取得最大限度利润。其特点是要求产品形象好，只能短时间内起作用。

2. 目标利润率价格战略

以一定的金额或一定的百分比为目标，把价格定在企业能达到的水平。

3. 市场占有率价格战略

以维持和扩大市场占有率为目标，它比前两种战略更能准确地反映市场需求的强弱。

另外有低价格战略、价格组合战略等。针对不同层次的消费者，制订不同的价格，通过制造差别化产品来满足差别消费人群，制订差别价格的价格组合。

7. 营销推进计划及目标

应当有一个营销计划，它包括区域、方式、渠道、预估目标、份额以及销售政策的制定；销售渠道、方式、行销环节和售后服务；企业主要的业务关系状况等。

（九）制造计划（不针对于电子商务）

创业计划书中的生产制造计划应包括以下内容：产品制造和技术设备现状、新产品投产计划、技术提升和设备更新的要求、质量控制和质量改进计划。

（十）财务规划

财务规划和分析应是创业计划书中最花费精力的部分，它包括：财务数据预测（销售收入、成本费用、薪金水平、固定资产、明细表）以及资产负债表和利润及分配明细表、现金流量表。财务指标分析（反映财务盈利能力的指标、财务内部收益率、投资回报期、财务净现值、投资利润率、投资利税率、资本金利润率以及不确定性分析、盈亏平衡分析、敏感性分析等）。

流动资金是企业的生命线，因此企业在初创或扩张时，对流动资金需要预先有周详的计划和进行过程中的严格控制；损益表反映的是企业的盈利状况，它是企业在一段时间运作后的经营结果；资产负债表则反映在某一时刻的企业状况，投资者可以用资产负债表中的数据得到的比率指标来衡量企业的经营状况以及可能的投资回报率。创业企业应详尽描述投资后3～5年企业的销售数量、销售额、毛利率、成长率、投资报酬率预估及计算依据。

1. 财务分析主要基于明确下列问题

（1）产品在每一个期间的发出量有多大？

（2）什么时候开始产品线扩张？

（3）每件产品的生产费用是多少？

（4）每件产品的定价是多少？

（5）使用什么分销渠道？所预期的成本和利润是多少？

（6）需要雇佣哪几种类型的员工？

（7）雇佣何时开始？工资预算是多少？

2. 财务预测

任何投资中，影响企业价值评估的财务情况总是投资人最为关心的地方。财务预测是对创业计划书中的所有定性描述进行量化的一个系统过程。财务预测的合理性直接影响融资方案的设计和取舍。

根据财务活动的历史资料，考虑现实的要求和条件，对企业未来的财务活动和财务成果作出科学的预计和测算。它是财务管理的环节之一。其主要任务在于：测算各项生产经营方案的经济效益，为决策提供可靠的依据；预计财务收支的发展变化情况，以确定经营目标；测定各项定额和标准，为编制计划、分解计划指标服务。财务预测环节主要包括明确预测目标、搜集相关资料、建立预测模型、确定财务预测结果等步骤。

3. 不确定分析

（1）筹资风险。筹资风险是指由于负债筹资引起且仅由主权资本承担的附加风险。如现金流量出现负数而造成的不能按期支付债务本息的风险，企业在收不抵支的情况下出现的到期无力偿还债务本息的风险。

（2）投资风险。投资分为对内投资和对外投资。

（3）资金营运风险。资金营运风险是指企业日常生产经营中，购入原材料和售出产成品过程中资金转化的时间和金额上的不确定性。即企业在资金营运通畅时，购销量俱为最佳，这时企业库存很低，甚至达到零库存，使可支配的资金流动性极大提高，取得更多的收入，获得更高的利润，从而提高了企业的盈利水平，增强了企业的偿债能力；企业在资金营运困难时，有限的资金既要采购原材料和消费品，又要支付工资和福利等费用。资金的短缺使部分原材料和消费品只能够采取赊购，又因为生产出的产品在销路不畅时只能够赊销，如果产品的货款不能按计划及时收回，就不能及时还清材料款，从而使企业陷入债权债务纠纷中，最终降低企业的盈利水平，削弱企业的偿债能力。

（4）收益分配风险。是指由于收益分配而可能给企业今后的生产经营活动带来的不确定性。收益分配是指企业实现的财务成果（即利润）的分配。收益分配中的一部分内容具有“刚性”，比如法定公积金和各种税费。如果确定合理的分配规模和分配方式，就可以有效“软化”刚性内容。对内可以保证以后年度扩大再生产的顺利进行，调动企业员工的积极性；对外可以增强投资者信心，在以后的年度加大投资。如果分配规模和方式不合理，可能会造成大量的资金流出企业，造成以后年度财务活动现金流的短缺，影响企业正常的生产经营，或者减少投资者的分红，挫伤投资者的信心，即使企业资金利润率不变，企业盈利也会因为资金量的绝对减少而降低。

（5）财务风险的防范。即企业在识别风险、估量风险和分析风险的基础上，充分预见、有效控制风险，用最经济的方法把财务风险可能导致的不利后果减少到最低限度的管理方法。

4. 主要经济指标

投资回收期、投资报酬率、净现值等。

5. 结论性意见

具有投资价值的创业计划要有好的市场前景［年度增长率 20%以上及投资回报率高（25%～30%）］。

（十一）项目实施计划

要拟定项目实施进度图、项目实施设计说明及项目实施难点和阶段性目标。要求阐明时间安排与计划、任务、阶段性里程碑（即团队阶段性工作完成的标志）、关键发展线路。计划要全面，要思考周到，目标明确，现实可行。

（十二）风险分析与风险管理

本部分要阐明以下内容：

（1）创业者的公司在市场、竞争和技术方面存在哪些基本风险？创业者准备怎样应付这些风险？创业者准备怎样应付这些风险？

（2）就创业者来看，创业者的公司还有什么样的附加机会？

（3）在创业者的资本基础上如何进行扩展？

（4）在最好和最坏情形下，创业者的五年计划表现如何？

如果创业者的估计不那么准确，应该估计出创业者的误差范围到底有多大。如果可能的话，对创业者的关键性参数作最好和最坏的设定。创业风险主要有：技术风险、市场风险、管理风险、财务风险、资源风险、研发风险、成本风险、政策风险、财务和管理风险等。同时应要有应对措施。

导师提示

创业风险来源

创业投资的风险是指投资活动中人们不希望的后果出现的潜在可能性。创业投资高风险的特点决定了创业投资的失败率极高。创业投资的发源地及创业投资最为发达国家——美国的风险统计概率是：10%很好，30%一般，30%在两年内倒闭，30%两年后倒闭。主要风险来自多方面（详见 Step9 相关内容）：

1. 技术风险

由于高新技术开发研究的复杂性，很难预测研究成果向工业化生产与新产品转化过程中成功的概率，这是高科技投资中最大的风险来源。技术风险的具体表现为：（1）技术上成功的不确定性。新技术在诞生之初都是不完善的、粗糙的，按预期的目标实现都是不能确定的。（2）产品的生产和售后服务的不确定性。产品开发出来后，如果不能成功地生产出产品或进行批量生产，仍不能完成创业投资的全过程。（3）技术寿命的不确定性。由于现代知识更新的加速和科技发展的日新月异，致使新技术的生命周期缩短，一项新的技术或产品被另一项更新的技术或产品所替代的时间是难以确定的。当更新的技术比预计提前出现时，原有技术将蒙受提前被淘汰的损失。（4）配套技术的不确定性。一项新的技术发明后，往往需要一些专门的配套技术的支持才能使该项技术转化为商业化生产运作，如果所需的配套技术不成熟，也可能带来风险。

2. 管理风险

管理风险是指风险企业在生产过程中因管理不善而导致投资失败所带来的风险，主要表现在：（1）决策风险。即风险企业因决策失误而带来的风险。由于风险企业具有投资大、产品更新快的特点，这就使得风险企业对于高新技术产品项目的决策尤为重要，决策一旦失误将会给企业带来不可估量的损失。（2）组织风险。风险企业主要以技术创新为主，企业的增长速度一般比较快，如果不能及时调整企业的组织结构，就会造成企业规模高速膨胀与组织结构落后的矛盾，成为风险的根源。（3）生产风险。预期的市场容量往往事先不能精确测定，致使实际的生产水平与实际的市场容量不一致而产生风险，这种生产风险往往是不可避免的，而且贯穿于整个生产过程。

风险企业大多为创新科技企业，这些公司都有这样的特点，即公司的创始人大多是专业技术人员，他们在专业技术上各有特长，并对技术研发情有独钟，但他们在管理上却不是行家里手或对管理的细节不感兴趣。在公司的发展初期，由于公司规模较小，他们尚能管理好自己的公司，随着投资的进入，公司进入了一个超常发展阶段，这时身为专业技术人员的公司创始人的管理能力已不能适应公司快速发展的要求，他们在公司管理上的风险日渐突出，可能发生如上所述的决策风险、组织风险和生产风险等。此时，通常的做法是，风险资本家与公司的创始人一道从外面聘请专业的管理人员或职业经理人对公司进行管理。

创业故事

1977 年 4 月，在风险资本的帮助下，苹果公司首次公开推出了新产品——Apple Ⅱ型机；并取得巨大成功。很快公司的超常规发展使公司的组织结构出现了问题，而公司的创始人乔布斯和沃兹尼克都深感自己不能胜任日常的管理工作，于是他们任命马古拉为执行主席，并从国家半导体公司挖来了他们的总经理麦克尔·斯格特担任苹果公司的总经理。这样，苹果公司渡过了当时的管理危机，公司得到快速发展。

（十三）融资计划及使用

在创业计划书中应充分说明项目所需资金数额以及资金来源渠道，具体应包括：吸纳投资后的股权结构、股权成本、投资者介入公司管理的程度说明、投资回报与退出（股票上市、股权转让、股权回购、股利）。

（1）融资计划：包括资金总需求、融资金额、融资方式/渠道。

（2）资金使用计划：项目总投资及用途、投资结构、已经完成投资、新增投资、融资后的资金使用计划等。

（3）资金退出计划：资金退出时间、退出方式和还款计划等。

当然，以上内容只是最规范、最基本的计划书内容，实际的创业计划书需要根据实际情况有所不同。

导师提示

创业计划书的写作技巧

1. 可操作性（如何保证成功）
2. 可赢利性（能否带来预期的回报）
3. 可持续性（能生存多久）
4. 项目的独特优势
5. 市场机会与切入点分析
6. 问题及其对策
7. 投入、产出与赢利预测
8. 如何保持可持续发展的竞争战略
9. 风险应变策略
10. 确立创业目标应考虑的因素

6M 方法，即商品（Merchandise）、市场（Markets）、动机（Motives）、信息（Messages）、媒介（Media）、测定（Measurements）。

二、创业计划书编写步骤

准备创业方案是一个展望项目未来前景、细致探索其中合理思路、确认实施项目所需各种必要资源、再寻求所需支持的过程。

需要注意的是，并非任何创业方案都要包括上述介绍的全部内容。创业内容不同，计划书内容的差异也就很大。

图 4-2　创业计划书编写步骤

第一阶段：经验学习。

第二阶段：创业构思。

第三阶段：市场调研。

第四阶段：起草创业方案。

写好全文，加上封面，将整个创业要点提炼出来写成提要，将全篇创业方案串起来。具体应包括：

（1）市场机遇与谋略。

（2）经营管理。

（3）经营团队。

（4）财务预算。

（5）其他与受众有直接关系的信息和材料，如企业创始人、潜在投资人，甚至家庭成员和配偶。

第五阶段：最后修饰阶段。

首先，根据创业者的报告，把最主要的内容做成一个 1～2 页的摘要放在最前面。其次，仔细检查千万不要有错别字之类的错误，否则别人对创业者做事是否严谨会产生怀疑。然后设计一个漂亮的封面，编写目录与页码，最后打印、装订成册。

第六阶段：检查

可以从以下几个方面加以检查：

（1）创业者的创业计划书是否显示出创业者具有管理公司的经验。

（2）创业者的创业计划书是否显示了创业者有能力偿还借款。

（3）创业者的创业计划书是否显示出创业者已进行过完整的市场分析。

（4）创业者的创业计划书是否容易被投资者所领会。创业计划书应该备有索引和目录，以便投资者可以较容易地查阅各个章节，还应保证目录中的信息是有逻辑的和现实的。

（5）创业者的创业计划书中是否有计划摘要并放在了最前面。计划摘要相当于公司创业计划书的封面，投资者首先会看它。为了保证投资者有兴趣，计划摘要应写得引人入胜。

（6）创业者的创业计划书是否在文法上全部正确。

（7）创业者的创业计划书能否打消投资者对产品（服务）的疑虑。

4.3　让投资人对创业计划感兴趣

创业者必须有一份创业计划书来打动投资人，但仅仅依赖创业计划书本身还不足以吸引对方。投资人的最终决定取决于许多其他因素：整个经营团队及其过去的经历、创业者要销售的产品、创业者的竞争优势和所处的市场等。就其本身来说，创业计划书就像汽车引擎，离开它车子就发动不了，但单靠引擎也没法开动车子，这是创业者必须从一开始就要意识到的问题。

一、不同类型投资人对创业计划的偏好

投资人不是一个模子里刻出来的。投资链顶端是来自几百家风险投资企业的数千名风险投资人，底端则是创业者的朋友和家人，中间是成千上万的私人投资者，习惯上被称为“天使”（详见 Step5“筹集创业资金”相关内容）。

（一）风险投资人的偏好

对创业计划要求最严格的是风险投资人，每年只有几千份创业计划书能得到他们的青睐。因为他们是用别人的钱来投资，所以必须尽量规避风险。他们根本不可能处理所收到的全部申请，如果没有人事先引荐，创业者很难进入他们的考虑范围。风险投资人并不是嗜血的鲨鱼或坏人，他们只是尽忠职守的专业管理者。他们不会剽窃创业者的创意，因为他们最讨厌的就是没有具体团队来运作的商业创意。所以，当风险投资人寻找投资机会时，它们所期待的是：

1. 具有良好纪录的管理团队

这意味着他们不会投资给没有经验的人，但没有人投资创业者就很难获得经验，这就是现实。如果创业者的问题症结就在这里，那就应去找天使投资人或自己的其家人和朋友。

2. 具有竞争优势的独特产品

实体产品的发展前景比服务型产品更容易预测，这是风险投资人很少对服务业产生兴趣的原因。

3. 合理估值

用创业者的计划融资额除以用于交换的股份比例。比如，想用公司 50%的股份交换 500 万美元资金，意味着创业者认为自己的企业价值 1 000 万美元。太离谱的估值会让投资人觉得创业者不切实际。

4. 一份清晰的投资协议

应向律师咨询这一投资交易的合法性，包括用多少股份交换多少资金，以及日后融资中可能会出现的股权稀释等情况。

风险投资人可能还会对其他一些情况感兴趣：

（1）有可能在 3～5 年内将公司价值提高 100 倍，不管现在值多少钱。

（2）投资额至少在 300 万元左右的商业计划，事实上越多越好。必须在创业计划书中表现出对资金需求有认真的规划，而且确实需要这么多钱。

（3）有其他投资人准备一起投资的商业计划。风险投资人往往觉得投资人越多越安全，所以他们通常不喜欢成为交易中的惟一投资者。

（4）明确的退出方法。投资人希望看到创业者已经提前作好了有关安排，让他们能在交易中拿回自己的钱并获得回报。

（二）天使投资人的偏好

天使投资人（详见 Step5 相关内容）的投资模式较难总结，通常是一些有钱人以独立或小组的形式在各种领域进行投资。大部分天使投资人的关注点与风险投资人一样，不过有一部分天使投资人喜欢小额投资，甚至不介意成为惟一的投资者。他们通常固定面向某种类型的企业，比如零售业或技术产业，也许是因为他们对相关行业更了解。

（三）家人与朋友的偏好

家人和朋友会希望看到什么样的创业计划书各不相同，因为他们是创业者的朋友和家人。只能提醒创业者，要朋友和家人资助创业者创业时要特别小心，因为创业时常会以失败告终，相信创业者也不想把亲情、友情一起赔进去，所以不要靠口头协议，应该用对待专业投资者的方法来对待家人和朋友的投资。

无论创业者创业时接受的是哪种投资，一定要和律师商量好。应有专门的法律条款会控制私人投资，这主要是为了防止股权诈骗。出售股权也需要经过大量的法律程序。不管创业者是极少数获得风险投资的幸运儿，还是在天使投资人或家人朋友的帮助下创业，都应该找一位律师来确保所有交易的合法性。

二、吸引投资人的创业计划要点

（一）开门见山，言简意赅的摘要

这是众多风险投资人着重强调的。写作创业计划书的目的是为了获取风险投资者的投资而非为了与风险投资家闲聊，因此，在开始写作创业计划书时，应该避免一些与主题无关的内容，要开门见山地切入主题，要知道风险投资者没有很多时间来阅读一些对他来说是没有意义的东西。这一点对于许多初次创业者来说应当格外注意。摘要尽量简明、生动。3 分钟表述就已经足够，冗长拖沓的创业计划书不会引起风险投资人兴趣的。

（二）独特性的产品或服务

产品或服务，也就是做什么东西，这些东西与其他公司及产品有什么区别，有什么特点。风险投资者第一关心的是对方的产品或服务，有何特色，他们要了解该公司可望获得巨额利润的原因何在，因而应在计划书的多章中涉及这一问题：在“公司及其未来”、“产品及服务”、“市场与营销”和专门的一章“公司的优势”等章节中集中论述创业者的诸多独特性。

（三）优秀的管理团队

除了有独特的产品和服务，最重要的当然就是管理团队了。计划书提出的各项指标管理团队是否有能力完成?也就是说，是否有一个优秀的经营团队来完成一个具有独特的产品的商业计划，是实现对风险投资者的高额回报的关键。首先，管理团队必须有经验。此外，管理团队不能只集中技术人员，而没有市场经营、财务及行政管理人员，应具备一个使公司正常运转的各主要部门人员的经营班子，或是有完整可行的人力资源计划。投资人非常注重管理阶层的背景资料，计划书中应详细说明他们的姓名及令人信服的各种资料。同时还要说明，为什么这些百里挑一的企业家能开创此独特的产品或服务，并由此可获大量收益。

（四）有吸引力的财务增长

提供有说服力的公司财务增长预测是创业者义不容辞的责任。这种预测不但要条理分明地列出逐年增长的百分率，而且必须与其他有关公司数据作如实的分析对比。每一个创业者都应十分注意分析、评估自己的财务预测资料，特别是那些根据自己的点子而委托咨询顾问代为完成财务预测的创业者更需如此。创业计划书中的财务预测至少要包括投资费用、产品成本、销售收入、损益、现金流量和资产负债等预测表，预测结果不必让人们大喜过望，但也必须打动投资者的心。一般来说，开创阶段销售增长率为 50%～100%乃正常现象，销售增长率低于 25%的预测不容易打动投资人的心。

无论投资的最后结局如何，风险投资者都会十分关心这一问题。很明显，如果投资效果不好，他们也想收回投资，即使投资效果很好，他们也不想在创业者公司长时间拥有产权，迟早要退出创业者的公司。因此，在创业者的计划书中，必须明确指出他们的退出之路，主要有：公司股票上市，股权转让，这通常是出售给大公司；回购，公司、创业者个人或第三团体把风险资本公司拥有的本公司权益买下或卖回。

（五）实事求是的态度

创业计划书要阐述公司整个运营情况，涉及众多的内容，但必须遵守的原则是实事求是，切忌虚假内容。在创业计划书中，投资者如发现虚假的陈述，就会彻底否决此创业计划书。创业者在做创业计划书时要避免虚假包装，否则就会事与愿违。创业计划书一定要实事求是地介绍创业企业目前以及原来的状况。这一点还体现在创业者的融资计划上。创业者应该按需融资，就是说创业者需要100万元，那么计划书里不要把它写成200万元，因为这可能会招来创投机构的反感，觉得创业者是在圈钱，对融资是不利的。反过来，如果需要100万元，创业者说成50万元，风险投资人就会问创业者，创业者到底是为了做事，还是用一下钱再说。创业者对此应慎重考虑。因此，在融资计划中，要用多少钱、用在哪里、怎么用法，这是比较关键的，既不要把融资额无限放大，也不要为了博得风险投资机构的青睐而降低融资额。这样的好处是，风险投资公司可以分批投入资金，比如第一年投100万元，第二年觉得不错的话，可以追加200万元，创业企业可以按照这个方案来设计，公司的发展过程是逐步融资，这样更能体现创业者的诚信。

（六）易懂的技术分析

创业计划书应当做到让外行也能看懂。一些创业者以为他们可以用大量的技术细节、精细的设计方案、完整的分析报告打动风险投资人，但大多数时候并不是这样。只有少量的技术专家参与商业计划的评估，许多读者都是全然不懂技术的门外汉，他们更欣赏一种简单的解说，也许用一个草图或图片作进一步的说明作用会更好。如果非要加入一些技术细节，可以把它放到附录里面去。

（七）优势明显的创业者

很多投资家指出，投资机构最为看重的，就是创业者本身。投资人认为，投资过程中最大的风险是来自于创业者本身的能力和素质。企业的创业者不仅要在技术上或观念上有独到的地方，而且还必须对创业投资中的责、权、利有明确、清醒的认识，有着完整、单纯的市场操作意识，能够严格遵守合同、积极配合风险投资家开展工作。上述内容，实际上就是企业赢利、成长、发展的决定因素，其重要性要比企业的净资产等有形要素大得多。领头人最重要的是因为投资公司不能判断今后五年市场上有什么变化，政策有什么变化，但有了好的领导，就能根据外部市场环境的变化作出相应的正确决断。因此，在创业企业的创业计划书中，除了展现项目本身的吸引力以外，创业者的魅力也应得到充分的体现，创业者的背景、经历、经验和特长等要重点介绍。一个有着人格魅力的创业者是企业最宝贵的财富，而且他的过往经历直接影响着企业的发展途径。在这里，创业者还应尽量突出自己的优点，并表示自己强烈的进取精神，以给投资人留下一个好印象。创业者的成功经历对于赢取投资人的资金是极有分量的筹码。

创业故事

万燕科技就是一个典型的案例，它是中国第一台 VCD 的开发者，它的失败尽管有很多原因，但最重要的是原因几位创业者过分计较股权分配问题而没能引入更有实力的投资者，减缓了自己的发展进度，没能给后来者树立进入门槛，最后走向失败。

在投资人的眼里，创业者的个人素质尤为重要。他们认为，独特的技术、精彩的商业计划虽是创业企业获得成功的关键因素，但这些都具有很大的可变性，而惟有创业者的个人品质是难以在短时间内改变的，而且它对创业企业能否获得成功起着决定性作用。一般来说，风险投资商在挑选投资对象时，除了关注创业者手中的技术外，还看重其创新意识、敬业精神、诚信程度、合作交往能力、应变决断能力等“软因素”。

思考与训练

一、思考题

1. 创业计划有何重要意义？
2. 创业计划书的内容有哪些？
3. 创业计划书的结构是什么？

二、练一练，做一做

1. 结合自己的实际情况，找出项目的优劣势及目标市场的定位，分析创业计划的可行性。
2. 找出适合自己的项目及创业方向，根据创业计划书的结构，试拟出一份创业计划书。

附录：创业计划书模板

____

联系地址：

电话：　　　　　　　　　　　　电子信箱：

经营范围：

[ ] 制造业　[ ] 服务业　[ ] 批发商　[ ] 零售商商业计划

一、简述产品或服务

（略）

所有者

（姓名、地址、资质、企业中的作用、相关经历）

吸收就业人数

启动资本

投资

总计

资本来源

业主的储蓄

合伙人出资

民间借贷

银行贷款

二、商业构想和市场分析

商业构想描述

（如需求、谁是顾客、满足顾客需求的产品或服务、如何吸引顾客等）

（略）

市场分析

（如地域、顾客种类、市场规模、竞争对手情况、新企业所占的市场份额等）

（略）

三、主营产品

产品/服务	（1）	（2）
名称		
规格（例如大小，颜色，质量等）		
包装		
售后服务		
产品/服务	（3）	（4）
名称		
规格（例如大小，颜色，质量等）		
包装		
售后服务		

四、定价计划

产品/服务	（1）	（2）
顾客可接受的价格	高　中　低	高　中　低
竞争对手	高　中　低	高　中　低
本企业定价		
本企业定价的理由		
折扣空间	有（%）无	有（%）无
产品/服务	（3）	（4）
顾客可接受的价格	高　中　低	高　中　低
竞争对手	高　中　低	高　中　低
本企业定价		
本企业定价的理由		
折扣空间	有（%）无	有（%）无

五、选址计划

企业选址计划的描述

选择此地的理由

（略）

通过以下渠道销售货物或服务来吸引顾客:

[ ]个人 [ ]零售商 [ ]批发商 [ ]其他人

选择这种分销方式的根据:

（略）

六、促销计划

启动促销

向顾客宣传新企业开张的行动计划（比如通过印刷品、小册子、海报、报纸文章、电台广告、开业庆典等。还要调查各种不同促销方式的费用。）

（略）

七、法律形式

企业的法律形式为：

选择这种法律形式的理由

（略）

八、启动资本

启动资本的估计　　（单位：　）

投　资	数　量	数　量
土地		
厂房		
设备		
其他		
总投资		
运营成本		
月员工工资		
月经营支出		
总运营资本		
总启动资本		

投资项目说明　　（单位：　）

投资项目	说　明	价　格
土地	占地面积	
厂房	厂房面积	
设备	设备种类，技术规定	
工具		
车辆		
其他		
总投资		

九、启动资本来源

资本来源　　（单位：　）

类　别	来　源	状况（持续时间/利息）	金额
所有者权益资本	[ ] 自己的储蓄 [ ] 合作伙伴		
贷款 1	[ ] 家庭 [ ] 朋友 [ ] 其他借贷人		
贷款 2	[ ] 银行贷款 [ ] 政府优惠贷款 [ ] 信用合作社		
总资金			

十、组织机构与员工

企业员工要求

职员　　　　　任务、职责和资源

1.

2.

3.

4.

5.

6.

（组织机构草图）

工人成本

职位和人数　资质　　月工资　　社会保障　　总支出

1.

2.

3.

4.

5.

6.

7.

企业经场所的构成

（计划的店铺、办公室、办公室或车间草图）

（略）

十一、 企业运营与成本预测

月度销售计划（全部产品、产品类别或服务） （单位： ）

月份		1	2	3	4	5	6	7	8	9	10	11	12
产品 1	价格												
	数量												
	营业额												
产品 2	价格												
	数量												
	营业额												
产品 3	价格												
	数量												
	营业额												
产品 n	价格												
	数量												
	营业额												
全部产品	营业额												

注：如果有更多产品或服务，请扩充表格。

月度经营成本计划（本计划基于月度销售计划编写） （单位： ）

成本费用项目	1	2	3	4	5	6	7	8	9	10	11	12
人工支出												
原料支出												
其他支出												
付现支出合计												
非付现支出合计												
总计												

十二、现金预算

月度现金预算 （单位： ）

	1	2	3	4	5	6	7	8	9	10	11	12
月初金额												
销售收入												

续表

	1	2	3	4	5	6	7	8	9	10	11	12
其他现金流入												
现金收入总额												
人工支出												
材料支出												
其他支出												
现金支出总额												
月末现金余额												

十三、盈利情况预测

月度净利润估算　（单位：　）

月　份		1	2	3	4	5	6	7	8	9	10	11	12
产品 1	数量												
	营业额												
产品 2	数量												
	营业额												
产品 n	数量												
	营业额												
总销售额													
–营业成本													
–营业税金机附加													
=主营业务利润													
+其他业务利润													
–期间费用													
=营业利润													
+投资收益													
+营业外收支额													
=利润总额													
–所得税													
净利润													

十四、资产负债表

资产负债表

编制单位： 年 月 日 （单位： 元）

资 产	期初数	负债和所有者权益	期末数
流动资产：		负债：	
现金		短期借款	
银行存款		应付账款	
应收账款		应交账款	
存货		应付工资	
其他流动资产		应交税金	
流动资产合计		一年内到期的长期负债	
长期投资		长期借款	
固定资产：		负债合计	
土地和建筑		所有者权益：	
机器与设备		投入资本	
在建工程		工资公积	
固定资产合计		盈余公积	
无形资产及其他资产		所有者权益合计	
资产总计		负债和所有者权益总计	

Step 5　筹集创业资金

导　　入

展飞的商业计划引起了一些投资人的兴趣，经过他的努力，一些投资人有了投资的意向，然而到这个时候展飞却犹豫了，到底接受投资人的投资好还是利用一些政策争取银行贷款好呢？这些资金来源将来会带来什么结果呢？创业导师对这些疑问一一给予了回答，但最终的选择权还是交给了展飞自己。

学习目标

1. 了解创业资金来源的几种途径
2. 会分析负债经营的利弊
3. 了解股权投资的方式
4. 会分析各种筹资方式的特点与适用对象

创业就是以资金作为基础，通过策划、生产、销售等一系列的运作使企业获得利润最大化的过程。资金作为整个创业运作的基础，在创业的过程中处于非常重要的地位，大多数企业在创业初期，资金都处于相当匮乏的状态，所以为了发展，企业必须进行融资以促进生产的扩大化。企业筹资主要有负债融资和股权融资的方式。

5.1　负 债 筹 资

负债经营就是债务人或企业通过银行信用或商业信用的形式，利用债权人或他人资金，达到企业规模扩张，增加企业经营能力和竞争力的目的。因此，负债经营理所当然地成为市场经济条件下每个企业的必然选择。然而，债务是要偿还的，企业负债经营是必须以特定的偿付责任和一定偿债能力为保证，并讲求负债规模、负债结构及负债效益的，否则，企业可能由此陷入不良的债务危机当中。

导师提示

负债经营的优缺点

企业负债经营的益处在于能有效降低企业加权平均资金成本，能给企业带来“财务杠杆效应”，即当企业的资金利润率高于债务资金成本时，企业收益将会以更大程度增加，能使企业从通货膨胀中获益，有利于企业控制权的保持。

但负债经营的风险在于，如果企业利用负债筹集到的资金进行的投资项目不能获得预期的收益率，或企业整体生产经营和财务状况恶化，或企业短期资金运作不当等，都会造成企业利润额大幅下降，会使企业面临无力偿债的风险。其结果可能导致企业资金紧张，被迫低价拍卖或抵押资产。

负债融资主要有以下几种途径：

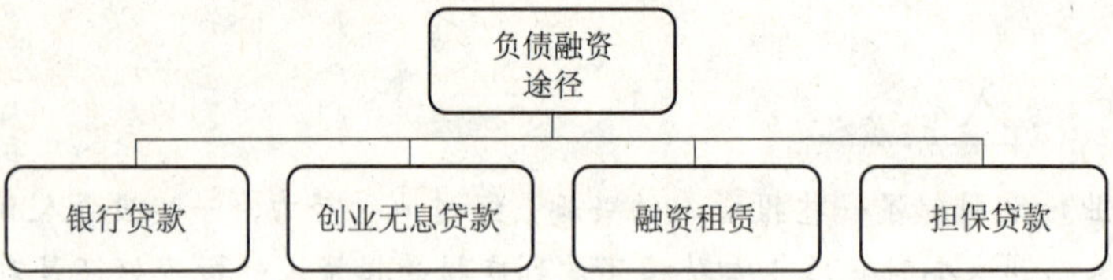

图 5-1 负债融资途径

一、银行贷款

贷款是银行或其他金融机构按一定利率和必须归还等条件出借货币资金的一种信用活动形式。广义的贷款指贷款、贴现、透支等出贷资金的总称。银行通过贷款的方式将所集中的货币和货币资金投放出去，可以满足社会扩大再生产对补充资金的需要，促进经济的发展；同时，银行也可以由此取得贷款利息收入，增加银行自身的积累。银行贷款是企业所有的融资渠道中所占比重最高的。

（一）银行贷款的特点

企业对融资的需求不同，对融资渠道的选择就不同。如果需要一种风险低的，合理利用银行贷款，是创业者以及中小企业解决资金困难，取得经营成功的重要手段。而作为非常重要的融资手段，银行贷款有以下几个特点：

（1）贷款的主要条款制定只需取得银行的同意，不必经过诸如国家金融管理机关、证券管理机构等部门的批准，因此与其他商业性融资形式相比，手续较为简单，融资速度较快。

（2）在经济发生变化的情况下，如果需要变更协议的有关条款，借贷双方可以灵活地协商处理。与采用债券融资因债券持有者较为分散，难以得到所有债券持有者的变更许可相比，商业信贷较为灵活。

（3）商业信贷由借款者和贷款者直接商定信贷条件，无需作广泛的宣传与广告推广，无需大量的文件制作，因而融资成本较低，且借款利率也低于债券融资的利率。

（4）银行贷款利息可以计入成本，取得所得税前抵减效应，从而相对减轻企业税负。

（二）银行贷款的基准利率

向银行贷款获得经营资金的代价是要向借款银行偿付所借款项的利息，利息是按照银行当期的贷款利率为基础计算的。基准利率是金融市场上具有普遍参照作用的利率，其他利率水平或金融资产价格均可根据这一基准利率水平来确定。基准利率是利率市场化的重要前提之一，在利率市场化条件下，融资者衡量融资成本，投资者计算投资收益，以及管理层对宏观经济的调控，客观上都要求有一个普遍公认的基准利率水平作参考。所以，从某种意义上讲，基准利率是利率市场化机制形成的核心。说简单点，就是平时往银行里存钱，银行给你利息。基准利率越大，利息越多；基准利率越小，利息越少。

各大银行的贷款利率是以央行所制定的基本利率为标准，在一定的范围内各大银行可以根据实际情况上下浮动。

信息广角

表 5-1　　　　商业银行贷款利率（2011-07-07 调整）

项　　目	年利率（%）
一、短期贷款	
六个月以内（含六个月）	6.10
六个月至一年（含一年）	6.56
二、中长期贷款	
一至三年（含三年）	6.65
三至五年（含五年）	6.90
五年以上	7.05
三、贴现	
贴现	以再贴现利率为下限加点确定

（三）银行贷款流程

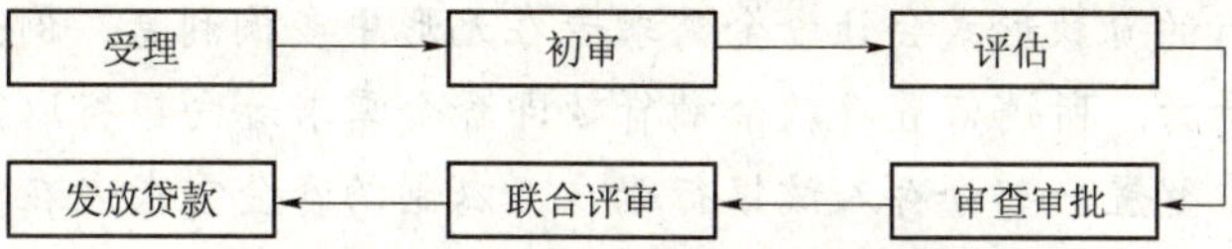

图 5-2　银行贷款流程示意图

贷款项目是否会得到审批，必须看其是否符合一些规定，可参照评估的依据包括：国家产业和布局政策，财政税收政策，行业发展规划，国家和行业的可行性研究设计标准及参数；中央银行和中国工商银行的信贷政策管理规定，中国工商银行的评估规定和参数；政府有关部门对项目立项的批准文件，项目可行性研究报告及有关部门的论证意见；贷款人生产经营等有关资料；中央和地方政府有关的城市建设规划、环境保护、消防、安全卫生、运输、劳动保护等有关法规和规定等。同时贷款项目还必须符合国家产业、产品布局和投资项目审批程序，可行性研究须经权威部门论证；符合国家产业布局政策、财政税收政策、行业发展规划以及国家和行业的可行性研究设计标准和参数等。

导师提示

银行贷款四大省息策略

1. 货比三家　慎选银行

当前，银行竞争非常激烈，为了争取到更多的市场份额，各家银行都会按照国家规定贷款利率范围进行贷款利率的调整。因此，资金需求者在贷款时，要做到“货比三家”，择低利率银行去贷款。例如，同样是贷款10万元，借款期限都是一年，一个执行基准利率，一个执行上浮20%的利率，如果选择了后者，一年就会多掏1 000多元利息。

2. 合理计划　选准期限

对于资金需求者，需要用款的时间有长有短。因此，为避免多掏利息，在银行贷款时，就应合理计划用款期限长短。选择贷款档次期限越长的利率就会越高，也就是说选择贷款期限档次越长，即使是同一天还贷款也会利息不同。例如，现行短期贷款利率分为半年和一年两个档次，并规定贷款期限半年以内的执行半年期档次利率，超过半年不足一年的就要执行一年期档次利率。如果资金需求者贷款期限为7个月，虽然只能超过半年时间点1个月，但按照现行贷款计息的规定，要执行一年期贷款利率，这样无形中就增加了资金需求者的贷款利息负担。

3. 弄清价差　优选方式

目前，银行部门在贷款的经营方式上主要有信用、担保、抵押和质押等几种形式。与此相对应，银行在执行贷款利率时，对贷款利率的上浮也会有所不同，同样是申请期限一样长，数额又相同的贷款，如果选择错了贷款形式，可能就会承担更多的贷款利息支出，让自己白白多掏钱。因此，资金需求者在向银行贷款时，关注和弄清不同贷款方式下的利率差非常重要。比如，现在银行执行利率最低的贷款有票据贴现和质押贷款，如果条件允许，通过这两种形式进行贷款，肯定再合适不过了。

4. 贷款协议　慎重签订

现在有些银行的贷款形式会让资金需求者在无形中多掏利息。例如，留置存款余额贷款和预扣利息贷款。所谓留置存款余额贷款即资金需求者向银行取得贷款时，银行要求其从贷款本金中留置一部分存入该银行账户，以制约资金需求者在贷款本息到期时能如期偿还，但就资金需求者来讲，贷款本金被打了折扣就等于多支付了利息。所谓预扣利息贷款，即有些银行为确保贷款利息能够按时归还，在贷款发放时从贷款人所贷款的本金中预扣掉全部贷款利息，由于这种方式会让资金需求者可用的贷款资金减少，客观上加大了资金需求者的融资成本。

（四）银行贷款的种类

银行借款大致分为抵押借款和信用借款两类。但在实际操作中，并不存在实际意义上的信用借款。银行借款的风险主要来源于所借资金的偿还上，借款属于债务性资金，到期必须偿还，否则将会引起法律纠纷。

银行借款是创业公司筹资的主要方式。这些非上市公司无法利用发行股票筹资，而只能以企业自身的资源作为临时置换中介，以相对固定的借款利率向银行取得一定金额的借款。

1. 抵押借款

这种借款大都需要企业以房产等不动产作为抵押物，把这些资产的所有权让渡给银行，以换取银行的贷款。这种筹资方式主要有以下特点：

（1）筹资速度快。只要企业提供相应的抵押物，银行在通过相关的资信调查及贷审会评议后，会在较短的时间内放款（在相关条件具备的情况下，银行会在 15 至 30 天内审核通过）。与公司上市相比较（公司上市一般要经历 2 到 3 年的时间），这种筹资方式无疑为企业节省了大量时间。

（2）借款弹性较大。借款弹性主要是指借款金额弹性与借款期限弹性。企业可以根据自身经营的需要，拿出部分或全部不动产作为抵押物，以换取银行相当金额的借款，满足企业经营需要。这种借款额度的调控掌握在企业手中，可以使企业根据自身需要，合理安排资金的调度。除了借款金额弹性的调控，企业还可以自主选择借款期限。近些年来，由于金融机构改革的不断完善，长期借款在一般企业几乎已不存在（国有企业，部分垄断企业由于某些特殊情况，还保留着超过一年期的长期借款），各家银行对企业提供的贷款都以一年期为上限，企业可以在此范围内，根据自身资金状况，决定向银行借款的期限，在一定程度上也节约了企业的筹资成本。

（3）借款成本较低。向银行借款所支付的借款利率相对固定。各家银行向企业收取的借款利率都是在人民银行规定的标准范围内浮动的，相对成本较低，在当前市场状况下，都能被借款企业所接受。

除以上三点外，抵押借款也有缺点，就是限制条件比较多，制约了企业的生产经营和借款的作用。顾名思义，抵押借款，必须有抵押物。而现在有相当的中、小型企业，有着较好的项目，但苦于尚处发展阶段，没有原始积累，也没有过多的实物资产，在缺少流动资金的情况下，只能以限制生产为代价，减缓企业扩大经营的进程。虽然从 2006 年开始，政府鼓励各家银行支持中、小企业的发展，但由于硬性标准限制，银行对抵押物的要求并未放宽，对中、小企业的支持力度远未达到政府期望的标准。这种情况也只有随着市场经济的进一步规范，企业的信用程度进一步提高后才能逐渐改观。

2. 信用借款

这种借款形式在我国早期存在过，通过政府机关的出面，银行会向一些企业提供信用借款，但目前政府规定不允许为企业提供担保借款，真正的信用借款已经不存在了。

二、大学生创业无息贷款

为支持大学生创业，国家各级政府出台了很多优惠政策，涉及融资、开业、税收、创业培训、创业指导等诸多方面。对打算创业的大学生来说，了解这些政策，才能走好创业的第一步。根据国家和地方政府的有关规定，应届大学毕业生创业可享受免费风险评估、免费政策培训、无偿贷款担保及部分税费减免四项优惠政策，在提供创业资金贷款方面包括：

（1）自主创业的大学生，向银行申请开业贷款担保额度最高可为 7 万元，并享受贷款贴息；

（2）免费风险评估、免费政策培训、无偿贷款担保以及部分税费减免；

（3）低息贷款；

（4）申请《自主创业证》将提供三大优惠政策：即优先受理，优先办照并简化登记手续；申请从事小规模私营企业的，实行试办期制，试办期间免收注册登记费、变更手续费、年检费，减免企业所得税，此外还享受贷款担保，贷款金额一般在2万元左右，此证在3年内有效。

三、融资租赁

融资租赁又称设备租赁或现代租赁，是指转移与资产所有权有关的全部或绝大部分风险和报酬的租赁。资产的所有权最终可以转移，也可以不转移。它的具体内容是指出租人根据承租人对租赁物件的特定要求和对供货人的选择，出资向供货人购买租赁物件，并租给承租人使用，承租人则分期向出租人支付租金，在租赁期内租赁物件的所有权属于出租人所有，承租人拥有租赁物件的使用权。租期届满，租金支付完毕并且承租人根据融资租赁合同的规定履行完全义务后，对租赁物的归属没有约定的或者约定不明的，可以协议补充；不能达成补充协议的，按照合同有关条款或者交易习惯确定，仍然不能确定的，租赁物件所有权归出租人所有。融资租赁是集融资与融物、贸易与技术更新于一体的新型金融产业。

导师提示

融资租赁和传统租赁的区别

传统租赁以承租人租赁使用物件的时间计算租金，而融资租赁以承租人占用融资成本的时间计算租金，是市场经济发展到一定阶段而产生的一种适应性较强的融资方式。它是20世纪50年代产生于美国的一种新型交易方式，如今已成为企业更新设备的主要融资手段之一，被誉为“朝阳产业”。我国20世纪80年代初引进这种业务方式后，二十多年来得到了迅速发展，但比起发达国家来，租赁的优势还远未发挥出来，市场潜力很大。在创业过程中，一般适合制造型企业，不太适合金融和高科技企业使用。

四、中小企业担保贷款

一方面中小企业融资难，大量企业嗷嗷待哺；另一方面银行资金缺乏出路，四处出击，却不愿意贷给中小企业。究其原因主要在于，银行认为向中小企业发放贷款，风险难以防范。然而，随着国家政策和有关部门的大力扶持以及担保贷款数量的激增，中小企业担保贷款必将成为中小企业另一条有效的融资之路，为创业者“安神补脑”。

创业故事

上海某高科技公司属国内一流艺术灯光景观建设专业企业，开发了数十项产品，在强大的科技研发能力支持下，该公司业务发展迅速。与业务发展相伴而行的则是资金困境。工程类企业的行业特点是资金回笼速度慢，营运资金占用情况严重。但由于公司规模较小，又缺乏与银行合作的信用记录，获得银行融资困难重重。

2005 年底，该企业得到中投保提供保证的 80 万元的流动资金贷款，由此，该公司取得了快速发展，2007 年 6～7 月，该公司中标 2008 年北京奥运场馆照明工程合同。

5.2 股权筹资

股权融资作为企业的重要融资方式，在资本市场中起着举足轻重的作用，它同样也是企业快速发展应采取的主要手段。

导师提示

股权融资的优缺点

股权融资的优势主要表现在：股权融资吸纳的是权益资本，因此公司股本返还甚至股息支出压力小，增强了公司抗风险的能力。若能吸引拥有特定资源的战略投资者，还可通过利用战略投资者的管理优势、市场渠道优势、政府关系优势以及技术优势产生协同效应，迅速壮大自身实力。

股权融资的劣势主要体现在控制权层面。股权融资最大的风险就在于股份稀释可能失去公司的控制权、部分收益权，甚至发生在公司战略和经营目标、经营方法上与新股东有重大分歧而导致公司经营困难，以至分裂。

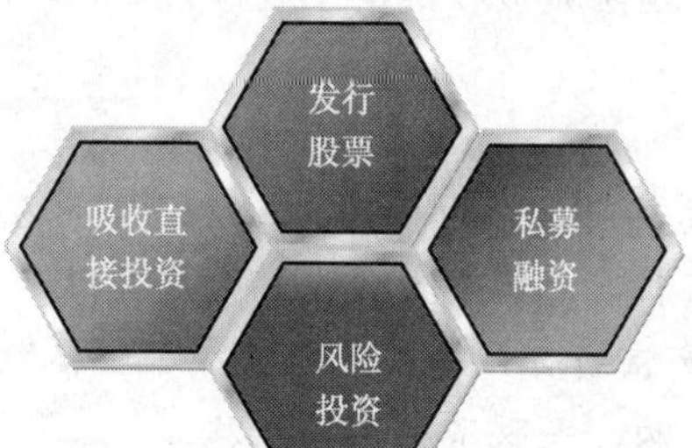

图 5-3 股权融资的形式

一、发行股票

股权筹资是指以发行股票等方式进行筹资。股票作为持有人对企业拥有相应权利的一种股权凭证，一方面代表着股东对企业净资产的要求权；另一方面，普通股股东凭借其所拥有的股份以及被授权行使权力的股份总额，有权行使其相应的对企业生产经营管理及其决策进行控制或参与的权利。

（一）发行股票筹资优势

发行股票筹资的优势主要表现在：

（1）所筹措的资金无须偿还，具有永久性，可以长期占用；

（2）一般来说，以这种方式一次性筹措的资金数额相对较大，用款限制也相对较为宽松；

（3）与发行债券等方式相比较而言，发行股票的筹资风险相对较小，且一般没有固定的股利支出负担，同时，由于这种方式降低了公司的资产负债率，为债权人提供了保障，有利于增强发行公司的后续举债能力；

（4）以这种方式筹资，有利于提高公司的知名度，同时由于在管理与信息披露等各方面相对于非上市公司而言，一般要求更为规范，有利于帮助其建立规范的现代企业制度。

（二）股票筹资不足之处

股票筹资不足之处主要表现在：

（1）发行股票的前期工作比较繁杂，发行费用相对较高；

（2）由于投资所承担的风险相对较大，要求的预期收益也相对较高，且股利是在税后支付的，不存在抵税效应，因此股票筹资的资金成本比较高；

（3）股票筹资有可能增加新股东，从而影响原有大股东对公司的控股权；

（4）如果股票上市，公司还必须按照相关法律法规披露有关信息，甚至有可能会因此而暴露商业机密，从而造成较高的信息披露成本。

另外，这种筹资方式也存在收购风险。在股票市场上，上市公司的股份正随着国家的宏观调控逐步向全流通演变，既然上市公司股份完全处于全流通状态，理论上就存在随时被有实力的公司收购的情况。当然，有些不愿意被其他公司收购的上市公司，也必然会考虑到这方面的弊端，通过关联公司持有本公司的股份、通过与基金管理公司合作稳定股价，成为当前上市公司防止被收购的主要手段。

创业故事

2003年，南京金鹰国际集团历时两年时间，在股票市场用巨额资金收购了南京新百近25%的股份，成为了南京新百的第一大股东，金鹰国际的董事长王恒先生兼任南京新百的董事长，“国”字头的南京新百，一夜之间改成了“私”字头。在收购期间，金鹰国际为了防止南京新百的反收购，采取了一系列措施。

这个案例告诉我们，收购风险从企业上市的那天开始就客观存在，作为上市公司的管理者一定要对收购风险有着清醒的认识，对本企业的股票走势、价值有着敏锐的判断、分析，以从容面对收购风险来临时发生的各种情况。

二、吸收直接投资

吸收直接投资是指公司以协议等形式，按照“共同投资、共担风险、共享收益”的原则吸收其他单位和个人投资的一种权益性筹资方式。国家、法人、个人等包括外商都可以以现金资产、实物资产、工业产权、土地使用等方式进行直接投资。我国《公司法》中规定：股东以实物、工业产权、非专利技术或土地使用权作为出资的，必须进行作价评估，核实财产，不得高估或者低估作价，并依法办理其财产权的转移手续。

（一）吸收直接投资的优缺点

吸收直接投资优点是，作为权益性筹资的一种方式，吸收直接投资具备了股票筹资中所筹资本无须偿还、筹资风险及财务风险相对较小、无固定的股利支出负担、有利于降低公司资产负债率、增加后续举债能力等优点。除此之外，由于可以直接获得生产经营所需要的先进技术与设备，这种方式还有利于公司尽快形成生产能力。

吸收直接投资的不足主要是资本成本高，要为所有者带来丰厚的回报，同时由于该融资方式没有以证券为媒介，产权关系有时不够明晰，也不便于产权交易。投资者资本进入容易退出艰难，难以吸收大量的社会资本参与，融资规模受到限制。

（二）吸收直接投资的形式

大多数创业型企业均会把吸收直接投资作为主要的融资来源，在采用吸收直接投资方式筹资时，投资者可以用货币资金、厂房、机器设备、材料物资、无形资产等作价出资。

1. 以货币资金出资

货币资金出资是企业吸收直接投资最为主要的形式之一。有了货币资金，便可以获得其他物资资源。因此，创业者应尽量说服投资者采用货币资金方式投资。吸收直接投资中所需投入货币资金的数额，取决于实物、知识产权之外尚需多少资金才能满足建厂的开支和日常周转需要，具体由双方协商加以确定。

2. 以实物出资

吸收实物投资是投资者以厂房、建筑物、设备和原材料等资产所进行的投资。一般来说，企业吸收的实物投资应确实为企业科研、生产、经营所需，技术性能比较好，而且作价公平合理。投资实物的价格可以由出资各方协商确定，也可聘请专业评估机构评估确定，作为出资作价基础。

3. 以知识产权出资

吸收知识产权投资是投资者以专有技术、商标权、专利权、著作权等无形资产所进行的投资。企业吸收知识产权投资应能帮助企业研究和开发新的高科技产品，生产出适销对路的高科技产品，改进产品质量，提高生产效率，大幅度降低各种消耗，而且作价公平合理。企业在吸收知识产权投资时应特别谨慎，认真进行可行性研究。因为以知识产权投资，实际上是把有关技术资本化，把技术的价值固定化，而技术具有时效性，会随时间推移或技术进步而导致价值不断减少甚至完全丧失，风险较大。

4. 以土地使用权出资

十地使用权是指按有关法规和合同的规定使用土地的权利。投资者也可以用上地使用权进行投资。企业吸收土地使用权投资应确实为企业科研、生产、销售活动所需，交通、地理条件比较适宜，而且作价公平合理。

三、风险投资

风险投资是指在私人企业里进行的权益性投资，狭义上讲风险投资资金是由投资者向创业者或年轻企业提供的种子期（或称概念期）、早期以及发展期所需要的资金，以获取目标企业的股权，并最终获得高额回报。广义上讲风险投资资金是由投资者向私人企业（非上市企业）提供的所有权益性资金以获取目标企业的股份，并使资本最大限度地增值。风险投资主要来自于风险投资公司，还有跨国公司和投资银行所设立的风险投资基金。而在我国最为活跃的当属后者，如新浪网的风险投资就来自于高盛公司和戴尔公司的风险投资基金。

导师提示

风险投资有“风险”

由于风险资金大多投资在新兴行业的年轻企业，企业处于创业的早期或者发展期，甚至种子期，这些企业从早期到成熟期还需要经过一个较长远的创业发展的过程（通常这个过程需要3～5年甚至5～10年），所以风险投资具有长远性。同时由于所投资的企业是一个私人企业，在企业上市之前风险投资从这些企业所获得的股份几乎没有流通市场，无法体现这些股份的价值，所以这些股份很难转让或出售，流动性极差。同时转让这些股份受到很多非市场方面的约束。因此，风险投资的主要特点是投资周期长和流动性差。但是，数年以后一旦这些企业成功上市或被并购，风险投资将获得惊人的收益（通常5～10倍，甚至数十倍的回报）。由此可见风险投资是一种高风险高回报的投资方式，其目的是使资本最大限度地增值。

风险投资具有以下特点：

（1）风险投资追求高回报。传统的投资目标在于长时间内稳定的投资回报率，如在20年内每年15%的回报率对一个传统投资来说是一个不错的选择。与此相反，风险投资因其项目的高风险，追求的是短时期内的高回报率，它对年回报率25%以下的项目一般不会考虑。风险投资于数年内在一个公司获取几百倍的回报也有可能。

（2）投资领域。风险投资目前主要集中在IT和生物保健品行业，尤其是互联网行业。所投资的公司也是创建初期快速成长型的公司；与此相对，传统投资覆盖所有行业，所投资的公司以有稳定营业收入的成熟型企业为主。

（3）和投资企业的关系。传统的银行投资一般仅仅是充当债权人，不会直接介入企业的管理；而风险投资者在所投资的企业所谋求的是股权，有时甚至是控股权，对企业的管理也会有不同程度的介入。

（4）风险管理和赢利机制。传统的投资方式通过专业人士监控企业的现金流量来控制投资风险，通过定期收取企业支付的本息赢利；而风险投资主要通过风险投资家的个人判断来控制风险，通过企业在证券市场上市或被购并实现赢利。

（5）可以从风险投资公司获得管理上的扶持。由于风险投资家一般对于所投资的领域具备丰富的经验和卓越的见识，许多风险投资家以前就是大型企业的高级主管，手中还握有各类人才资源，这就保证了获得投资的公司同时能够在管理方面得到及时的指点和所需的人才资源，而这对一个企业的快速成长恰恰是至关重要的。

创业故事

创业融资渠道之风险投资：创业者的“维生素 C”

在英语中，风险投资的简称是“VC”，与维生素 C 的简称“VC”如出一辙，而从作用上来看两者也有相同之处，都能提供必需的“营养”。风险投资是由职业金融家投入到新兴的、迅速发展的、具有巨大竞争潜力的企业中的一种权益资本。

重庆江北通用机械厂从 1995 年开始研制生产大型氟利昂机组新产品，其具有兼容功能，并可以用其他冷冻液进行替代。由于银行对新产品一般不予贷款，后重庆风险投资公司提供了 100 万元贷款，两年后，江北通用机械厂新产品销售额达 7 000 万元。

四、私募融资

私募融资是通过非公开宣传，私下向特定少数投资者募集资金，它的销售与赎回都是通过资金管理人私下与投资者协商而进行的。虽然这种在限定条件下“准公开发行”的证券至今仍无法走到阳光下，但是不计其数的成功私募昭示着其渐趋合法化；并且较之公募融资，私募有着不可替代的优势，由此成为众多企业成功上市的一条理想之路。

信息广角

目前私募基金占投资者交易资金的比重达到 30%～35%，资金总规模在 6 000～7 000 亿元之间。地区分布上，我国的私募资金主要集中在北京、上海、广州、辽宁和江苏等地，但主体地域却在动态演变。从 2001 年 11 月起，广州地区的交易量攀升很快，并已经超过上海、北京，形成“南强北弱”的格局。

成功的私募并不是一蹴而就的，偶然中存在着一定的必然性，独有的技术优势和稳定而成熟的盈利模式是获得私募的先决条件。并且，企业需根据融资需求寻找合适的投资者。外资往往更看重行业的发展前景和企业在行业中的地位，喜欢追求长期回报，投资往往是战略性的；风险投资机构追求资本增值的最大化，他们的最终目的是通过上市、转让或并购的方式，在资本市场退出；产业投资机构的投资目的是希望被投资企业能与自身的主业融合或互补，形成协同效应。

创业故事

2005 年 3 月，东软金算盘公司成功获得由英国联合利丰和另外一家国际金融集团联合投资的 760 万美元资金，并成立“金算盘软件（集团）有限公司”。自此，金算盘拥有公司超过 70%的绝对控股权，而英国联合利丰公司和另一家金融集团则持有剩余的股份。双方签订的投资协议中指出，英国联合利丰将帮助金算盘优化企业治理结构，健全财务制度，改善企业管理，打造国际化的商业模式，拓展海外市场，并在未来一到两年内实现海外上市；金算盘将借助海外资本优势实现“在行业内做深，在地域上做广”的发展构想，借助合作伙伴逐步向国际市场渗透，在市场定位、渠道拓展、品牌提升、盈利增加、提高知名度、寻求更好的商业模式方面做大做强，依托国内外强大的人才资源与成本优势，以中低端管理软件为突破口，逐步占领国际市场，在未来使自己成为中低端管理软件的世界性领先品牌。

5.3 其他筹资方式

一、父母亲友

父母永远是孩子最坚实的后盾，同西方国家相比，中国人的储蓄率非常高，父母从孩子一出生，就开始为孩子准备用于孩子上学结婚买房子买车的钱，当然还有为自己养老的钱，相比银行而言，父母的钱无息，没有还款期限，没有贷款抵押。其实对于大学生只要不是金额太大，可以从家里拿钱进行创业。经济学家指出，只要投资不超过家里储蓄的60%，即使投资全部损失，也不会对家里造成太大的影响。大学生应充分发挥团队意识，寻找合适的合作伙伴，共同出资创业。

导师提示

父母亲友的投资是创业的最大支持

每个人身边都有关心自己的长辈朋友，这对大学生而言不仅是一个宝贵的资金资源，也是一个很好的人脉资源。向自己的亲戚朋友筹集创业资金，对大学生而言是一个非常好的途径。因为在向自己的亲戚朋友筹集资金的过程中，他们会询问你的创业项目，会对你进行真诚的指导，甚至提供一些人力资源上的帮助。如果他们给你提供了资金支持，他们肯定不会眼睁睁看着你亏得血本无归，亲朋好友会真诚地鼓励、监督你的创业之路。

二、用技术换资金

大学生经过十几年的寒窗苦读，有着系统、丰富的理论知识，毕业时都有自己进行开发设计的能力，很多大学生在校期间还有了自己的发明专利。用智力换资金，这是大学生创业的特色之路。一些风险投资家往往就是看中大学生有着较高层次的技术优势，能用自己的发明和才智，借助社会上的闲散资金，和投资人共同创业。大学生提供自己的发明专利入股，投资人提供资金，这是一条创业的绝好途径。

三、选择无本或本钱小的创业项目

世界上本没有路，走的人多了就有了路。在这个科技爆炸的年代，低成本、高科技的事物越来越多，只要善于发现，敢于实践，沙子里总会有黄金的，敢于挑战是大学生的特点。

四、商业信用

商业信用是指商品交易中以延期付款或预收账款方式进行购销活动而形成的借贷关系，是企业之间的直接信用行为。商业信用的形式多种多样，主要有应收账款、商业汇票、票据贴现、预收货款。它的优点有：筹资便利，限制条件少，有时无筹资成本；其不足之处在于商业信用的期限较短，如果取得现金折扣则时间更短；如果放弃现金折扣则须付出很高的筹资成本。

五、天使投资

天使投资是自由投资者或非正式风险投资机构，对处于构思状态的原创项目或小型初创企业进行的一次性的前期投资。天使投资虽是风险投资的一种，但两者有着较大差别：天使投资是一种非组织化的创业投资形式，其资金来源大多是民间资本，而非专业的风险投资商；天使投资的门槛较低，有时即便是一个创业构思，只要有发展潜力，就能获得资金，而风险投资一般对这些尚未诞生或嗷嗷待哺的“婴儿”兴趣不大。

在风险投资领域，“天使”这个词指的是企业家的第一批投资人，这些投资人在公司产品和业务成型之前就把资金投入进来。天使投资人通常是创业企业家的朋友、亲戚或商业伙伴，由于他们对该创业者的能力和创意深信不疑，因而愿意在业务远未开展之前就向该创业者投入大笔资金，一笔典型的天使投资往往只是区区几十万美元，是风险资本家可能投入资金的零头。但对刚刚起步的创业者来说，既吃不了银行贷款的“大米饭”，又沾不了风险投资“维生素”的光，在这种情况下，只能靠天使投资的“婴儿奶粉”来吸收营养并茁壮成长。

创业故事

牛根生在伊利期间因为定制包装品时与谢秋旭成为好友，当他自立门户之时，谢秋旭作为一个印刷商人，慷慨地掏出现金注入到初创期的蒙牛，并将其中大部分的股权以“谢氏信托”的方式“无偿”赠与蒙牛的管理层、雇员及其他受益人，而不参与蒙牛的任何管理和发展安排。最终谢秋旭也收获不菲，380万元的投入如今已变成10亿元。

六、创新基金

近年来，我国的科技型中小企业的发展势头迅猛，已经成为国家经济发展新的重要增长点。政府也越来越关注科技型中小企业的发展。同样，这些处于创业初期的企业在融资方面所面临的迫切要求和融资困难的矛盾，也成为政府致力解决的重要问题。

有鉴于此，结合我国科技型中小企业发展的特点和资本市场的现状，科技部、财政部联合建立并启动了政府支持为主的科技型中小企业技术创新基金，以帮助中小企业解决融资困境。创新基金已经越来越多地成为科技型中小企业融资可口的“营养餐”。

创业故事

兰州大成自动化工程有限公司运行一年来，主要进行产品开发，几乎没有收入，虽然技术的开发有了很大的进展，但资金的短缺越来越突出。当时正值科技型中小企业技术创新基金启动，企业得知后非常振奋，于是选择具有国际先进水平的“铁路车站全电子智能化控制系列模块的研究开发与转化”项目申报创新基金，为此，他们进一步加快了研发的速度，于1999年12月通过了铁道部的技术审查，取得了阶段性成果，2000年得到了创新基金100万元的资助，这笔资金不仅起到了雪中送炭的作用，而且起到了引导资金的作用。同年，该项目又得到了甘肃省科技厅50万元的重大成果转化基金，教育部“高等学校骨干教师资助计划”12万元的基础研究经费。2001年，针对青藏铁路建设的技术需求，该项目被列入甘肃省重点攻关计划，获得支持科技项目费用30万元。

七、政府基金

近年来，政府充分意识到中小企业在国民经济中的重要地位，尤其是各省市地方政府，为了增强自己的竞争力，不断采取各种方式扶持科技含量高的产业或者优势产业。为此，各级政府相继建立了一些政府基金予以支持，这对于拥有一技之长又有志于创业的诸多科技人员，特别是归国留学人员是一个很好的吃“免费皇粮”的机会。

创业故事

2001年在澳大利亚度过了14年留学和工作生涯的施正荣博士，带着自己10多年的科研成果回到家乡无锡创业。当无锡市有关领导得知施正荣的名气和他的太阳能晶硅电池科研成果在国内还是空白时，立即拍板要扶持科学家做老板。在市经委的牵头下，无锡市政府联合当地几家大型国企投资800万元，组建了无锡尚德太阳能电力有限公司。有了政府资金的鼎力支持，尚德公司有了跨越式发展，仅仅3年时间销售额已经过亿元，成为业界明星企业。

八、典当融资

风险投资虽是天上掉馅饼的美事，但只是一小部分精英型企业者的“特权”；而银行的大门虽然敞开着，但有一定的门槛。“急事告贷，典当最快”，典当的主要作用就是救急。与作为主流融资渠道的银行贷款相比，典当融资虽只起着拾遗补缺、调余济需的作用，但由于能在短时间内为融资者争取到更多的资金，因而被形象地比喻为“速泡面”，正获得越来越多创业者的青睐。

创业故事

周先生是位通讯设备代理商，前段时间争取到了一款品牌新手机的代理权，可是问题在于要在三天内付清货款才能拿货，而他的资金投资在另一商业项目上，他可不甘心失去这得来不易的代理权，周先生脑子转到了自己的那辆“宝马”车上，于是，他马上开车来到典当行。业务员了解情况后告诉他：当天就可以办理典当拿到资金。周先生大喜过望，立即着手办理典当手续，交纳相关证件、填表、把车开到指定仓库、签合同，领当金。不出半天的功夫，他就拿到了他急需的50万元，一个月后来赎当，这笔当金帮他赚了近10万元。

九、信用卡透支

随着银行商业化进程的加快，信用卡（贷记卡）的透支功能日渐增强。目前，除了五大国有商业银行放开信用卡透支权限外，还有许多区域性银行也开办了信用卡透支业务。要想取得信用卡透支贷款，持卡人应向发卡银行的当地信用卡业务部门申请信用等级评定，银行根据持卡人及担保情况进行评定，以信用等级确定持卡人透支额度。透支期限 60 天，逾期久催不还即定性为恶意透支，银行会采取法律手段来收取透支本金和利息。

十、保单质押贷款

这是保险公司为投保人提供的融资新渠道。如中国人寿保险公司于 2001 年 1 月 1 日开始销售的“国寿千禧理财两全保险”，就具有保单质押贷款的功能。保险条款规定：投保人缴付保险费满 2 年以上，且保险期已满 2 年的，可凭保险单以书面形式向保险公司申请质押贷款；借款金额是保险合同当时的现金价值扣除欠交保险费、借款及利息后余额的一定比例（中国人寿保险公司、安联大众人寿保险公司和友邦保险公司规定为 70%，太平洋保险公司规定为 80%），时间最长为半年。

当然，商业圈里“资金缺乏”是普遍现象，但资金不足并不是创业的绝对障碍，创业者可以从不需要大量资金的小生意做起，或是把创业计划缩小，再不然还可以把它拆作几个分块。总之，总能找得出办法，先把生意做起来，等最初的生意做成了赚了钱，再设法扩大生意范围，这种原始积累的融资方式并非不可为。

5.4 选择筹资方式

企业的创立、生存、发展都离不开资本，而资本的筹集又涉及许多问题，那么该如何选择筹资方式呢？

一、影响企业筹资方式选择的因素

现代企业筹资方式的选择是一个很复杂的问题，不同的比较标准，必然作出不同的评价。而且由于不同的筹资方式其特点各不相同，因而企业在选择某种筹资方式时，应根据生产经营的需要来合理地进行选择。

在选择筹资方式时应结合下列因素：

（一）筹资数量

筹资数量是指企业筹集资金的多少，它与企业的资金需求量成正比。企业必须根据资金的需求量来合理地确定筹资数量。

（二）筹资成本

在筹资数量一定的条件下，必须进一步地考虑筹资成本的问题。企业取得和使用资金而支付的各种费用构成了筹资成本。在有多种方式可以选择的情况之下，企业要分析各种筹资发生的资金成本并加以比较，从而找出差异，选择适合企业自身发展的筹资方式。

（三）筹资风险

企业筹资所面临的风险主要包括两个方面：一是企业自身经营的风险；二是资金市场上存在的固有财务风险。

经营风险是公司未来经营收益、支付税前利润本身所固有的不确定性风险。影响企业经营风险的因素很多，如产品需求、价格变动、经营杠杆效应等。但这些因素在一定程度上是可以控制的，而另一种风险在企业筹资时是无法控制和避免的，那就是财务风险。

财务风险是由财务举债经营引起的。它是企业承担的超过股票风险的额外风险。财务举债经营会使企业税后利润大幅度变动，并增加企业破产的概率。但是企业可以获得财务杠杆效应所带来的资金收益率上的加速上升。如果企业在这部分中的收益大于本身的筹资成本，那么这次筹资行动就是成功的。

（四）筹资收益

企业在评价、比较各种不同的筹资方式时，同样要考虑到所投入项目收益的大小。只有企业筹资项目的预计收益大于筹资的总代价时，这个方案才是可行的。除上述诸多因素之外，企业筹资还将受到其他客观条件的限制，如企业规模、企业资信等级、社会关系等因素。

导师提示

企业筹资原则

企业筹集是指企业向内部员工筹措与集中生产经营所需资金的一种财务活动。企业筹资是以提高投资的收益率，增加企业的利润为中心的。因此需要注意在筹资数量、筹资来源、投资方向及筹资的结构上的合理性。

1. 建立资本金制度，正确体现资本的保全和完整

建立资本金制度是我国资金管理体制中的一项重大改革，它有利于保证投资者投入的资金在运行中的安全，维护投资者自身的权益，对保证社会主义市场经济的有序发展起着重要的作用。

2. 合理预测确定资金的需求量

企业在生产经营过程中需要资金，但资金过量或资金不足都不利于企业的生产经营。资金过量，则增加了企业的资金占用率，加大了利息的支出，造成了资金浪费。资金不足，又会影响到企业的正常生产经营活动。因此，企业在筹资时，首先要采用科学的方法，并考虑企业其他非量化的实际因素，合理确定筹资相对准确的需求量。

3. 认真选择筹资来源

不论从什么渠道，用什么方式筹资都需要付出一定的代价，包括资金占用费和资金筹集费，要选择资金成本最低的筹资方案，以降低筹资成本，提高投资效益。

4. 周密研究投资方向

投资能否带来效益与投资方向的选择有着非常密切的关系。企业投资时，一定要对投资项目进行可行性研究，确定这个项目在以后运行中的效益。一定要避免那种资金筹集和资金投放两方面独立运行的做法。

5. 正确安排筹资结构

企业筹资时要正确地安排筹资结构，正确地运用负债经营，在提高企业效益的前提下，应尽量减少企业财务风险，维护企业财务信誉，否则会造成借债的恶性循环。

总之，研究多种因素，获得最佳资金筹集的综合效益，是企业筹资的原则。

二、筹资方式的选择

（一）不同资本结构下的不同选择

资本结构会以不同的形式来影响企业的筹资方式。对于一些固定性设备资产所占比例大且其设备又闲置、现实生产能力又低下的企业来说，可以通过租赁的方式把自己不用的闲置设备租赁出去，然后再通过融资租赁的方式租进企业自身所需的设备，再进行生产经营。这样他们不仅能够利用其企业自身闲置的资源，还能够通过融资租赁的方式来获取其他企业的资金来生产获利。

对于一些资产流动性强的企业来说，它们的负债率普遍要高于其他企业。这些企业的资金流动性强，周转快，因而其流动性资产就可以用来应付随时到期的债务，降低财务风险。所以它们就能够以较高的债务比例来生产经营，也就是说它们可以更多地利用流动负债去获取银行信贷资金。

导师提示

不同行业的企业的资本结构

企业在经营时必须考虑企业所处的行业，以便选择最佳的资本结构来进行资金筹集。一般说来，零售企业因为需要增加存货而进行筹资，存货的周转期短，变现能力强，所以这类企业往往发行大量的短期债券，其债券总的比例比较高。而如医药行业的负债却不多，这是因为它是一个高利润高风险的行业，过多的财务杠杆会增加企业的财务风险。高风险行业的企业负债率一般都不高。高经营风险与高财务风险的组合必然加大企业的总风险，而企业不会盲目追求高收益却不考虑风险，因此企业就会适当减少负债以降低企业的总风险。

（二）不同资金成本下的不同选择

由于不同筹资方式的筹资成本大小是不同的，因而企业在选择筹资方式时，要充分考虑筹资成本的问题。比如说一个企业需要引进设备、扩大生产规模，长期借款和融资租赁同样都能够解决这个问题。长期借款的成本包括两方面：一个是借款利息，另一个是借款费用。企业在采用长期借款时，会增大企业负债与资产的比率，明显恶化企业的资本结构，给企业带来经营压力。而融资租赁这种筹资方式就不会有这样的情况。它的成本只是定期支付定额的费用，而且融资租赁设备可以在租赁期内同自由设备一样在税前计提折旧；承租人支付的租金也可以在税前销售收入中来扣除。由于税收的抵免作用，承租人实际负担的筹资成本就会大大降低。所以说，融资租赁不失为一种值得选择的筹资方式，当预期未来的市场利率将会逐渐走高，在利率较低时融资租赁，就能够把筹资成本控制在较低的水平线上，这时应该考虑利用银行贷款来购买设备，为企业长期发展作出贡献。

（三）不同筹资风险的不同选择

一般来说，利用股票筹资由于没有固定到期日而不用支付固定利息，这种筹资方式实际上不存在不能偿付的风险，财务风险很小。吸收直接投资是一种“共同投资、共担风险、共享利润”的关系，税后利润的分配相对灵活，故财务风险也较小。一个企业如果单单考虑筹资风险的话，这两种方式不失为一种好的选择。债券筹资正好相反，发行债券由于有固定到期日并定期要支付利息，所以要承担归还本金和利息的义务。在公司经营不景气、承担着经营风险的同时，向债券持有人还本付息无异于釜底抽薪，会给公司带来更大的困难，甚至可能会因为不能偿付导致企业破产。

创业故事

世纪佳缘的财富密码

2003年复旦大学研二学生龚海燕创建了世纪佳缘网站；8年后，当年简单粗陋的小网站，一跃成为中国最知名的婚恋交友网站。

2003年世纪佳缘获得第一笔天使投资。2006年它被艾瑞咨询评为中国交友网站第一名，并与MSN合作开设交友频道。2007年，世纪佳缘开始进行收费服务。2010年，它的声望再攀新高，与江苏卫视《非诚勿扰》合作。

今年5月11日，世纪佳缘成功登陆美国纳斯达克，成为中国第一个上市的婚恋网站。创始人龚海燕身家也暴涨到近7 000万美元。如今，这个标榜“严肃婚恋交友”的网站，已经街知巷闻，其同城活动覆盖了105个城市，注册会员已经超过4 500万人。

世纪佳缘招股书中显示，月度付费账户、VIP用户贡献、线下活动三大因素推动世纪佳缘2010年净营收快速增长。8月10日，世纪佳缘公布的当年第二季度财报披露，其在线服务净收入6 850万元，线下活动和高端猎婚服务净收入1 450万元。

（四）不同企业规模的不同选择

一般来说，大型企业的资金需求量比较大，它们的资金一般用于扩大生产规模、开发新产品、技术改造等方面。其在选择筹资方式的时候，应该考虑那些能够提供大量资金并且期限较长的筹资方式，比如长期借款、发行债券、发行股票等。在发行股票和发行债券这两种方式中，应该选择发行债券。虽然发行债券要支付固定的利息，风险较高，但是相较债券，发行股票的成本比发行债券还要高，而且容易分散控制权。新股东分享公司未发行新股前积累的盈余，会降低普通股的每股净收益，可能引起股价的下跌，影响公司的信誉，最终导致公司的经营亏损。

导师提示

中小型企业宜选用商业信用

中小型企业的资金需求量一般比较小，并且其资金主要投放于短线产品或满足短期资金周转的需要。在选择筹资方式的时候，就要考虑那些筹资速度快、富有弹性的筹资方式，比如短期借款、商业信用等。对于中小型企业来说，应该优先考虑的筹资方式是商业信用，商业信用是指工商企业之间相互提供的，与商品交易直接相联系的信用形式，包括企业之间以赊销分期付款等形式提供的信用以及在商品交易的基础上以预付定金等形式提供的信用。其形式主要有赊购商品、预收货款和商业汇票。商业信用筹资方式的风险相对较小，筹资成本一般要比其他的筹资方式低，没有抵押品的要求和因抵押品而产生的一系列资产评估费、公证费和登记手续费。

三、筹资的注意事项

（一）有一个正确的开始

对于创业公司而言，外在的资金常常来自朋友和家庭、个人的天使投资，初期的资金或是上述几种的组合。开始筹备募资时，必须牢记的事情包括：你要筹集多少资金，是权益还是债务，投资者将被赋予何种权利，估值多少。最好能找到一个有经验的律师一起合作，因为在募资的过程中会有很多麻烦，不要过于激进地估值。

（二）准备好重要的文件

在开始筹资评估之前，必须要有一个概略的 PPT 描述你的公司解决了什么问题、你的目标市场、公司发展进度、竞争对手、你的团队和其他相关信息。如今幻灯片比纸质的商业计划书要受欢迎，但是你应该确保它对你的行业也是合适的。财务支出在商业展示中也很重要，记得简要地说重点，不要纠结于预算细节。

（三）拓展人脉

在商业领域里摸爬滚打过几年的人都知道一些投资者、咨询师和其他在募资方面有影响的人，但必须通过人脉拓展才能得到与之见面的机会。成功的企业家会让自己的联系人知道公司在做什么，同时争取自我介绍，使投资人认识你且尊重你，那么一般他们很乐意为你创造机会。

（四）现在开始行动

筹集资金的时间比大多数创业者想象得要长。把经营成果呈现在投资者面前是一个长期的过程，等投资者再给出确切的答案也要花很长时间。所以越早开始越好。找一个专家或律师，翻开通讯簿，然后立刻开始工作。

思考与训练

一、思考题

1. 债务融资有哪些形式？
2. 股权融资的利弊有哪些？

3. 选择筹资手段时应考虑哪些因素？

二、案例分析

分析下列案例，思考并回答问题：

1. 王平对自己准备投资的电磁炉生产项目充满自信，他认为这个项目一定能给他带来不菲的收益，加上通过关系，他轻而易举地就从银行“套”到了大笔资金，更加信心满满。他很看不起同行们缩手缩脚、小打小闹的样子，心想自己绝不能跟他们一样，要干就大干一场。这种心态使他忘记了自己企业抵抗风险的能力。他一心只想扩大投资规模，将“摊子”铺得越来越大，甚至提出“大就是好”的口号，连上两条生产线。企业负债随着他的盲目投资滚雪球般地扩大，王平却毫不在乎，一点也不感到害怕。在他看来，等企业运转起来，什么债都可以还清。但等他的企业运转起来了，同行的钱也赚够了，开始拼命压价。王平的产品生产出来了却卖不出去，顿时陷入了危局之中。

问题：创业筹资时是否获取借款越多越好呢，应如何看待资产负债比率问题？

2. 民营企业老板施某自从涉足商海，依靠自身力量有所成就后，便渐渐藐视起来自银行的支持。在制定一项对当地来说具有标志性意义项目的巨大投资计划时，因该项目备受当地社会各界人士的关注，施某头脑一热，脑海中的非经济因素就占了上风。他向外界扬言，不向银行借一分钱，仅凭自身积累进行该项目的投资。不幸的是，在投资运作中，尽管他使尽全身解数，运行资金仍旧很快告罄。他不仅不反省，仍不请银行帮助，还依然将手头回收的有限资金不断投放到该项目中，使大笔资金被套牢。施某的企业最后终因资金链断裂而垮台，那项对当地具有标志意义的项目也不得不中途转让他人。施某最后什么都没得到。

问题：银行对于创业企业有何作用？应如何保持与银行的联系？

Step 6　组建与培养创业团队

导　入

展飞的创业计划与创业准备已经开始实施了，但他总觉得自己虽然技术上精通，对市场和管理知识匮乏必定会成为创业发展的障碍，因此他想找一些创业伙伴。这些合伙人是大学同学还是朋友，亦或是有经验的职场人士？是与自己性格相近的还是有差异性的？合作之后之间的关系应如何确定？这些疑问解决不了，使他有些犹豫不前，看看创业导师能给他什么建议吧！

学习目标

1. 了解创业团队的类型与团队成员的组成
2. 了解团队成员激励的方法
3. 了解创业团队股权激励的方法
4. 了解创业团队如何利用外部资源

创业团队，就是由少数具有技能互补的创业者组成的团队，创业者为了实现共同的创业目标和一个能使他们彼此担负责任的程序，共同为达成高品质的结果而努力。共同创业有利于分散创业的失败风险；通过团队成员之间的技能互补可提高驾驭环境不确定性的能力，从而降低新创企业经营失败风险；更为重要的是，共同创业具有更强的资源整合能力，能同时从多个融资渠道获取创业资金等资源，为创业企业的成功提供更多保障。

信息广角

一项针对 104 家高科技企业的研究报告指出，在年销售额达到 500 万美元以上的高成长企业中，有 83.3%是以团队形式建立的；而在另外 73 家停止经营的企业中，仅有 53.8%有数位创始人。100 家创立时间较短、销售额高于平均数几倍的企业中 70%有多位创始人。

对新创技术型公司的创业团队的研究表明，团队成员的素质能提高新创企业的生存状况；创业团队对技术型公司企业的生存影响最大的并不是团队本身的大小，而是团队成员的经历。另外，广泛的经验问题比团队的异质性影响更大。

6.1 组建创业团队

一、创业团队及类型

团队就是合理利用每一个团队成员的知识和技能协同工作，解决问题，达到共同目标的共同体。而创业团队，就是由具有技能互补的创业者组成，为了实现共同的创业目标和一个能使他们彼此担负责任的程序，共同为达成高品质的结果而努力的共同体。

（一）创业团队的组成要素

1. 目标

创业团队应该有一个既定的共同目标，为团队成员导航，没有目标这个团队就没有存在的价值。目标在创业企业的管理中以创业企业的远景、战略的形式体现。

2. 人力资源

人是构成创业团队最核心的力量。三个及三个以上的人就形成一个群体，当群体有共同奋斗的目标时就形成了团队。在一个创业团队中，人力资源是所有创业资源中最活跃、最重要的资源，应充分调动创业者的各种资源和能力，将人力资源进一步转化为人力资本。

目标是通过人员来实现的，所以人员的选择是创业团队中非常重要的一个部分。在一个团队中可能需要有人出主意，有人定计划，有人实施，有人协调不同的人一起去工作，还有人去监督创业团队工作的进展，评价创业团队最终的贡献，不同的人通过分工来共同完成创业团队的目标。在人员选择方面要考虑人员的能力如何，技能是否互补，人员的经验如何。

3. 创业团队的定位

创业团队的定位包含两层意思：一是创业团队的定位。创业团队在企业中处于什么位置，由谁选择和决定团队的成员，创业团队最终应对谁负责，创业团队采取什么方式激励下属；二是个体（创业者）的定位。作为团队成员在创业团队中扮演什么角色，是制定计划还是具体实施或评估。是大家共同出资委派某个人参与管理，还是大家共同出资共同参与管理，或是共同出资聘请第三方（职业经理人）管理；这体现在创业实体的组织形式上，是合伙企业或是公司制企业。

4. 权限

创业团队当中领导人的权力大小与其团队的发展阶段和创业实体所在行业相关。一般来说，创业团队越成熟领导者所拥有的权力相应越小，在创业团队发展的初期阶段领导权相对比较集中。高科技实体多数是实行民主的管理方式。

5. 计划

计划有两层含义：（1）目标最终的实现，需要一系列具体的行动方案，可以把计划理解成达到目标的具体工作程序。（2）按计划进行可以保证创业团队工作顺利进行。只有在计划的操作下创业团队才会一步一步地贴近目标，从而最终实现目标。

（二）创业团队的类型

1. 有核心主导的创业团队

这种创业团队一般是有一个人想到了一个商业点子或有了一个商业机会，他就去开始组建所需要的团队。例如太阳微系统公司创业之初就是由维诺德·科尔斯勒确立了多用途开放工作站的概念，接着他找了 Joy 和 Bechtolsheim 两位分别在软件和硬件方面的专家，以及一位具有实际制造经验和交往技巧的麦克尼里，于是，SUN 的创业团队诞生了。

2. 群体性的创业团队

这种创业团队的建立主要来自于因为经验、友谊和共同兴趣的关系而结缘的伙伴，经由合伙彼此在一起发现商业机会。例如 Yahoo!的杨致远和斯坦福电机研究所博士班的同学大卫·费罗，微软的比尔·盖茨和童年玩伴保罗艾伦，HP 的戴维·帕卡德和他在斯坦福大学的同学比尔·体利特等多家知名企业的创建多是先由于关系和结识，基于一些互动激发出创业点子，然后合伙创业，这种例子比比皆是。

导师提示

有核心主导的创业团队与群体性的创业团队的比较

有核心主导的创业团队是先有创业点子再有创业团队，而群体性的创业团队则恰好相反，即先有核心创业团队的结识才有创业点子的提出；此外，群体性的创业团队比有核心主导的创业团队更强调人际关系在创业团队构成中所起的作用。从中国的创业团队类型来看，由于中国特有的文化特征和数千年来形成的行为方式，群体性的创业团队数量远远超过了有核心主导的创业团队。

从团队的稳定性来看，群体性的创业团队不如有核心主导的创业团队。主要原因在于有核心主导的创业团队是由一个核心主导来组成所需要的团队，他在挑选团队成员的时候就已经考虑到团队成员的性格、个性、能力、技术以及未来的价值分配模式，这保证了团队成员的能力不会因为公司规模的扩张而不适应经营的要求，同时不会出现由于创业团队成员间因为自身性格、兴趣不合，导致创业团队解散的情况。

（三）创业团队组建的基本原则

1. 目标明确、合理原则

目标必须明确，这样才能使团队成员清楚地认识到共同的奋斗方向是什么。与此同时，目标也必须是合理的、切实可行的，这样才能真正达到激励的目的。

2. 互补原则

创业者之所以寻求团队合作，其目的就在于弥补创业目标与自身能力间的差距。只有当团队成员相互间在知识、技能、经验等方面实现互补时，才有可能通过相互协作发挥出“1+1＞2”的协同效应。

3. 精简、高效原则

为了减少创业期的运作成本、最大比例地分享成果，创业团队人员构成应在保证企业能高效运作的前提下尽量精简。

4. 动态、开放原则

创业过程是一个充满了不确定性的过程，团队中可能因为能力、观念等多种原因不断有人离开，同时也有人要求加入。因此，在组建创业团队时，应注意保持团队的动态性和开放性，使真正完美匹配的人员能被吸纳到创业团队中来。

二、创业团队成员的组成

创业团队的成员一般均有知识、能力、心理等特征和教育、家庭环境方面的差异，通过组建创业团队来发挥各自优势，弥补彼此不足，从而形成一个知识、能力、性格、人际关系资源等方面全面具备的优秀创业团队。

信息广角

根据调查发现，我国合伙形式创业的比率为 60.5%，独自创业的比率为 39.5%，这表明企业家更倾向于合伙创业。这主要是因为合伙创业有利于分散创业失败风险；通过团队成员之间技能互补能提高企业家驾驭环境不确定性的能力，从而降低新企业的经营失败风险；更为重要的是，调查还发现，合伙创业具有更强的资源整合能力，能同时从多个融资渠道获取创业资金，保证创业资金的获取。

创业团队由很多团队成员组成，那么这些团队成员在团队里究竟扮演什么角色，对团队完成既定的任务起什么作用，团队缺少什么样的角色，候选人擅长什么，欠缺什么，什么样的人与团队现有团队成员的个人能力和经验是互补的，这些都是必须首先要界定清楚的。

导师提示

找什么样的创业伙伴

以创业者用人的眼光去看，世界上的人们大致可分为三类：一是可以信任而不可大用者，这是那些忠厚老实但本事不大的人；二是可用而不可信者，这是那些有些本事但私心过重，为了个人利益而钻营弄巧，甚至不惜出卖良心的人；三是可信而又可用的人。作为创业者，都想找到第三种人。

创业伙伴之间的优势最好呈互补关系。当你是内向型性格，不善于交际，只适合从事技术工作时，最好找富有公关能力、会沟通、能处理复杂问题的搭档；当你是急性子，脾气比较暴躁且又自认为很难改正时，那最好找慢性子、脾气温和的搭档，因为合作中的摩擦在所难免，一急一缓可以相得益彰。

在决定谁可以成为你的合作伙伴的时候，最重要的是要找到两种感觉：他跟你人生的基本价值信条一致，有的人对钱太斤斤计较，你根本就不能要，就不用去考虑。彼此之间有互补性。

不同角色在团队中发挥着不同的作用，一个创业团队要想紧密团结在一起，共同奋斗，努力实现团队的远景和目标，各种角色的人才都不可或缺。

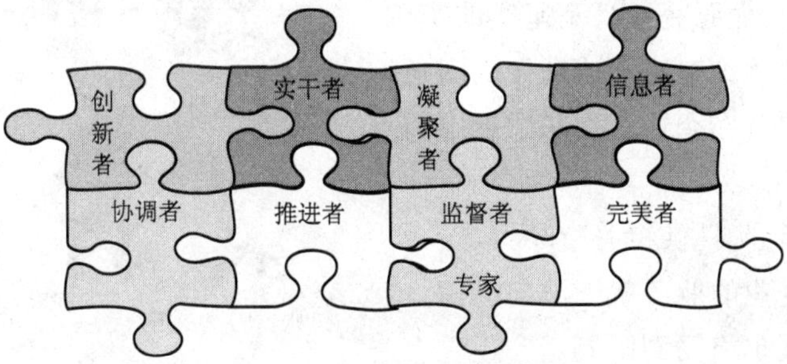

图 6-1 创业团队成员组成

（一）创新者提出观点

没有创新者，思维就会受到局限，点子就会匮乏。创新是创业团队生产、发展的源泉。企业不仅开发要创新，管理也需要创新。

（二）实干者运筹计划

没有实干者的团队会显得比较乱，因为实干者的计划性很强。“千里之行始于足下”，有了好的创意还需要靠实际行动去实践。而且实干者在企业人力资源中应该占较大的比例，他们是企业发展的基石。没有执行就没有竞争力。只有通过实干者踏实努力地工作，美好的远景才会变成现实，团队的目标才能实现。

（三）凝聚者润滑调节各种关系

没有凝聚者的团队的人际关系会比较紧张，冲突的情形会更多一些，团队目标完成将受到很大的冲击，团队的寿命也将缩短。

（四）信息者提供支持的武器

没有信息者的团队会比较封闭，因为不知道外界发生了什么事。当今社会，信息是企业发展必备的重要资源之一。世界是开放的系统，创业团队要在社会中生存和发展，没有外界的信息交流，企业就成了一个自给自足的封闭小团体。而且，当代创业团队的成功更需要正确的、及时的信息。

（五）协调者协调各方利益和关系

没有协调者的团队领导力会削弱，因为协调者除了要有权力性的领导力以外，更要用一种个性的感召力来树立个人影响。从某个角度说管理就是协调。各种背景的创业者凝聚在一起，经常会出现各种分歧和争执，这就需要协调者来调节。

（六）推进者促进决策的实施

没有推进者效率就不高，推进者是创业团队进一步发展的助推器。

（七）监督者监督决策实施的过程

没有监督者的团队会大起大落，做得好就大起，做得不好也没有人去挑刺，这样就会大落。监督者是创业团队健康成长的鞭策者。

（八）完美者注重细节，强调高标准

没有完美者的团队的线条会显得比较粗，因为完美者更注重的是品质、标准。但在

创业初期，不能过于追求完美；在企业的逐渐成长过程中，完美者要迅速地发挥作用，改善企业的缺陷，为做大做强企业打下坚实的基础。现代管理界提出的“细节决定成功”的观点，进一步说明了完美者在企业管理和发展中的重要作用。

（九）专家为团队提供相关指导

没有专家，企业的业务就无法向纵深方向发展，企业的发展也将受到限制。

在一个创业团队中，团队成员的知识结构越合理，创业的成功性越大。纯粹的技术人员组成的公司容易形成技术为主、产品为导向的情况，从而使产品的研发与市场脱节；全部是由市场和销售人员组成的创业团队缺乏对技术的领悟力和敏感性，也容易迷失方向。因此，在创业团队的成员选择上，必须充分注意人员的知识结构——技术、管理、市场、销售等，充分发挥每个人的知识和经验优势。

导师提示

团队角色搭配

相对来说，一个优秀的创业团队必须包括以下几种人：一个创新意识非常强的人，这个人可以决定公司未来发展方向，相当于公司战略决策者；一个策划能力极其强的人，这个人能够全面周到地分析整个公司面临的机遇与风险，考虑成本、投资、收益的来源及预期收益，甚至还包括公司管理规范章程、长远规划设计等工作；一个执行能力较强的团队成员，这个人具体负责下面的执行过程，包括联系客户、接触终端消费者、拓展市场等等。此外，如果是一个技术类的创业公司，还应该有一个研究高手（甚至是研究领导者型人物）；当然，这个创业团队还需要有人掌握必要的财务、法律、审计等方面的专业知识。惟有这样，团队成员才能算是比较合理的。需要补充一点的是，在一个创业团队中，尽量不出现两个核心团队成员位置的重复，也就是说，不要有两个人的主要能力完全一样，比如，两个都是出点子的人，两个都是做市场的等等。因为只要优势重复，职位重复，那么今后必然少不了有各种矛盾出现，最终甚至导致整个创业团队散伙。这样的例子举不胜举。

三、创业团队的组建

（一）组建创业团队的基本条件

组建一个健康、有战斗力的创业团队应具备以下条件：

1. 树立正确的团队理念

拥有正确团队理念的团队成员相信他们处在一个命运共同体中，共享收益，共担风险。团队工作，即作为一个团队而不是靠个别的“英雄”工作，每个人的工作相互依赖和支持，依靠事业成功来激励每个人。团队应以诚实正直为基础，这是有利于顾客、公司和价值创造的行为准则。它排斥纯粹的实用主义或利己主义，拒绝狭隘的个人利益和部门利益。拥有正确团队理念的团队成员相信他们正在为企业的长远利益工作，正在成就一番事业，而不是把企业当作是一个快速致富的工具。没有人打算在现在加入进来，而在困境出现之前或出现时退出而获利，他们追求的是最终的资本回报及带来的成就感，而不是当前的收入水平、地位和待遇。拥有正确团队理念的团队成员承诺为了每个人而使“蛋糕”更大，包括为顾客增加价值，使供应商随着团队成功而获益，为团队的所有支持者和各种利益相关者谋利。

导师提示

事随势转，本色岿然

——北京云峰营销公司董事长范云峰谈公司理念

在企业的创业发展过程中怎样共患难，怎样同富贵，又是一个十分深奥的话题。首先，基于“共识”。志同道合，走的路才会相同，哪怕是有天大的困难，合作伙伴们都会相互扶持，情同手足，分担着创业的痛苦，享受着创业的乐趣。其次，理于“共事”。做人德字当前，做事则应制度在先。在制度层面，应遵循“制度不是给哪个人定的，它需要所有的人共同来遵守”的原则。再次，敏于“共势”。企业的生存取决于市场，企业的快速发展则取决于“造势”。就像鲤鱼跃龙门一样，必须借助几个浪头才能跃过去。而企业要跳过市场的“龙门”，只能自己“造浪”、“造势”，最终形成的是自己的品牌。也就是说，品牌的形成是企业必须越过的“龙门”。最后，久于“共世”。企业要想长久地屹立在市场中，功成名就的企业精英们如何保持一颗平常心至关重要。这取决于企业创业者的思想境界及公司文化。

2. 确立明确的团队发展目标

目标在团队组建过程中具有特殊的价值。首先，目标是一种有效的激励因素。如果一个人看清了团队的未来发展目标，并认为随着团队目标的实现，自己可以从中分享到很多的利益，那么他就会把这个目标当成是自己的目标，并为实现这个目标而奋斗。从这个意义上讲，共同的未来目标是创业团队克服困难，取得胜利的动力。其次，目标是一种有效的协调因素。团队中各种角色的个性、能力有所不同，但是“步调一致才能得胜利”。孙子曰：“上下同欲者，胜。”只有真正目标一致、齐心力的创业团队才会得到最终的胜利与成功。

创业故事

1998 年成立于北京的交大铭泰，主要从事研究、开发及销售以翻译软件为主的四大系列软件产品。其在创业初期就确定了三年内成为我国最大应用软件和服务提供商的目标以及具体的发展战略。明确的创业目标保证了团队成员的稳定性，其团队成员自创业以来基本上没有太大变化，这不仅带来了企业凝聚力的提高，也使交大铭泰在企业创新方面取得了较大突破。交大铭泰很快成为了国内第一个通用软件上市公司，亚洲首支“信息本地化概念股”，2004 年香港股市第一家上市企业。

3. 建立责、权、利统一的团队管理机制

创业团队内部需要妥善处理权力和利益关系。在创业团队运行过程中，团队要确定谁适合于从事何种关键任务和谁对关键任务承担什么责任，以使能力和责任的重复最小化。利益关系与新创企业的报酬体系有关。一个新创企业的报酬体系不仅包括诸如股权、工资、奖金等金钱报酬，而且包括个人成长机会和提高相关技能等方面的因素。每个团队成员所看重的并不一致，这取决于其个人的价值观、奋斗目标和抱负。有些人追求的是长远的资本收益，而另一些人不想考虑那么远，只关心短期收入和职业安全。

由于新创企业的报酬体系十分重要，而且在创业早期阶段财力有限，因此要认真研究和设计整个企业生命周期的报酬体系，以使之具有吸引力，并且使报酬水平不受贡献水平的变化和人员增加的限制，即能够保证按贡献付酬和不因人员增加而降低报酬水平。

导师提示

创业契约至关重要

对于创业者来说，从企业创立开始就需要制定相对完善的股东协议，明确各个创业者之间和原始投资人之间的关系。现在的创业，是“股份+期权”的契约年代。在团队组合时，有一些事情是要提前做好约定的。叫朋友到公司来做事，千万别说“请你来帮我”，而是要事先讲好规则。友情不能维持合伙关系，事实上生意上的合伙关系很容易破坏多年的友情。

设计团队成员的股权分配是创业规划时的一项重要工作。创业契约是创业者在找到创业伙伴后必然要思考、讨论、制定、执行的公司的第一份契约。典型的创业契约应该说明创业的具体目的、说明每个合伙人的有形的资产、财产、设备、专利等和无形的服务、特有技术、关系网等的投入，把最基本的责、权、利说个明白透彻，尤其是股权、利益分配更要说清楚，包括增资、扩股、融资等。这样的协议允许合伙人占有的公司股份各不相同，但一定要说明各个合伙人在公司管理中的地位和职务，是否允许合伙人从事公司以外的其他业务等。有一点最重要，那就是合伙双方以什么样的方式结束合伙关系，对此一定要在协议中写明，即规定“退出机制”，免得日后谁也说不明白。

4. 制定创业团队的管理规则

企业的管理规则大致可以分为三个方面：

（1）治理层面的规则。主要解决剩余索取权和剩余控制权问题。治理层面的规则大致可以分为合伙关系与雇佣关系。在合伙关系下大家都是老板，大家说了算；而在雇佣关系下只有一个老板，一个人说了算。除了利益分配机制和争端解决机制，还必须建立进入机制和退出机制。没有出入口的游戏规则是不完整的，因此要约定以后创业者退出的条件和约束以及股权的转让、增股等问题。

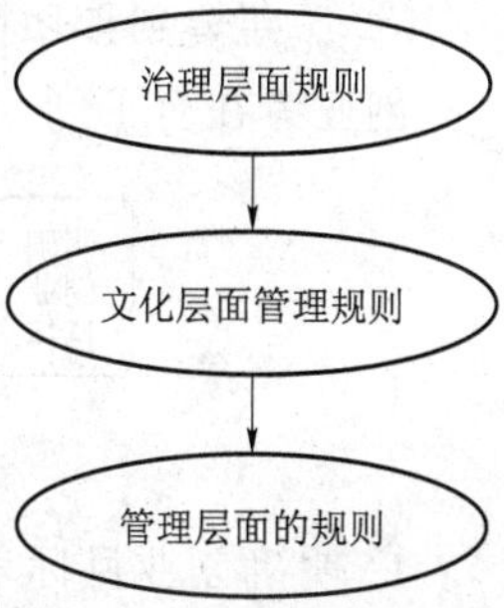

图 6-2　创业团队规则

（2）文化层面的管理规则。这主要解决企业的价值认同问题。企业章程和用工合同解决的是经济契约问题，但作为管理规则它们还是很不完备的。经济契约不完备的地方要由文化契约来弥补。它包括很多内容，但也可以用“公理”和“天条”这两个词简要地概括。所谓“公理”，就是团队内部不证自明的东西，它构成团队成员共同的终极行为依据。所谓“天条”，就是团队内部任何人都碰不得的东西，它对所有团队成员都构成一种约束。

（3）管理层面的规则。这主要解决指挥管理权问题。管理层面的规则最基本的有三条：① 平等原则。制度面前人人平等，不能有例外现象。② 服从原则。下级服从上级，行动要听指挥。③ 等级原则。不能随意越级指挥，也不能随意越级请示。这三条原则是秩序的源泉，而秩序是效率的源泉。当然，仅有这三条原则是不够的，但它们是最基本的，是建立其他管理制度的基础。

导师提示

创业制度制定时的盲点

第一个盲点，“我是对的”。这是中国文化的特点，中国企业也不例外，高层管理者中容易形成这样的思维，管理者的判断不是按价值观来判断，而是强调自我。制度的管理变成了自我情绪的延伸。这也容易造成团队的分裂，因为大家不是为一个目标做事情，而是在为一个人——老板做事情。

第二个盲点，“只讲外部营销”。价值观、制度、文化都有了，只是一种表象，我们有时候只注重向我们的客户推销理念，往往忽略了对内部员工进行理念推销。其实内部营销非常重要，价值观没有得到大家的认同，企业的裂缝就产生了。当压力大到一定程度时，就会分崩离析。所以，企业在启动决策机制的时候，仅仅靠投票产生结果，其实也使团队之间的友谊与信任被削弱。如何才能在投票之前达成共识呢？内部营销工作不能少。

第三个盲点，“老板差异化能力短缺”。在一个企业里，稳定靠制度，但发展还是要靠老板或者团队核心人物。老板与众不同的地方，是要能看到企业发展的方向，在关键的时候推一把，而不是时时刻刻与大家混在一起。要不然，一个企业就会“群龙无首”。领袖是干什么的？就是带路，把企业引向一条正确的路。

（二）组建创业团队的程序和方法

创业者在有了创业的点子后，可以采用以下方法组建创业团队：

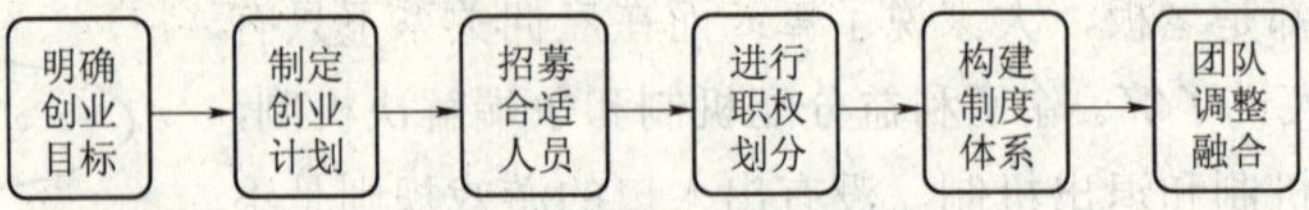

图 6-3　创业团队组建程序

1. 明确创业目标

创业团队的总目标就是要通过完成创业阶段的技术、市场、规划、组织、管理等各项工作，从而实现企业从无到有、从起步到成熟。总目标确定之后，为了推动团队最终实现创业目标，再将总目标加以分解，设定若干可行的、阶段性的子目标。

2. 制定创业计划

在确定了一个个阶段性子目标以及总目标之后，紧接着就要研究如何实现这些目标，这就需要制定周密的创业计划。创业计划是在对创业目标进行具体分解的基础上，以团队为整体来考虑的计划，创业计划确定了在不同的创业阶段需要完成的阶段性任务，通过逐步实现这些阶段性目标来最终实现创业目标。

3. 招募合适人员

招募合适的人员也是创业团队组建最关键的一步。关于创业团队成员的招募主要应考虑两个方面：

（1）考虑互补性。即考虑其能否与其他团队成员在能力或技术上形成互补。这种互补性既有助于强化团队成员间彼此的合作，又能保证整个团队的战斗力，更好地发挥团队的作用。一般而言，创业团队至少需要管理、技术和营销三个方面的人才。只有这三个方面的人才形成良好的沟通协作关系后，创业团队才可能实现稳定高效。

（2）考虑适度规模。适度的团队规模是保证团队高效运转的重要条件。团队成员太少则无法实现团队的功能和优势，而过多又可能会产生交流的障碍，团队很可能会分裂成许多较小的团体，进而大大削弱团队的凝聚力。一般认为，创业团队的规模控制在 2～12 人最佳。

导师提示

百龙集团总裁孙寅贵谈创业团队构成

一个创业团队的构成，若基于亲缘、同学、朋友，那么其初期活力往往高于普通以资金、技术为纽带构成的企业团队。但其后的持久性与稳定性却往往会反过来，后者要好于前者。这主要根源于：前者多数是建立在一定感情基础上，而后者往往有具体、明确，甚至不近人情的条文约定；前者存在一个彻底转换角色的困难，比如从哥儿们变成股东，而后者则完全是一步到位，没有历史负担。

为此，对处于创业阶段的团队，我有两大秘方：

第一，就是我母亲传授的：要想伙计长，天天算伙账。吃得起亏，能够做一堆。此寥寥数言，我却认为可以受用终生。

第二，则是我自己悟到的：发达国家的昨天，就是我们的今天。所以，我们管理者要虚心学习，做个性演员，彻底适应社会发展，随时努力制度创新。争取中国的明天，成为发达国家的后天。

4. 进行职权划分

为保证团队成员执行创业计划、顺利开展各项工作，必须预先在团队内部进行职权的划分。创业团队的职权划分就是根据执行创业计划的需要，具体确定每个团队成员所要担负的职责以及相应所享有的权限。团队成员间职权的划分必须明确，既要避免职权的重叠和交叉，也要避免无人承担造成工作上的疏漏。此外，由于还处于创业过程中，面临的创业环境又是动态复杂的，不断会出现新的问题，团队成员可能不断出现更换，因此创业团队成员的职权也应根据需要不断地进行调整。

5. 构建创业团队制度体系

创业团队制度体系体现了创业团队对团队成员的控制和激励能力，主要包括团队的各种约束和激励制度。一方面，创业团队通过各种约束制度（主要包括纪律条例、组织条例、财务条例、保密条例等）指导其团队成员，避免作出不利于团队发展的行为，实现对其行为的有效约束，保证团队的稳定秩序。另一方面，创业团队要实现高效运作要有有效的激励机制（主要包括利益分配方案、奖惩制度、考核标准、激励措施等），使团队成员看到随着创业目标的实现，其自身利益将会得到怎样的改变，从而达到充分调动团队成员积极性、最大限度发挥团队成员作用的目的。要实现有效的激励，首先就必须把团队成员的收益模式界定清楚，尤其是关于股权、奖惩等与团队成员利益密切相关的事宜。需要注意的是，创业团队的制度体系应以规范化的书面形式确定下来，以免带来不必要的混乱。

6. 团队的调整融合

完美组合的创业团队并非创业一开始就能建立起来，很多时候是在企业创立一定时间以后随着企业的发展逐步形成的。随着团队的运作，团队组建时在人员匹配、制度设计、职权划分等方面的不合理之处会逐渐暴露出来，这时就需要对团队进行调整融合。由于问题的暴露需要一个过程，因此团队调整融合也应是一个动态持续的过程。在进行团队调整融合的过程中，最为重要的是要保证团队成员间经常进行有效的沟通与协调，培养强化团队精神，提升团队士气。

6.2 激励创业团队

一、创业团队的激励手段

（一）目标激励

所谓目标激励，就是把大、中、小和远、中、近的目标相结合，使团队成员在工作中时刻把自己的行为与这些目标紧紧联系。目标激励包括设置、实施和检查目标三个阶段。在制定目标时须注意，要根据团队的实际业务情况制定可行的目标。一个振奋人心、切实可行的目标，可以起到鼓舞士气，激励团队成员的作用。相反，那些可望不可及或既不可望又不可及的目标，会产生适得其反的作用。领导者可以对团队或个人制定并下达切合年度、半年、季度、月、日的业务目标任务，并定期检查，使其朝着各自的目标去努力、拼搏。

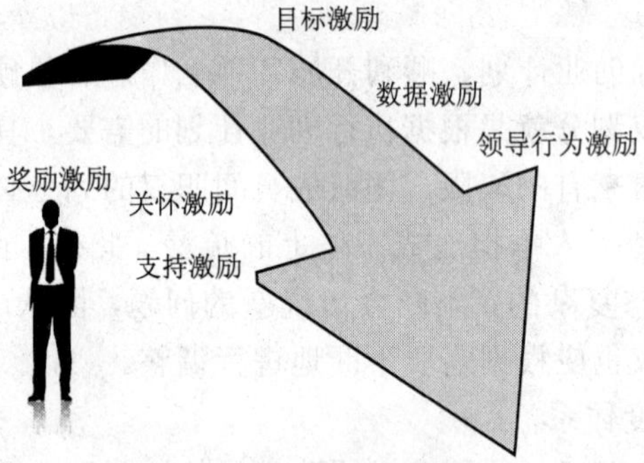

图 6-4 创业团队激励的途径

（二）数据激励

运用数据显示成绩，能更有可比性和说服力地激励团队成员的进取心。对能够定量显示的各种指标，要进行定量考核，并公布考核结果，这样可以使团队成员明确差距，有紧迫感，迎头赶上。领导者可以在每月、每季、每半年的考核期中、结束后或者业务竞赛活动进行当中、结束后，公布团队或个人业绩进展情况，并让绩优者畅谈体会，分享心得，以鼓舞员工士气。

（三）领导行为激励

一个成功的领导者之所以成功，其关键在于领导者 99%的行为魅力以及 1%的权力行使。部属能心悦诚服地为他努力工作，不是因为他手中有权，权是不能说服人的，好的领导行为能给团队成员带来信心和力量，激励部属，使其心甘情愿、义无反顾地向着目标前进。作为领导者要加强品德修养，严于律己，做一个表里如一的人；要学会推销并推动目标；要掌握沟通、赞美及为人处事的方法和技巧。

（四）奖励激励

奖励就是对人们的某种行为给予肯定和奖赏，使这种行为得以巩固和发展。通过奖励鼓励先进，鞭策落后，调动全体团队成员的积极性。奖励分为物质和精神奖励。人在无奖励状态下，只能发挥自身能力的 10%～30%；在物质奖励状态下，能发挥自身能力的 50%～80%；在适当精神奖励的状态下，能发挥自身能力的 80%～100%，甚至超过100%。当物质奖励到一定程度的时候，就会出现边际作用递减的现象，而来自精神的奖励激励作用则更持久、强大。所以在制定奖励办法时，要本着物质和精神奖励相结合的原则。同时，方式要不断创新，新颖的刺激和变化的刺激作用大；反复多次的刺激，作用就会逐渐衰减，奖励过频，刺激作用也会减少。

（五）关怀激励

了解是关怀的前提，作为团队领导者对团队成员要做到“九个了解”，即了解他们的姓名、生日、籍贯、出身、家庭、经历、特长、个性、表现；“九个有数”即对团队成员的工作状况、住房条件、身体情况、学习情况、思想品德、经济状况、家庭成员、兴趣爱好、社会交往心里有数。经常与团队成员打成一片，交流思想感情，从而增进了解和信任，并真诚地帮助每一位团队成员。

（六）支持激励

领导者要善于支持团队成员的创造性建议，充分挖掘团队成员的聪明才智，使大家都想事，都干事，都创新，都创造。支持激励包括：尊重团队成员的人格、尊严、爱护下级的积极性和创造性；信任团队成员，放手让团队成员大胆工作，当团队成员工作遇到困难时，主动为团队成员排忧解难，增加团队成员的安全感和信任感；当工作中出现差错时，要承担自己应该承担的责任。当团队领导者向上级夸赞团队成员的成绩时，团队成员是会心存感激的，这样便满足了团队成员渴望被认可的心理，其干劲会更足。支持激励既是用人的高招，也是激励团队成员的办法之一。

导师提示

团队成员 1+1＞2

作为合伙人，在平时的交往与配合中要坦诚，彼此尊敬对方，摆正自己的地位，既然是合伙人，也就是出资人，请在心中时时提示本人，双方都是为了共同的目标才在一起的。碰到抵触时应当向前看，盯住面前的事不放，只能是越盯抵触越多，越盯抵触越复杂，最后裹足不前。

作为国内最大的英语培训机构，新东方名声赫赫。俞敏洪认为本人最成功的决定，就是“把那帮比本人有长进的海外友人请了回来”。这批从世界各地汇聚到新东方的人，把世界进步的理念、进步的文化、进步的教育方法带进了新东方。俞敏洪笑言本人是“一只土鳖带着一群海龟斗争”。如何将这些有个性的人团结到一起，并让每个人都保持活力是俞敏洪首先要面对的难题。俞敏洪说：“在新东方，没有任何人把我当领导看，没有任何人会因为我犯了错误而放过我。在无数场合下，我都难堪到了汗颜无地的地步，我无数次懊悔把这些精英人物招集到新东方来，又无数次因为新东方有这么一大批出色的人才而骄傲。因为这些人的到来，我明显地进步了，新东方明显地进步了。没有他们，我到今天可能还是个目光短浅的个体户；没有他们，新东方到今天还可能是一个名不见经传的培训学校。”

二、创业团队的股权激励

股权激励首先目的是激励，股权是手段，其表现形式有：实股、干股（虚拟股）、期权、期股等。实股是指工商局企业登记文件中所载明的股份，占有股份的股东拥有四项权利，即同时拥有占有权、收益权、管理权和处置权。干股又称为虚拟股，这部分股份在工商局没有备案，是企业内部的协议，通常干股用于激励高管及核心人员，一般只拥有收益权和部分管理权，并且不具备占有权和处置权，在创业公司中，对于技术或市场合伙人，如果不实际出资，可以给予干股，体现现代公司以人为本的理念。

期权是允许员工以协定的价格购买未来某一时刻公司股票的权利，如果未来公司股票价格高于协定价格，员工出售股票就可以获利，实际上许多公司都代替员工卖出股票，员工直接收取现金。实股、干股、期权是股权最基本的表现形式，将这三者进行组合，可以衍生出许多不同的形式，例如期股，就是员工按照协定的价格购买实股的一种安排。

导师提示

创业公司股权激励常见问题

首先应该避免空头支票，创业公司在进行股权激励时往往把前景描绘得特别美好，但是基本实现不了，这样的条款没有任何作用。其次是当真正达到股权激励条件时，老板又反悔当初定的条件太宽松或不愿兑现或打折扣，这样必然影响士气。最后是免费午餐，因为拿到股份太容易，团队成员突然有钱之后，反而失去工作动力，起到了反作用。

另外，创业公司一般没有经过第一轮融资，股票价格还没有进行过公开公平的估值，因此股票价格的确定具有主观性和不透明性，通常出现老板觉得是割肉而被激励对象却觉得是鸡肋，因此股价形成机制要尽量对员工透明。

最后，有些创业公司为了吸引人才，免费赠与核心人员实股，但规定该人员如果离职必须无偿将该股份退还给公司，可是通常会出现人员辞职后找不到人的现象。对于这种情况，可以签订协议一式两式，公司保留一份以备办理股权转移之用。

三、创业团队利润分配体系

很多中小民营企业的创业团队在发展初期大多是碍于面子，没有明确提出将来具体的规范化运作方案，等到企业发展到一定规模时就开始为利润怎么分配等问题而发生争执。为了避免创业团队在今后的组织行为中因为利益分配、企业决策等方面产生分歧，在创业团队形成之初，应该通过公司章程或者协议的方式，确定公司发展目标、业务领域、出资及退股原则、利润分配方法、分歧解决原则等。

创业故事

赵健民当初是通过大学老师认识合伙人李露的，他很信任自己的老师，因此也就盲目信任起这个还是陌生人的合伙人。赵给合伙人的茶楼投资 8 万元，成了茶楼股东。李露是个久闯商场的面上人，对赵承诺：赚钱一定按照投资比例分红。既出于信任又碍于面子，赵健民也就没有要求签订书面协议，结果，虽然茶楼的生意十分红火，但年终李露却只给了赵 2 000 元分红。由于没有明确的合作协议，现在赵既无法要到应得的利润，也难以拿回投资的资金，处于进退

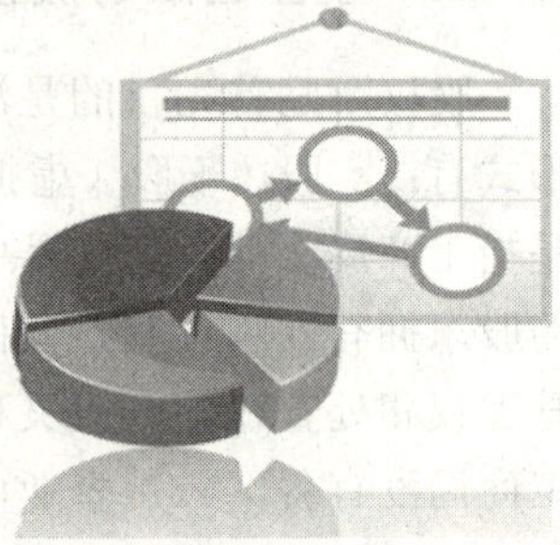

两难的尴尬境地。

创业团队的利润分配体系必须体现出个人贡献价值的差异，而且要以团队成员在整个创业过程中总的表现为依据，而不仅是某一阶段的业绩。其具体分配方式要具有灵活性，既包括诸如股权、工资、奖金等物质利益，也包括个人成长机会和相关技能培训等内容，并且能够根据团队成员的期望进行适时调整。

（一）利润分配的原则

1. 依法分配

为规范企业的利润分配行为，国家制定和颁布了若干法规，这些法规规定了企业利润分配的基本要求、一般程序和重大比例。企业的利润分配必须依法进行，这是正确处理企业各项财务关系的关键。

2. 分配与积累并重

企业的利润分配，要正确处理长期利益和近期利益这两者的关系，坚持分配与积累并重。企业除按规定提取法定盈余公积金以外，可适当留存一部分利润作为积累，这部分未分配利润仍归企业所有者所有。这部分积累的净利润不仅可以为企业扩大生产筹措资金，增强企业发展能力和抵抗风险的能力，同时还可以供未来年度进行分配，起到以丰补歉、平抑利润分配数额波动、稳定投资报酬率的作用。

3. 妥善处理创业团队内部的利益关系

每个团队成员所看重的报酬的形式并不一致，这取决于其个人的价值观、奋斗目标和抱负。有些人追求的是长远的资本收益，而另一些人只关心短期收入和职业安全，有人想通过创业提高阅历并得到个人成长，有人只是满足自己做老板的成就感与自豪感。因此创业团队要对团队内每个人的需求充分考虑，在体现贡献的前提下制定个性化的报酬方案。

由于新创企业的报酬体系十分重要，而且在创业早期阶段财力有限，因此要认真研究和设计整个企业生命周期的报酬体系，以使之具有吸引力，并且使报酬水平不受贡献水平的变化和人员增加的限制，即能够保证按贡献付酬和不因人员增加而降低报酬水平。

（二）利润分配的具体方法

1. 有限公司的利润分配方式

例如：一个小的有限责任公司有三个出资人：一个出资占 55%；一个占 40%；一个占 5%。

公司可以按两种方法进行利润分配：一种是按创造价值分配；一种是股份资金分配。一般股东分配红利，都是按股份比例分配的。按权利和义务来说，股份多的人，他的权力大，但义务也相对更多。至于一个企业能分配多少利润给股东，这是由股东讨论决定的，一般都在 20%左右，因为企业还要生产经营，不可能把利润全分了，而且，还要计提盈余公积准备金。

平均主义并非合理，团队成员的股权分配不一定要均等，但要合理、透明与公平。通常创始人与主要贡献者会拥有比较多的股权，但只要与他们创造的价值、贡献相配套，就是一种合理的股权分配。如有一家创业公司的四位团队成员以平均方式各拥有25%股权，但其中两位几乎对于新企业发展没有贡献，这样的创业团队其实是不健全的，也很难吸引外部投资。

2. 有限合伙企业的利润分配

有限合伙企业的利润分配，应按照合伙协议的约定办理。合伙协议未约定或者约定不明确的，由合伙人协商决定，协商不成的，由合伙人按照实缴的出资比例分配，无法确定出资比例的，由合伙人平均分配。

有限合伙企业不得将全部利润分配给部分合伙人，但是，合伙协议另有约定的除外。

3. 普通合伙企业利润分配

合伙协议绝对不能约定将全部利润分配给“部分”合伙人。合伙协议未约定或者约定不明确的，由合伙人协商决定。协商不成的，由合伙人按照实缴的出资比例分配；无法确定出资比例的，由合伙人平均分配。

四、退出机制

天下没有不散的筵席。在组建团队时就应考虑好团队成员的退出机制，可以保障团队成员更安心、积极地为企业工作，可以更好地保障所创立企业的长治久安，使团队成员获得公平的回报，为其实现当初创业时的梦想提供保障，不至于因有关团队成员退出而元气大伤。国内很多企业创业团队成员在创业期能共患难，成功后却因分利不均，不能同甘而分崩离析，甚至反目成仇，使企业蒙受巨大损失等，或多或少都和退出机制没有解决好有关。

（一）创业团队成员退出的原因

原因主要有：当所创立企业发展到正常经营管理状态，有些团队成员因其能力已经不适应更大规模、更规范的企业经营管理的需要；创业团队成员因自身兴趣、个人发展、环境变化等多方面原因需要退出；有些团队成员不认可公司目标、策略或做事方法不同，价值观有背离，要求退出；创业团队成员间磨合出现问题，创业活动难以正常进展，创业团队解散。

（二）退出机制应考虑的关键因素

（1）吐故纳新、新老交替，实现平稳过渡；

（2）合理保障退出者的利益，对其贡献给予合理肯定，使现有团队和公司其他人员更有信心和积极性；

（3）努力避免出现团队成员在公司运转的关键时期，特别是生死攸关的环节贸然退出情况，使团队能保持稳定性与联系性，维护公司利益，也维护坚守者的合理利益；

（4）退出团队成员在公司工作期间的成果与资源应由公司掌握。

导师提示

以一个创业团队为例，为保证团队成员为公司服务3年以上，可以将股份部分以期权来体现，其中一半为现权，另一半作为全部团队成员的决策资产，只有团队成员在公司服务时间超过3年才能按其所占比例取得期权的这部分股份。当然，这种做法要同时与公司法有关规定相配套，进行相应的技术处理。这主要是考虑到初创期会在3年以上，如有团队成员提前退出将导致不可预见的巨大损失。

6.3 整合使用外部资源

创业者能否成功地创造机会，进而推动创业活动向前发展，通常取决于他们掌握和能整合到的资源以及对资源的利用能力。创业团队初期往往并没有充足的资金和广大的市场，所能获取与利用的资源都相当匮乏，所以需要创业团队善于创造性地整合和运用资源，尤其是那种能够创造竞争优势，并带来持续竞争优势的战略资源。

一、外部资源类型

（一）创业团队成员的家族资源

家族资源主要包括：经济支持、商业经验、学习机会、人脉关系甚至客户资源等。

（二）创业团队成员的职业资源

所谓职业资源，即团队成员在创业之前，为他人工作时所建立的各种资源，主要包括项目资源和人际资源。充分利用职业资源，从职业资源入手创业，符合创业活动“不熟不做”的教条。尤其是在国内目前还没有像美国或欧洲国家一样，普遍认同和执行“竞业避止”法则的情况下，选择从职业资源入手进行创业，已经成为了许多人创业成功的捷径和法宝。如昆明的“云南汽车配件之王”何新源，在创办新晟源汽配公司之前，就在省供销社从事相同工作。有名的宝供物流，其创始人刘武原来也是汕头供销社的一名“社员”，被单位派到广州火车站从事货物转运工作，后来承包转运站，再后来利用工作中建立的各种关系，创立了宝供，通过为宝洁公司做物流配送商，一举成为国内物流业之翘楚。前中学数学教师、“好孩子”创始人、《福布斯》中国富豪宋郑还是通过一位学生的家长得到了第一批童车订货，这才知道世界上原来还有童车这样一个赚钱的行当。同时，宋郑还做童车的第一笔资金也是通过一位在银行做主任的学生家长获得的。如果没有学生家长的帮助，宋郑还可能会一事无成。据调查，国内离职下海创业的人员，90%以上利用了原先在工作中积累的资源和关系。

（三）创业团队的人脉资源

人脉资源即创业者构建其人际网络或社会网络的能力。一个创业者如果不能在最短时间之内建立自己最广泛的人际网络，那他的创业一定会非常艰难。

人脉资源包括：

1. 同学资源

现在社会上同学会盛行，仅北京大学，各种各样的同学会就不下几十个，其中有一个由金融投资家进修班学员组成的同学会，仅有200余人，控制的资金却高达1 200个亿。上海中欧工商管理学院，除了在上海本部有一个学友俱乐部外，在北京还有个学友俱乐部分部。人大、北大、清华等名牌大学在北京、上海、广州、深圳都有同学会或校友会分会，在这些地方，形形色色的同学会多如牛毛。对于那些“成年人班”，如企业家班、金融家班、国际 MBA 班等班级的学生，交朋友可能比学知识更加重要，有些人惟一的目的就是交朋友。一些学校也看清了这一点，在招生简章上就会明白无误地告诉对方：拥有 XX 学校的同学资源，将是你一生最宝贵的财富。同学之间因为接触比较密切，彼此比较了解，同时因为不存在利害冲突，所以友谊一般都较可靠，纯洁度更高。对于创业者来说，是值得珍惜的最重要的外部资源之一。

导师提示

同学资源不可小觑

在创业专家研究的上千个创业者案例中，有许多成功者的身后都可以看到同学的身影，有少年时代的同学，有大学时代的同学，更有各种成人班级如进修班、研修班上的同学。赫赫有名的《福布斯》中国富豪南存辉和胡成中就是小学和中学时的同学，一个是班长，一个是体育委员，后来两人合伙创业，在企业做大以后才分了家，分别成立正泰集团和德力西集团。一位创业者在接受创业专家的采访时说，他到中关村创立公司前，曾经花了半年时间到北大企业家特训班上学、交朋友。他开始的十几单生意，都是在同学之间做的，或是由同学帮着做的。同学的帮助，在他创业的起步阶段起了很大的作用。

2. 同乡

共同的人文地理背景，使老乡有一种天然的亲近感。曾国藩用兵只喜欢用湖南人，中国历史上最成功两大商帮，徽商和晋商不管走到哪里，都是老乡拉帮结派，成群结伙的。在很长一段时间内，中国几乎所有商业繁盛之地，其最惹眼、最气派的建筑不是徽商会馆，就是晋商会馆。如今，一个人要外出创业，老乡众多仍然是最有利条件之一。这也是近年来各地同乡会风起云涌的原因之一。

3. 朋友

一个创业者，三教九流的朋友都要交，朋友犹如资本金，对创业者来说是多多益善。“在家靠父母，出门靠朋友”、“多一个朋友多一条路”是至理名言。一个创业者如果不能交朋友，肯定只有死路一条。创业专家认为，人际交往能力应列在创业者素质的第一位。

4. 社会关系

如果在创业时能拥有良好的社会关系基础，那么在创业时就会事半功倍，凭借良好的社会关系和人际关系在创业的时候就会得到很多人的帮助。人际关系包括人缘关系、业务关系，甚至还包括办事的渠道、信息的来源等。明智的创业者，在创业之前，如果他已有意于从事某个行业，就会尽力结识这个行业里的知名人士，虚心向这些知名人士或成功人士请教，聆听他们的教诲，讨要他们的名片，把这些作为重要的资源储备起来，以便在将来发挥作用，帮助自己解决许多实际问题。名片册和掌上电脑并不仅仅是一个工具，它里面储存着丰富的社会资源，它是众多成功人士走向成功，叩开成功大门的敲门砖。

二、维护与开发外部资源的方法

（一）与人为善，不轻易树敌

这就是说在与人的交往中你可能会碰到各种类型的人。如何同不喜欢的人建立良好的人际关系呢？首先尽量找不喜欢的人身上的优点，尽量用包容的心态对待他的缺点。但也有可能有些人身上缺点和毛病太多，无论如何也找不出他的优点，或无法包容他的缺点。对待这种人，就要做到喜怒不形于色，做到不当面指责或指出他的毛病，避免和他争吵，不要发生正面冲突。这样做就不至于使这些人成为敌人，为将来的创业制造不必要的麻烦。

（二）多与社会名流建立关系

社会名流都是社会上有影响的人，往往都有他们固定的交际圈，一般人很难进入到他们的圈子里，可以从以下几个方面入手和名流交往，比如在与名流交往前多了解有关名流的资讯，托人引荐，多参加社会公益活动，多出入名流常常出入的场所，这样做，就会有机会结交到这些社会名流。当然在结交这些社会名流时，还得注意给对方留下一个好的印象，千万不要死缠着别人不放，这样做只能得到相反的结果。与这些人交往，要想通过一次的交往就建立良好的关系也是比较难的，应多制造一些机会，通过多次的接触才能建立较为牢固的关系。

（三）多结交成功人士

俗话说近朱者赤，近墨者黑。多结交成功人士，可以从他们身上学到很多有益的东西，如果和这些成功者关系非常好的话，在关键的时候还能得到他们的帮助。

（四）礼多不怪

不管和什么人交往都应注意礼节，这也是储备人际关系时必须掌握的一个原则。如和有身份的人交往这一点可能很容易就能做到，但很多人在交往时却容易步入熟不拘礼的误区。他们认为和朋友讲礼节论客套就好像会伤害朋友的感情。其实，朋友关系也是一种人际关系，而任何人际关系之所以能够存续下去的前提就是相互尊重。礼节和客套虽然繁琐，但却是相互尊重的一种重要的形式。如果离开了这种形式，朋友之间的关系也就难以存续。

尽管存在资源约束，但创业者不能被当前控制或支配的资源所限制，成功的创业者善于利用关键资源的杠杆效应，利用他人或者别的企业的资源来完成自己创业的目的；用一种资源补足另一种资源，产生更高的复合价值；或者利用一种资源撬动和获得其他资源。其实，大公司也不只是一味地积累资源，他们更擅长于资源互换，进行资源结构更新和调整，积累战略性资源，这是创业团队需要学习的经验。

思考与训练

一、思考题

1. 什么是创业团队？创业团队的组成要素有哪些？

2. 创业团队有哪几种类型？怎样组建高效率的创业团队？

二、练一练，做一做

选择一家企业，了解并分析组建这家企业的创业团队的构成及特征，评价每个团队成员在企业中发挥的积极作用。

三、测试题：选择合适的伙伴

许多新企业是由两个或更多的人创建的，所以，创业者选择一位好的合作伙伴（或者是多个合作伙伴）是一项重要的任务。为了作出正确的选择，你需要三个方面的基本信息：清晰的自我评价（在技术、能力、知识等相关方面，你能够为企业带来什么）；清楚描述出你从需要的潜在合作伙伴中想要获得的是什么；准确地评估他人的能力，以便能够知道他们是否具备你所需要的东西。

（1）自我评价。对你自己在以下每一个维度作出等级评价。尽可能地诚实和准确。对于每一个维度，请选择数字 1～5（1=很低　2=低　3=中等　4=高　5=很高），并把它们填写到下面的横线上。

a. 与你新创企业相关的经验___________。

b. 与你新创企业相关的技术知识___________。

c. 人际技能（与人相处、劝说他人等方面的技能）___________。

d. 成就的动机___________。

e. 对新创企业的承诺___________。

f. 适合做一位创业者的个人属性___________。

g. 不适合成为一位创业者的个人属性___________。

（2）你对合作创业者需要的是什么？考虑到第一部分中的等级评价，列出你从合作创业者所需要中获得的是什么。例如：如果你在技术知识方面是低的，你对合作伙伴需要的就是这种知识；如果你在人际技术方面是低的，你就需要在这方面较高的合作伙伴，等等。

a.

b.

c.

d.

e.

f.

（3）你擅长社会感知吗？你能够准确地评价他人呢？为了回答这一问题，请指出下列每一项陈述正确和错误的程度（① 根本不正确；② 不正确；③ 既不正确也不错误；④ 正确；⑤ 十分正确）。

a. 我能够很容易地发现其他人什么时候在说谎。

b. 我能够推测其他人的真实感受，如果他们试图对我隐瞒什么。

c. 我能够识别出他人的弱点。

d. 我是其他人的一位好裁判。

e. 我通常能够通过观察其他人的行为，准确地识别出他们其他的特点。

f. 我能够辨别出人们多数情况下会以什么样的方式来做事。

把你的答案相加。如果你的得分为 20 分或者更高，你可以把自己确认为擅长于社会感知。为了发现这一结论是否准确，可以请你熟悉的人对同样的这些项目作出评价。如果他们的评价与你的相一致，那么就要祝贺你啦！——你不但擅长于评价他人，也擅长于评价自己。

Step 7　办理创业的法律手续

导　入

展飞的创业团队成员已经到位，大家跃跃欲试要在创业中大展身手。现在导师告诉展飞可以办理企业登记了。企业通过向政府相关部门登记注册就意味着企业成为了独立法人，需要履行社会责任和义务，但其正当权益也可以得到政府机构和法律的保护。但面对众多的登记机构与繁杂的手续，展飞却一筹莫展，导师告诉他只要按照特定程序，企业登记并不难。我们就随着展飞一起来看看企业登记的相关手续吧！

学习目标

1. 了解企业各种法律形态，并能分析其特点
2. 熟悉创业企业工商登记手续
3. 熟悉税务登记手续的办理
4. 了解其他相关法律手续的办理方法

7.1　选择企业法律形态

准备开办企业时，要选择恰当的企业法律形态。企业法律形态不同，企业的法律地位和企业投资人的风险责任范围也不同。对中国的小企业来说，最常见的法律形态是个体工商户、个人独资企业、合伙企业和有限责任公司等。选择企业的法律形态时，既要考虑企业规模、业务特点，又要考虑创业者的价值观念。

不同的企业法律形态有不同的要求，从而对企业产生诸多影响，这些影响包括：开办和注册企业的成本、开办企业手续的难易程度、业主的风险责任、寻找合伙人的可能性、企业的决策程序、企业的利润分配。

一、个人独资企业

个人独资企业，是指依照《中华人民共和国个人独资企业法》的规定，在中国境内设立，由一个自然人投资，财产为投资人个人所有，投资人以其个人财产对企业债务承担无限责任的经营实体。

（一）设立个人独资企业应具备的条件

根据法律规定，设立个人独资企业应当具备以下条件：

（1）投资人为一个自然人；

（2）有合法的企业名称；

（3）有投资人申报的出资；

（4）有固定的生产经营场所和必要的生产经营条件；

（5）有必要的从业人员。

（二）个人独资企业的优势

个人独资企业的优势包括：

（1）企业设立、转让和解散等行为手续非常简便；

（2）企业主独资经营，制约因素较少，经营方式灵活性强，能迅速对市场变化作出反应；

（3）收益归企业主所有，不需要进行其他分配；

（4）在技术和经营方面保密性强，易于在激烈的市场竞争中处于有利地位；

（5）有利于个人成就感的满足。

（三）个人独资企业的劣势

个人独资企业的劣势有以下几点：

（1）当企业财产不足以清偿债务时，将依法承担无限责任，因此经营风险较大；

（2）由于个人独资企业的资本有限，且从外部获取资本的限制较多，导致企业的经营规模难以扩大；

（3）一旦企业主发生意外事故，则个人独资企业也将随之不复存在。

二、合伙企业

合伙企业，是指自然人、法人和其他组织依照法律在中国境内设立的普通合伙企业和有限合伙企业。

（一）设立合伙企业应具备的条件

根据法律规定，设立合伙企业应当具备以下条件：

（1）有两个以上合伙人，合伙人为自然人的，应当具有完全民事行为能力；

（2）有书面合伙协议；

（3）有合伙人认缴或者实际缴付的出资；

（4）有合伙企业的名称和生产经营场所；

（5）法律、行政法规规定的其他条件。

（二）合伙企业的优势

合伙企业的优势包括：

（1）由于出资人较多，扩大了资本来源，增强了企业信用能力；

（2）由于出资人具有不同的专长和经验，能够发挥团队作用，有利于企业进行科学管理，从而增强企业的竞争能力；

（3）由于资本实力和管理能力的提高，增强了扩大企业经营规模的可能性。

（三）合伙企业的劣势

合伙企业的劣势包括以下几点：

（1）在合伙企业存续期，如果某一合伙人有意向合伙人以外的人转让其在合伙企业中的全部部分财产份额时，必须经过其他合伙人的一致同意；

(2) 当合伙企业以其财产清偿合伙企业债务时，其不足的部分，由各个合伙人用其在合伙企业出资以外的个人财产承担无限连带清偿责任；

(3) 尽管合伙企业的资本来源以及信用能力与个人独资企业相比有所增强，但融资能力仍然有限，不能充分满足企业扩大生产经营规模的资本需求。

三、公司企业

依照《中华人民共和国公司法》的规定，公司是指依法在中国境内设立的有限责任公司和股份有限公司。

有限责任公司，是指股东以其认缴的出资额为限对公司承担责任，公司以其全部财产对公司的债务承担责任的企业法人。

股份有限公司，是指股东以其认购的股份为限对公司承担责任，公司以其全部财产对公司的债务承担责任的企业法人。

(一) 设立公司企业应具备的条件

1. 有限责任公司的设立条件

根据法律规定，设立有限责任公司应当具备下列条件：

(1) 股东符合法定人数（法律规定应由 50 个以下股东出资设立）；

(2) 股东出资达到法定资本最低限额；

(3) 股东共同制定公司章程；

(4) 有公司名称，建立符合有限责任公司要求的组织机构；

(5) 有公司住所。

导师提示

一人有限责任公司

一人有限责任公司，是指只有一个自然人股东或者一个法人股东的有限责任公司。一人有限责任公司的注册资本最低限额为人民币 10 万元。股东应当一次足额缴纳公司章程规定的出资额；一个自然人只能投资设立一个一人有限责任公司。该一人有限责任公司不能投资设立新的一人有限责任公司。一人有限责任公司应当在公司登记中注明自然人独资或者法人独资，并在公司营业执照中载明。一人有限责任公司章程由股东制定。一人有限责任公司不设股东会。一人有限责任公司应当在每一会计年度终了时编制财务会计报告，并经会计师事务所审计。一人有限责任公司的股东不能证明公司财产独立于股东自己的财产的，应当对公司债务承担连带责任。

2. 股份有限公司的设立条件

根据法律规定，设立股份有限公司，应当有 2 人以上 200 人以下为发起人，其中须有半数以上的发起人在中国境内有住所。

设立股份有限公司应当具备以下条件：

（1）发起人符合法定人数；

（2）发起人认购和募集的股本达到法定资本最低限额；

（3）股份发行、筹办事项符合法律规定；

（4）发起人制订公司章程，采用募集方式设立的须经创立大会通过；

（5）有公司名称，建立符合股份有限公司要求的组织机构；

（6）有公司住所。

（二）公司企业的优势

公司企业的优势包括：

（1）公司的股东只对公司承担有限责任，与个人的其他财产无关，因而股东的风险不大，并且股份有限公司的股东还可以通过自由转让股票而转移风险；

（2）上市公司通过公开发行股票，提高了公司的社会声望，因而公司的融资能力很强；

（3）公司独立存续时间，除非因经营不善导致破产或停业，公司不会因个别股东或高层管理人员的意外或离职而消失；

（4）公司的所有权与经营权相分离，有利于进行科学管理，能够适应竞争激烈的市场环境。

（三）公司企业的劣势

公司企业的劣势包括以下几点：

（1）公司设立的程序比较复杂，创办费用高；

（2）按照相关法律要求，股份有限公司需要定期披露经营信息，公开财务数据，容易造成商业秘密的外泄；

（3）由于公司是从社会吸纳资金，为了保护利益相关者，政府对公司的限制较多，相关的法律法规要求也较为严格。

四、个体工商户

个体工商户是指在法律允许的范围之内，依法经核准登记，生产资料为个人或者家庭所有、以个人或者家庭劳动为主要形式、经营所得由个人或者家庭支配的经营者。

（一）个体工商户的设立

个体工商户是个体工商业经济在法律上的表现。

个体工商户是从事工商业经营的自然人或家庭，自然人从事个体工商业经营必须依法核准登记，个体工商户只能经营法律、政策允许个体经营的行业。

（二）个体工商户的优势

个体工商户的优势包括：

（1）个体工商户可以在银行开设账户，向银行申请贷款，有权申请商标专用权，有权签订劳动合同及聘请帮工、带学徒，还享有起字号、刻印章的权利；

（2）个体工商户业主只需一个人或一个家庭，人数上没有过多限制；

（3）注册资本也无数量限制，开办手续比较简单，经营决策一般不受他人影响。

（三）个体工商户的劣势

个体工商户的劣势有：

根据《民法通则》的规定，个人经营的，应以个人财产承担责任；家庭经营的，应以家庭财产承担责任。也就是说，个体工商户对外要承担无限责任，因此相应的风险也比较大。

各类企业法律形态的特点

	业主数量和注册资本	成立条件	经营特征	利润分配和债务承担
个体工商户	1. 业主是一个人或家庭 2. 无资本数量限制	1. 成立条件简单，业主只要有相应的经营资金和经营场所即可 2. 个体工商户可以起字号	资产属于私人所有，自己既是所有者，又是劳动者和管理者	1. 利润归个人或家庭所有 2. 由个人经营的，以其个人资产对企业的债务承担无限责任 3. 由家庭经营的，以家庭财产承担无限责任
个人独资企业	1. 业主是一个人 2. 无资本数量限制	1. 投资人是一个自然人 2. 有合法的企业名称，有投资人申报的出资，有固定的生产经营场所和必要的生产经营条件 3. 有必要的从业人员	财产为投资人个人所有，业主既是投资者，又是经营管理者	1. 利润归个人所有 2. 投资人以其个人资产对企业债务承担无限责任
合伙企业	1. 业主两个人以上 2. 无资本数量限制	1. 有两个以上的合伙人，并且都依法承担无限责任 2. 有书面合伙协议 3. 有合伙人的实际出资 4. 有合伙企业的名称 5. 有经营场所	依照合伙协议，共同出资，合伙经营，共享收益，共担风险	合伙人按照合伙人协议分配利润，并共同对企业债务承担无限连带责任
有限责任公司	1. 由 2 个以上 50 个以下的股东组成 2. 注册资本因不同经营内容有法定下限	1. 股东符合法定人数 2. 股东出资达到法定资本最低限额 3. 股东共同制定公司章程 4. 有公司名称，建立符合有限责任公司要求的组织机构 5. 有固定的生产经营场所和必要的生产经营条件	公司设立股东会、董事会和监事会，并由董事会聘请职业经理管理公司经营业务	股东按出资比例分配利润，并以出资额为限承担有限责任

导师提示

如何选择创业企业法律形态

对于创业者而言，该如何选择创业企业法律形态呢？青年创业，一人有限责任公司和有限责任公司是较为理想的创业选择形式。首先，青年创业初期普遍存在资金短缺、融资渠道不畅、承担风险能力较弱等问题，而根据新的《公司法》，有限责任公司最低注册资本仅为3万元，这对很多创业者而言，并不是难事；其次，我国尚没有自然人破产制度，有限责任公司的股东以出资额为限对公司的债务承担责任，不像合伙企业那样要承担无限连带责任，因此一人有限责任公司和有限责任公司形式能对创业者起到“保护屏障”的作用；最后，面对未来，任何一个创业者都有可能成为未来成功的企业家，一人公司和有限公司的形式更有利于专业化管理，更有利于把企业做强做大，更能满足青年创业欲望。

7.2 办理工商登记手续

成立一家公司的首要前提是要在所在地区的工商部门进行登记注册。具体的步骤如下：

一、名称预先登记

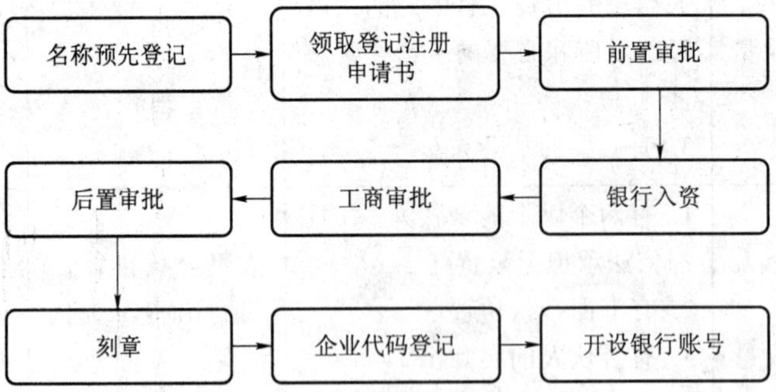

图7-1 工商登记程序图

（一）名称登记应提交的文件、证件

名称登记应提交的文件与证件如下：

（1）负责人签署的登记申请书；

（2）单位的资格证明或股东、发起人的法人资格证明及自然人身份证明；

（3）申请人的身份证明及有关指定委托的证明文件；

（4）法律、法规、规章和政策规定应提交的其他文件、证件。

（二）企业名称的法律要求

企业名称由四个基本要素构成，即行政区划、字号、行业特征、组织形式。例如：

北京（行政区划）顺联（字号）驾驶员培训（行业特征）有限责任公司（组织形式）。

企业名称的规范要求包括：

（1）企业法人必须使用独立的企业名称，不得在企业名称中包含另一个法人名称；

（2）企业名称应当使用符合国家规范的文字，民族自治区地区的企业名称可以使用当地通用的民族文字；

（3）企业名称不得含有外国文字、汉语拼音字母、阿拉伯数字；

（4）企业名称不得含有有损国家利益或社会公共利益、违背社会公共道德、不符合民族宗教习俗的内容；

（5）企业名称不得含有违反公共竞争原则，可能对公众造成误认，可能损害他人利益的内容；

（6）企业名称不得含有法律或行政法规禁止的内容。

（三）注意事项

有以下情况之一的，除填写《名称（变更）预先核准申请书》外，还应当提交相关文件证件：

（1）使用自然人姓名（该自然人应当是企业的投资人或股东）做字号的，应当提交该自然人身份证复印件。但是，所用投资人姓名如与党和国家领导人或老一辈革命家及名人的姓名相同的，不得作为字号使用。

（2）使用商标中的文字作为字号的，应当提交商标所有权人出具的授权文件、商标注册证书以及商标所有权人的资格证明（商标所有权人为经济组织的，需在资格证明上加盖经济组织公章；商标所有权人为自然人的，提交该自然人身份证复印件）。

（3）申请名称中含有著名企业字号、著名高等院校或科研院所通称或简称的，还应当提交所有权人出具的相关授权文件，未经授权不得登记注册。

（4）在同一行业内申请使用相同字号的应当由字号所有权人出具授权（许可）文件以及加盖其印章的执照复印件，授权（许可）的名称不得对公众造成欺骗或引起误解。

（5）名称中使用“××商务中心区”字词的，应当取得相应的商务中心区管理委员会的批准。

导师提示

如何给公司起个好名字

若想求得一个让人拍案叫绝的好名字，必须掌握以下四个要素：

1. 形象

配合营业内容，塑造企业形象。若卖的是地方小吃，不妨乡土朴拙一些，如天津的“狗不理”包子、广州的“新荔枝湾”酒家；西餐厅命名讲求的是浪漫优雅，如“绿岛”、“蒙地卡罗”；精品店则强调精致时髦，甚至可以加入英文字样等。

2. 利益

价值点、利益点附加愈多，愈能刺激商品销路。例如米饼取名“旺旺”、儿童食品取名“喜之郎”，而许多餐厅、酒楼命名均抓准了“喜事、幸福”点，取个好名字讨个吉利和喜庆，即是显例。如“幸运楼”、“喜运来”、“鸿福”、“大宏图”等，就连卡拉OK夜总会也起名叫“钱柜”。

3. 易记

一些口语化的谐音，不妨多加利用，如榭榭——谢谢、巴黎站前——包你赚钱，或者易生联想的店名，如川菜馆最爱用峨眉、重庆为名，明白好记。再有如“JJ的士高”、“D&D夜总会”等。

4. 节奏

念起来顺口好听，富节奏感，这也是令人印象深刻的必备条件，这样的名字非常有亲和力。如“新大新百货公司”、“白天鹅宾馆”、“健力宝饮料”等。

二、领取登记注册申请书

企业名称登记经批准合格后，领取《企业名称预先核准通知书》，同时领取《企业设立登记申请书》等有关表格。

导师提示

经营范围参考

1. 服务型企业经营范围参考

（1）服务类：电脑图文设计制作、企业形象策划、展览展示服务、市场调研、摄影服务、资料翻译服务、礼仪服务、赛事活动策划、公关活动策划、快递服务、室内保洁服务、婚庆礼仪服务、餐饮管理、其他居民服务、市政工程配套服务（房地产开发、物业管理1年期）等。

（2）咨询类：房产咨询、商务咨询、旅游咨询、财务咨询、理财咨询、劳务咨询、投资管理咨询、企业管理咨询、企业营销咨询、人力资源咨询等。

（3）安装维修类：电器安装、制冷设备安装、水电安装、机电设备安装、网络布线、电脑安装维修等。

（4）工程、设计类：建筑工程、市政工程、绿化工程、园林工程、室内装潢、建筑设计、景观设计、室内设计等。

（5）科技类：技术开发、技术转让、技术咨询、技术服务等。

2. 商贸型企业经营范围参考

（1）百货（日用百货、服装服饰、皮革制品、鞋帽、洗涤用品、化妆品、护肤用品、摄影器材、玩具、音响设备及器材）。

（2）文化办公用品（纸制品）。

（3）包装材料。

（4）工艺品（工艺礼品、金银首饰）。

（5）化工原料及产品（除危险品）。

（6）五金交电（家用电器、自行车、钢丝绳、阀门、管道配件、轴承、电线电缆）。

（7）电子产品、通讯器材（除卫星天线）、通信设备、通讯设备（除卫星天线）、仪器仪表。

（8）机电设备及配件（电动工具、制冷设备、压缩机及配件、工量刀具）、机械设备及配件。

（9）计算机软硬件及配件。

（10）食品（包装食品、速冻食品、糖果、饮料、糕点、水果、水产、南北干货、土特产、粮油制品、炒货、奶制品、调味品、保健食品、肉制品、植物油、茶叶、食用香料、食品添加剂、酒）。

（11）塑料制品（橡胶制品、塑料制品）、金属制品。

（12）建筑材料（金属材料、钢材、石材、黄沙、木材）。

（13）装潢材料（水暖器材、卫生洁具、陶瓷制品）。

（14）酒店设备。

（15）家具（办公家具、其他家具用品）。

3. 生产加工型企业经营范围参考

机械设备及配件生产加工、服装服饰加工、鞋帽加工、床上用品生产加工、纸制品加工、木制品加工、电子元器件生产加工、竹木加工、金属门窗加工、五金加工、塑料制品切割、冲压加工、混凝土加工。

三、前置审批

前置审批是指一些特殊的行业企业在办理营业执照前需要先去相关行政管理部门进行审批。这些企业创业之前可在查完公司名称后去有关部门审批，审批完后再办理工商营业执照。

导师提示

需要前置审批的经营范围

1. 医疗器械销售、生产（一类医疗器械除外）（区药监局）、药品（区药监局、卫生局）

2. 图书报刊、报刊出版物零售、印刷（区文化管理所、市新闻出版局）

3. 音像制品销售（区文化管理所）

4. 酒类批发（区酒类专卖局）

5. 食品（区卫生局）

6. 医疗结构设立（区卫生局）

7. 烟销售（烟草专卖局）

8. 餐饮（区环保局、区卫生局、区消防处）

9. 旅馆、客房（区公安局、区消防处、区卫生局）

10. 塑料制品、水性涂料生产加工（区环保局）

11. 道路运输、水陆运输（交通局）

12. 汽车、摩托车维修（市交委维修管理处）
13. 人才中介（区人事局）
14. 劳务服务（区劳动局）
15. 废旧金属收购（区公安局、区环保局）
16. 成品油经营、储存（市经委、公安局）
17. 加工、销售、回收金银（市人行金融处）
18. 文物经营（文物管理委员会）
19. 经营性舞厅（市文化局、卫生局、公安局、消防处）
20. 国画书法（市文化局）
21. 咖啡馆、酒馆（卫生部门、公安局、市酒类专卖局）
22. 报关业务（海关总署）
23. 水泥生产（市建委）
24. 航空运输销售代理业务（民航管理局）
25. 化妆品生产（市卫生局）
26. 工程承包（市建设委员会）

四、银行入资

注册资金货币投入分为现金和转账两种。

（1）投入现金的，必须持现钞缴入银行柜台，银行收妥钱款后，在缴款单回单联盖章，交客户到验资机构办理验资证明。

（2）转账投入的，支票收款人栏填新成立公司名称，支票背书和进账单加盖付款单位印鉴，并注明“委托付款”。银行收妥款项后，在进账单回单联上加盖“转讫章”，交客户到验资机构办理验资。

导师提示

注册资金金额限定

1. 有限责任公司

股东出资应达到法定资本最低限额：以生产经营为主的公司需50万元人民币以上；以商品批发为主的公司需50万元人民币以上；以商品零售为主的公司需30万元人民币以上；科技开发、咨询、服务公司需10万元人民币以上。

2. 个体工商户

申请人必须具备与经营项目相应的资金、经营场地、经营能力及业务技术。对注册资金实行申报制，没有最低限额。

3. 私营独资企业

对注册资金实行申报制，没有最低限额。

4. 私营合伙企业

对注册资金实行申报制，没有最低限额。

注意：合伙人可以用货币、实物、土地使用权、知识产权或者其他财产权利出资；上述出资应当是合伙人的合法财产及财产权利。

验资资金一旦投入，必须在办好营业执照后才能转账。客户凭原银行回单，营业执照复印件办理转账，并提供开户银行名称、账号办理转账。

五、工商审批

申报材料如下：

（1）经营单位开业登记申请书；

（2）经营资金数额证明；

（3）经营单位负责人任职文件和身份证明；

（4）经营场所使用证明，主办单位的法人资格证明；

（5）企业法人异地增设分支机构的，还应提交工商行政管理机关出具的异地增设分支机构转函；

（6）有关行业还需提交有关部门批准证明。

导师提示

选择经营场所需要注意的问题

1. 申请登记的经营场所为住宅、别墅、公寓的，登记机关不予登记注册。

申请人使用有关政府职能部门出具文件予以明确的违法建设地区、土地征用地区、拆迁地区和各区县政府明确不予登记地区的平房办理登记注册的，登记机关不予登记注册。使用住宅楼底层规划为商业用途的房屋申请登记从事餐饮服务、歌舞娱乐、提供互联网上网服务场所、生产加工、制造、住宿的，登记机关不予登记注册。

2. 申请登记的经营场所取得《房屋所有权证》的，提交由产权单位盖章或产权人签字的《房屋所有权证》复印件。

3. 申请登记的经营场所未取得《房屋所有权证》的，分别按不同情况出具以下证明：

（1）提交房屋主管部门或当地政府出具的房屋所有权归属及其《房屋所有权证》正在办理的证明文件。

（2）房屋为新购置的商品房的，提交由购房人签字或购房单位盖章的购房合同复印件及购房发票复印件，加盖房地产开发商公章的商品房预售许可证复印件。

（3）房屋为租赁的商品房，或开发商以所开发的商品房自用作为经营场所，提交开发商的房屋预售许可证及营业执照的复印件。

（4）房屋为自建房的，提交建委盖章的竣工验收备案表复印件。

（5）房屋位于科技园区（开发区）内的，由所在区县政府或其授权的部门出具房屋权属证明文件。

（6）使用中共中央各直属机构的房屋作为经营场所的，由中央各直属机构的房屋管理部门出具房屋使用证明，同时证明该用房不属于住宅类。

（7）使用国务院各部委的房屋作为经营场所的，由国务院机关事务管理局的房屋管理部门出具房屋使用证明，同时证明该用房不属于住宅类。

（8）使用中央企业的房屋作为经营场所的，由该企业的房屋管理部门出具房屋使用证明，同时证明该用房不属于住宅类。

（9）使用铁路系统的房屋作为经营场所的，由铁路局的房屋管理部门出具其房屋使用证明，同时证明该用房不属于住宅类。

（10）使用中、小学校的非教学用房作为经营场所的，由所在区县教委出具同意经营的意见。

4. 房屋提供者为经登记机关核准具有出租房屋经营权的企业，提交加盖公章的营业执照复印件及房产证明复印件。

5. 使用宾馆、招待所、饭店（酒店）作为经营场所的，提交加盖其公章的营业执照复印件。

6. 使用人防工程作为经营场所的，提交人防行政主管部门审查同意的《使用人防工程申报表》以及消防部门同意使用的证明文件的复印件。

7. 产权为军队房产的，应提交加盖中国人民解放军房地产管理局专用章的“军队房地产租赁许可证”复印件。

六、后置审批

后置审批是在办理营业执照后需要再去审批的项目，是指在办理工商营业执照后再去有关部门审批，审批完后才可以正式展开经营活动。建筑工程类资质一般都属于后置审批。

七、刻章

新开办企业第一次刻章，凭工商局的证明，到当地公安部门办理刻章手续，再凭公安部门的证明到其指定刻章部刻制单位公章、业务专用章、合同章、财务专用章，并在刻章部预留印签。以后企业印章可能存在磨损，仍然要到工商局办手续，向工商局递交换章申请，再去公安局办理有关手续，再次凭公安部门的手续到刻章部办理以旧换新的手续。

八、企业代码登记

申请企业组织机构代码证书应提交的文本如下：

（1）企业营业执照原件（正本、副本均可）；

（2）企业营业执照复印本（正本、副本均可）；

（3）法定代表人（负责人）和经办人身份证复印件；

（4）申报表需加盖印章。

九、开设银行账号

（一）银行开户的基本种类

1. 基本存款账户

基本存款账户是企事业单位的主要存款账户，该账户主要办理日常转账结算和现金收付，存款单位的工资、奖金等现金的支取只能通过该账户办理。基本存款账户的开立须报当地人民银行审批并核发开户许可证，许可证正本由存款单位留存，副本交开户行留存。企事业单位只能选择一家商业银行的一个营业机构开立一个基本存款账户。

2. 一般存款账户

一般存款账户是企事业单位在基本账户以外的银行因借款开立的账户，该账户只能办理转账结算和现金的缴存，不能支取现金。

3. 临时存款账户

临时存款账户是外来临时机构或个体经济户因临时经营活动需要开立的账户，该账户可办理转账结算和符合国家现金管理期定的现金收付。

4. 专用存款账户

专用存款账户是企事业单位因基本建设、更新改造或办理信托、政策性房地产开发、信用卡等特定用途需要开立的账户，该账户支取现金时必须报当地人民银行审批。

（二）银行开户手续的办理

1. 开立基本存款账户应出具下列文件之一

（1）当地工商行政管理机关核发的企业法人执照或营业执照正本；

（2）中央或地方编制委员会、人事、民政等部门的批文；

（3）军队军以上、武警总队财务部门的开户证明；

（4）单位对附设机构同意开户的证明；

（5）驻地有权部门对外地常设机构的批文；

（6）承包双方签订的承包协议；

（7）个人的居民身份证和户口簿。

2. 开立一般存款账户应出具下列文件之一

（1）借款合同或借款借据；

（2）基本存款账户的存款人同意其独立核算单位开户的证明。

3. 开立临时存款户应出具下列文件之一

（1）当地工商行政管理机关核发的临时执照；

（2）当地有关部门同意设立外来临时机构的批件。

4. 开立专用存款账户应出具下列文件之一

（1）有关部门批准立项的文件；

（2）国家有关规定文件。

7.3 办理税务开业登记手续

一、税务登记概述

（一）税务登记受理范围

（1）企业以及企业在外地设立的分支机构和从事生产、经营的场所，个体工商户和从事生产、经营的事业单位，均应当依法办理税务登记；

（2）企业以及企业在外地设立的分支机构和从事生产、经营的场所，个体工商户和从事生产、经营的事业单位（以下统称从事生产、经营的纳税人），向生产、经营所在地税务机关申报办理税务登记；

（3）从事生产、经营的纳税人领取工商营业执照（含临时工商营业执照）的，应当自领取工商营业执照之日起30日内申报办理税务登记，税务机关核发税务登记证及副本（纳税人领取临时工商营业执照的，税务机关核发临时税务登记证及副本）；

（4）从事生产、经营的纳税人未办理工商营业执照但经有关部门批准设立的，应当自有关部门批准设立之日起 30 日内申报办理税务登记，税务机关核发税务登记证及副本；

（5）从事生产、经营的纳税人未办理工商营业执照也未经有关部门批准设立的，应当自纳税义务发生之日起30日内申报办理税务登记，税务机关核发临时税务登记证及副本；

（6）有独立的生产经营权、在财务上独立核算并定期向发包人或者出租人上交承包费或租金的承包承租人，应当自承包、承租合同签订之日起30日内，向其承包、承租业务发生地税务机关申报办理税务登记，税务机关核发临时税务登记证及副本；

（7）从事生产、经营的纳税人外出经营，自其在同一县（市）实际经营或提供劳务之日起，在连续的12个月内累计超过180天的，应当自期满之日起30日内，向生产、经营所在地税务机关申报办理税务登记，税务机关核发临时税务登记证及副本；

（8）境外企业在中国境内承包建筑、安装、装配、勘探工程和提供劳务的，应当自项目合同或协议签订之日起30日内，向项目所在地税务机关申报办理税务登记，税务机关核发临时税务登记证及副本。

（二）税务登记的种类

税务登记分为开业登记，变更登记，外出经营报验登记，停、复业登记，注销登记等，这里主要讲述税务开业登记。

（三）税务登记证的主要内容

税务登记证件应当载明：纳税人名称、统一代码、法定代表人或负责人、详细地址、经济性质或经济类型、经营方式、经营范围（主营、兼营）、经营期限和证件有效期限等。

（四）纳税人识别号

企业、事业单位等组织机构的纳税人，以国家技术监督局编制的9位码并在前面加挂6位行政区划码共15位码作为其纳税人识别号。

个体工商户和其他缴纳个人所得税的中国公民，以公安部编制的居民身份证15位码作为其纳税人识别号。

（五）税务登记证的使用

纳税人办理下列事项时必须持税务登记证件：申请减税、免税、退税；领购发票；外出经营活动税收管理证明等税务事项。

纳税人应当将税务登记证件张挂在其生产、经营场所内明显、易见处，亮证经营。税务登记证件不得转借、涂改、毁损、买卖或者伪造。遗失税务登记证件者，应当及时报告主管税务机关，并申请补办。

（六）登记核查

税务机关对已核发的税务登记证件实行定期验证和换证制度。纳税人应当在规定的期限内到税务机关办理验证或者换证手续。

税务登记证件每年验审一次，审查、核对税务登记证件和税务登记表的内容与纳税人的实际生产经营情况是否一致，有条件的地方，可与工商行政管理等部门实行联合检查验审。外商投资企业按照有关规定实行联合年检。验审合格的，税务机关应当在纳税人的税务登记证件上加盖或加贴验证标识。验证标识由国家税务总局统一制发，具体验证时间由各省、自治区、直辖市的税务局规定。

税务登记证件每3年更换一次，新税务登记证件式样由国家税务总局统一制发，具体换证时间由国家税务总局确定。

二、税务登记资料要求

纳税人在申报办理税务登记时，应当根据不同情况向税务机关如实提供以下证件和资料：

1. 单位纳税人

（1）《税务登记表》（适用单位纳税人）1份（联合办证需提供2份）；

（2）《房屋、土地、车船情况登记表》1份（联合办证需提供2份）；

（3）工商营业执照或其他核准执业证件原件及复印件；

（4）生产、经营地址证明（产权证、租赁协议）原件及其复印件，如为自有房产需提供产权证或买卖契约等合法的产权证明原件及其复印件，如为租赁的场所需提供租赁协议原件及其复印件，出租人为自然人的还须提供产权证明的复印件；

（5）注册地址原件及其复印件；如生产、经营地址与注册地址不一致，分别提供相应证明；

（6）验资报告或评估报告原件及其复印件；

（7）组织机构统一代码证书副本原件及复印件；

（8）有关合同、章程、协议书复印件；

（9）法定代表人（负责人）居民身份证、护照或其他证明身份的合法证件原件及其复印件；

（10）纳税人跨县（市）设立的分支机构办理税务登记时，还须提供总机构的税务登记证（国、地税）副本复印件；

（11）改组改制企业还须提供有关改组改制的批文原件及其复印件；

（12）房屋产权证、土地使用证、机动车行驶证等证件的复印件；

（13）汽油、柴油消费税纳税人还需提供企业基本情况表，生产装置及工艺路线的简要说明，企业生产的所有油品名称、产品标准及用途；

（14）外商投资企业还需提供商务部门批复设立证书原件及复印件。

2. 个体经营

（1）《税务登记表（适用个体经营）》1份（联合办证需提供2份）；

（2）《房屋、土地、车船情况登记表》1份（联合办证需提供2份）；

（3）工商营业执照或其他核准执业证件原件及复印件；

（4）业主身份证原件及其复印件；

（5）负责人居民身份证、护照或其他证明身份的合法证件原件及其复印件（个人合伙企业）；

（6）房产证明（产权证、租赁协议）原件及其复印件，如为自有房产需提供产权证或买卖契约等合法的产权证明原件及其复印件，如为租赁的场所需提供租赁协议原件及其复印件，出租人为自然人的还须提供产权证明的复印件；

（7）组织机构代码证书副本原件及复印件（个体加油站、个人合伙企业及已办理组织机构代码证的个体工商户）。

3. 临时纳税人

（1）《税务登记表》（适用临时税务登记纳税人）1份（联合办证需提供2份）；

（2）法定代表人（负责人）居民身份证、护照或其他证明身份的合法证件原件及其复印件；

（3）项目合同或协议及其复印件；

（4）工商营业执照或其他核准执业证件的复印件。

三、登记办理

税务人员审核纳税人提报表格和证件的合法有效性和正确性；对符合条件的录入微机制证；对不符合条件的，告知纳税人有关事项进行修改补充。主管税务机关对纳税人提交的报告、文件、证件审核后予以登记，凡属从事生产、经营的固定工商业户（包括国营、集体、个体等）发给税务登记证。对办理税务登记的其他纳税人，一般不发给税务登记证。如确需发证的，可由省、自治区、直辖市税务局根据情况自行列举。对不需发证的纳税人，也可根据需要核发临时税务登记证或简易税务登记卡。税务机关核发和换发税务登记证（卡）时，纳税人［领证（卡）的人］应缴纳工本费。纳税人遗失税务登记证（卡）的，应及时向主管税务机关书面报告情况，提交有关证件，申请补发新证（卡）。经税务机关核实情况后予以补发，并收取工本管理费。

导师提示

一般纳税人资格认定

1. 从事货物生产或提供应税劳务的纳税人，以及以从事货物生产或提供应税劳务为主，并兼营货物批发或零售的纳税人，年应征增值税销售额（以下简称应税销售额）在100万元以上的。

2. 从事货物批发或零售的纳税人，年应税销售额在180万元以上的。新办小型商贸企业须在办理税务登记之日起，一年内实际销售额达到180万元，方可申请一般纳税人资格认定。对设有固定经营场所和拥有货物实物的新办商贸零售企业以及注册资金在500万元以上、人员在50人以上的新办大中型商贸企业在进行税务登记时，即提出一般纳税人资格认定申请的，可认定为一般纳税人。

3. 纳税人财务核算健全，能按要求准确核算销项税额、进项税额和应纳税额的。

四、发放证件

税务人员打印证件加盖公章，收取工本费，告知纳税人购买发票、纳税申报等事宜。

五、领购发票

依法办理税务登记的单位和个人，在领取税务登记证件后，向主管税务机关申请领购发票。申请领购发票的单位和个人应当提出购票申请，提供经办人身份证明、税务登记证件或者其他有关证明，以及财务印章或者发票专用章的印模，经主管税务机关审核及行政许可后，发给发票领购簿。领购发票的单位和个人应当凭发票领购簿核准的种类、数量以及购票方式，向主管税务机关领购发票，发票发售实行验旧售新制度。

导师提示

几种发票违规行为

1. 未按规定开具发票的行为

下列行为属于未按规定开具发票的行为：（1）应开具而未开具发票；（2）单联填开或上下联金额、增值税销项税额等内容不一致；（3）填写项目不齐全；（4）涂改发票；（5）转借、转让、代开发票；（6）未经批准拆本使用发票；（7）虚构经营业务活动，虚开发票；（8）开具票物不符发票；（9）开具作废发票；（10）未经批准，跨规定的使用区域开具发票；（11）以其他单据或白条代替发票开具；（12）扩大专业发票或增值税专用发票开具范围；（13）未按规定报告发票使用情况；（14）未按规定设置发票登记簿；（15）其他未按规定开具发票的行为。

2. 未按规定保管发票的行为

下列行为属于未按规定保管发票的行为：（1）丢失发票；（2）损（撕）毁发票；（3）丢失或擅自销毁发票存根联以及发票登记簿；（4）未按规定缴销发票；（5）印制发

票的企业和生产发票防伪专用品的企业丢失发票或发票监制章及发票防伪专用品等；（6）未按规定建立发票保管制度；（7）其他未按规定保管发票的行为。

六、纳税申报

增值税应于次月10日内到税务局办税厅申报。附报资料有：增值税纳税申报表及附列资料；发票领用存月报表；分支机构销售明细表及税务机关规定应当报送的其他有关证件、资料。实行网点申报的小规模纳税人于次月10日内带申报表到指定银行申报。

企业所得税实行“按月或季预缴，年终汇算清缴”办法，于次月或季15日内到税务局申报。附报资料有：财务会计报表及其说明资料；与纳税有关的合同、协议书及有关证明文件；所得税申报表及附表，税务机关规定应当报送的其他有关证件、资料。

纳税申报有困难的，填报延期申报审批表，经税局审批后可延期缴纳。

导师提示

有限责任公司应当交哪些税费

1. 从事生产、销售、修理修配的企业一般要交增值税，增值税的纳税人分为增值税一般纳税人和小规模纳税人。一般纳税人是指工业年收入能达到100万，商业年收入能达到180万的企业，一般纳税人的税率是17%，可以抵扣购进货物的进项税金；小规模工业企业的增值税税率为6%，商业为4%。增值税在国税申报缴纳。

2. 从事提供应税劳务（餐饮、服务、广告、运输、咨询等等）、转让无形资产或销售不动产的企业要缴纳营业税。营业税的税率根据行业不同，从3%到5%，个别的行业20%，如网吧等。营业税在地税缴纳。

3. 企业所得税：是针对企业利润征收的一种税，基本税率是33%，另有两档优惠税率18%、27%。应纳税所得额（即税务机关认可的利润）在10万以上为33%的税率，3万以下为18%税率，3至10万为27%。企业所得税有两种征收方式：核定征收与查账征收。查账征收是根据企业申报的收入减去相关的成本、费用算出利润后，再根据利润多少乘以相应的税率，算出应纳税金。核定征收就是不考虑成本费用，税务机关直接用收入乘以一个固定比率（根据行业不同），得出的数就作为利润，然后再根据利润多少，乘以相应税率。核定征收一般适合核算不健全的小型企业。2002年1月1日以后成立的企业，企业所得税在国税缴纳。（个人独资企业不缴纳企业所得税，而是在地税缴纳个人所得税）。

4. 此外，企业还应交纳一些附加税和小税种。城建税和教育费附加是增值税和营业税的附加税，只要交纳了后者就要用交纳数作为基数乘以相应税率缴纳附加税。城建税根据企业所在地区不同，税率分为7%（市区）、5%（县城镇）、1%（其他），教育费附加税率是3%。小税种包括印花税、房产税等，此外还要代扣员工的个人所得税等。这些附加税和小税种都是在地税交纳。

七、缴纳税款

（一）转账缴纳

纳税人到税务机关指定的开户银行提前存入够纳税款的存款。次月10日内带申报表及其他资料、办税磁卡到办税服务厅办理纳税手续（小规模纳税人到指定银行办理）。

（二）现金缴纳

纳税人于次月10日内带申报表、有关纳税资料、办税磁卡及现金到税务机关办理纳税手续。

导师提示

新创企业如何合理避税

1. 中外合资

外商投资企业的减低优惠税率幅度较大，分别为15%、24%两档，主要是体现地区性和产业性的政策倾斜；减免税优惠适用范围较宽，税期限长，一般都在5年或5年以上。另外，外商投资企业比内资企业适用税种少，一般适用6种税。

2. 选择行业

为了鼓励一些产业发展，国家对鼓励发展的行业中的企业实行税收优惠的政策。如高新技术产业、节能产业等等。高新技术开发区的高新技术企业减按15%的税率征收所得税；新办的高新技术企业从投产年度起免征所得税2年；利用“三废”作为主要原料的企业可在5年内减征或免征所得税。

3. 雇佣员工

雇佣下岗工人、残疾人和复员军人的企业，如果人数达到一定的比例可以减免税。

4. 创业者身份

残疾人、复员军人或下岗工人创业可以享受减免税收的优惠政策。按规定，如果士兵退役后自谋职业，自领取税务登记之日起，可获得多至3年的免征营业税优惠。

5. 转移定价

转移定价法是指在经济活动中有关联的企业双方为了分摊利润或转移利润而在产品交换和买卖过程中，不是按照市场公平价格，而是根据企业间的共同利益而进行产品定价的方法。采用这种定价方法，产品的转让价格可以高于或低于市场公平价格，以达到少纳税或不纳税的目的。

6. 分摊费用

企业生产经营过程中发生的各项费用要按一定的方法摊入成本。费用分摊就是指企业在保证费用必要支出的前提下，想方设法从账目找到平衡，使费用摊入成本时尽可能地最大摊入，从而实现最大限度的避税。

7. 资产租赁

租赁是指出租人以收取租金为条件，在契约或合同规定的期限内，将资产租借给承租人使用的一种经济行为。从承租人来说，租赁可以避免企业购买机器设备的负担和免遭设备陈旧过时的风险，由于租金从税前利润中扣减，可冲减利润而达到避税。

八、注册完成后应交付的证照清单

（1）营业执照正本；
（2）营业执照副本；
（3）企业信息 IC 卡一张；
（4）组织机构代码证正本；
（5）组织机构代码证副本；
（6）组织机构代码 IC 卡一张；
（7）税务登记证正本；
（8）税务登记证副本；
（9）公章、财务专用章、法人章各一枚。

7.4 了解企业相关法律法规

创办创业需要了解的法律法规主要包括公司法、知识产权保护法、劳动法、合同法及其他相关法律法规。

一、公司法

对于创业而言，公司法是一部十分重要的法律。公司法规定了企业的法律形式，企业创建的条件和程序、股东职权等。创业者必须熟悉公司法，重点了解企业的法律形式、不同形式的企业创办的条件、企业创办的程序、股东和董事会的职权等（具体内容见附录）。随着经济的发展，公司法也不断修改调整。现在实施的新《公司法》是十届全国人大常委会第十八次会议在 2005 年 10 月 27 日表决通过的，修改的条款有 120 多条，修改或增加的内容达 400 余处。下面列举一些与创办企业密切相关的修改内容，并加以比较分析。

（一）降低企业注册门槛

新法规定，企业注册可以采用折中授权资本制（法定资本分期认缴制），降低了成立公司的最低注册资本金。

1. 有限责任公司

新法第 26 条规定，有限责任公司的最低注册资本为 3 万元，并不再区分不同行业。首次缴纳不低于注册资本 20%和法定最低注册资本额，须两年内缴足；投资公司 5 年内缴足；一人公司为 10 万元，并不得分期缴纳。

2. 股份有限公司

新法第 81 条规定，股份有限公司最低注册资本调整为 500 万元，对于上市公司没有作修改，注册资本金仍为 3 000 万元。首次缴纳 20%，两年内缴足，投资公司 5 年内缴足。

新法中企业可以采用分期认缴注册资本，降低了注册资本金，也就降低了创业门槛，有利于草根创业者白手起家创业。

（二）出资方式多元化

（1）新法第 27 条规定：股东可以用货币、实物、知识产权、土地使用权等可以用货币估价并可以依法转让的非货币财产作价出资，但法律、行政法规规定不得作为出资的财产除外。

（2）新法第 83 条规定，股份有限公司的出资方式适用有限责任公司的出资方式的规定。

这就改变了旧法中只能采用五种出资形式的单调模式，有利于创业者解决出资额不足的问题，有利于企业的建立。

（三）违反资本充实原则的民事责任问题

（1）有限责任公司注册时出现股东非货币出资不实的情况时，旧法规定了出资差额填补和公司设立时的其他股东连带认缴制度，新法则将该两项制度增加规定到股份有限公司的资本制度中。此外，增加规定股东不按规定缴纳出资的，应当向已足额缴纳出资的股东承担违约责任。

（2）新法第 31 条、第 94 条规定，有限责任公司、股份有限公司成立后，发现作为出资的非货币财产的实际价额显著低于公司章程所定价额的，应当由交付该出资的股东或发起人补足其差额。

（3）新法第 31 条、第 94 条规定，股份有限公司成立后发现非货币财产出资显著低于公司章程确定的价额的，公司设立时的其他股东承担连带责任。

（4）新法第 28 条规定，股东未缴纳出资的，除应当向公司足额缴纳外，还应当向已按期足额缴纳出资股东承担违约责任。

（5）新法第 29 条和第 32 条的规定，有限责任公司设立时的股东对货币出资的股东无需承担连带责任，对非货币出资的，要承担连带认缴责任。股份有限责任公司的发起人，无论是货币出资还是非货币出资，均承担连带认缴责任。对于承担连带认缴责任的，意味着要对公司债权人承担连带补充赔偿责任。

创业者在企业注册时需要明确股东的责任，最大限度地保护自己的利益。

（四）增加了一人有限责任公司

（1）新法增加规定允许一个自然人或者一个法人设立有限责任公司，取消了设立有限责任公司最低人数限制。

（2）新法在第三节对一人有限责任公司作出特别规定，股东出资额最低限额为 10 万元，一次缴足，一个自然人只能设立一个一人有限责任公司，一人公司不能再设立一人公司。在公司登记注册中应注明为自然人或法人独资公司，每一年度应当经会计师事务所审计，如果股东不能证明公司财产独立于股东自己的财产的，应当对公司债务承担连带责任。

（3）允许设立一人有限责任公司，降低了创业门槛，有利于普通百姓创业，有利于个体化创业。

（五）明确有限责任公司股权转让问题

新法第 72 条、73 条的规定相对于旧法来说，在几个方面进行了修改和增加：第一，明确公司章程可以约定股权转让的问题。第二，将转让“出资”修改为转让“股权”。第三，股东之间自由转让股权，股东向股东以外的人转让时应当履行其他股东同意转让和保障优先购买程序，具体应把握以下环节：通知与答复程序，以书面通知的方式征求其他股东意见，其他股东答复时间为30日；未答复和答复后不实际购买的股东视为同意转让，同意转让的股东应当超过半数；规定优先购买权的行使方式为，同等条件下公司股东有优先购买权，公司股东同时要求购买且协商不成的，按出资比例购买。第四，在人民法院的强制执行程序中保障股东的优先购买权。

在股权转让问题上，创业者需要严格遵循新《公司法》的规定，避免引起股权纠纷。

二、知识产权法

知识产权法是指由国家制定或认可的，调整知识产权人在创造、使用或转让其作品、专利、商标等智力成果过程中所产生的各种社会关系的法律规范的总称。知识产权有广义和狭义之分，这里我们将知识产权定义为狭义，包括专利权、商标权、著作权三个主要组成部分。

（一）专利权

专利权，指专利权人对发明创造享有的专利权，即国家依法在一定时期内授予发明创造者或者其权利继受者独占使用其发明创造的权利。专利权是一种专有权，这种权利具有独占的排他性。非专利权人要想使用他人的专利技术，必须依法征得专利权人的授权或许可。

专利申请分为发明、实用新型和外观设计三种类型。针对产品、方法或者改进所提出的新的技术方案，可以申请发明专利；针对产品的形状、构造或者其结合所提出的适于实用的新的技术方案，可以申请实用新型专利；针对产品的形状、图案或者其结合以及色彩与形状、图案的结合所作出的富有美感并适于工业应用的新设计，可以申请外观设计专利。

公民的专利权受《中华人民共和国专利法》和2001年7月1日实施的《中华人民共和国专利法实施细则》保护。

创业者需要注意的是，专利权是法律授予的权利，专利发明者要对自己的发明创造应及时申请专利，得到法律的保护。专利权受到侵犯时，可以依法提起诉讼，要求侵害方予以赔偿。另外，对于技术类项目，风险投资者很看重技术的专利保护。

导师提示

如何申请专利

办理专利申请应当提交必要的申请文件，并按规定缴纳费用。专利申请必须采用书面形式或者电子申请的形式办理，只有书面文件才具有法律效力。

申请发明专利的，申请文件应当包括：发明专利请求书、说明书（必要时应当有附图）、权利要求书、摘要及其附图，各一式两份。

申请实用新型专利的，申请文件应当包括：实用新型专利请求书、说明书、说明书附图、权利要求书、摘要及其附图，各一式两份。

申请外观设计专利的，申请文件应当包括：外观设计专利请求书、图片或者照片，各一式两份。要求保护色彩的，还应当提交彩色图片或者照片一式两份。提交图片的，两份均应为图片，提交照片的，两份均应为照片，不得将图片或照片混用。如对图片或照片需要说明的，应当提交外观设计简要说明，一式两份。

申请人申请专利时，应当将申请文件直接提交或寄交到国家知识产权局专利局受理处，也可以提交或寄交到国家知识产权局设立的专利代办处，目前在北京、沈阳、济南、长沙、成都、南京、上海、广州、西安、武汉、郑州、天津、石家庄、哈尔滨、长春设立了国家知识产权局专利代办处。国防专利分局专门受理国防专利申请。

（二）商标权

商标，是指能将自己的商品（含服务）与他人的商品（含服务）区别开的可视性标志（包括文字、图形、字母、数字、三维标志和颜色组合以及上述要素的组合）。

商标可以是文字、字母和数字或它们的组合。构成商标的可以是图形、颜色、符号、立体标记（例如商品的形状和包装）、有声标志（例如音乐声或声音），也可以是香味或有区别特征的颜色。企业在注册商标的时候不光只注册图案，还可以是文字、数字和他们的组合。商标分为注册商标和未注册商标，注册商标具有排他性、独占性、惟一性等特点，属于注册商标所有人所独占，受法律保护，任何企业或个人未经注册商标所有权人许可或授权，均不可自行使用，否则将承担侵权责任。注册商标的标记用圆圈®。未注册商标的不受法律保护，常打上“TM”符号，即标注 TM 的文字、图形或符号是商标。企业在商标上打上“TM”符号，可以取得商标注册的优先权。

商标权是商标专用权的简称，是指商标注册人依法支配其注册商标并禁止他人侵害的权利，包括商标注册人对其注册商标的排他使用权、收益权、处分权、续展权和禁止他人侵害的权利。

商标权是一种无形资产，具有经济价值，可以用于抵债，即依法转让。根据《商标法》规定，商标权有效期 10 年，期满可以申请续展。

创业者在商标的设计上往往不符合《商标法》的相关规定，导致商标不能注册。另外，中国企业商标保护意识比较淡薄，新创企业忽视对商标的注册，导致大量的商标被其他公司注册，造成巨大的无形资产流失，甚至给企业带来毁灭性的打击。所以，创业者在商标设计之前必须明确哪些标志不能作为商标，哪些商标不能注册为注册商标，分清通用名称和特有名称，查询商标是否已经被人注册，明确所设计的商标是否有仿冒侵权的嫌疑。

导师提示

关于商标使用禁忌的相关规定

哪些标志不得作为商标使用：

1. 同中华人民共和国的国家名称、国旗、国徽、军旗、勋章相同或者近似的，以及同中央国家机关所在地特定地点的名称或者标志性建筑物的名称、图形相同的；

2. 同外国的国家名称、国旗、国徽、军旗相同或者近似的，但该国政府同意的除外；

3. 同政府间国际组织的名称、旗帜、徽记相同或者近似的，但经该组织同意或者不易误导公众的除外；

4. 与表明实施控制、予以保证的官方标志、检验印记相同或者近似的，但经授权的除外；

5. 同“红十字”、“红新月”的名称、标志相同或者近似的；

6. 带有民族歧视性的；

7. 夸大宣传并带有欺骗性的；

8. 有害于社会主义道德风尚或者有其他不良影响的。

县级以上行政区划的地名或者公众知晓的外国地名，不得作为商标。但是地名具有其他含义或者作为集体商标、证明商标组成部分的除外；已经注册的使用地名的商标继续有效。

（三）著作权

著作权也称版权，是指作者对其创作的文学艺术和科学作品依法享有的权利。著作权包括发表权、署名权、修改权、保护作品完整权、复制权、发行权、出租权、展览权、表演权、放映权、广播权、信息网络传播权、摄制权、改编权、翻译权、汇编权以及应当由著作权人享有的其他权利等十七项权利。我国实行作品自动保护原则和自愿登记原则，即作品一旦产生作者就享有版权，无论登记与否都受法律保护；自愿登记后可以起证据作用。著作权保护期限为作者有生之年加上去世之后50年。

媒体性质的企业需要关注著作权保护和侵害的问题，特别需要避免在企业运作中侵害他人的著作权，以防给企业带来损失。在互联网上，侵犯著作权的行为十分常见，互联网媒体企业更需要注意对个人著作权的保护。

2001年10月27日修正的《中华人民共和国著作权法》，将计算机软件纳入版权保护的作品范畴。计算机的程序及其有关文档得到《著作权法》的保护。近年来，网络技术人员泄露计算机源代码的事件常有发生，互联网公司一定要和技术开发公司和公司内部技术人员签订相关保密协议，防止计算机源代码的泄露。

此外，商业秘密也属于知识产权的范畴，也应该得到相应的保护。商业秘密是指不为公众所知悉，能为权利人带来经济利益，具有实用性并经权利人采取保密措施的技术信息和经营信息。客户资料、员工资料、计算机源代码、管理技巧、招标投标等等都属于商业秘密。企业要特别防范通过“剽窃式跳槽”泄露商业秘密的行为。据有关公开资料，我国商业秘密刑事案件中，60%与人才跳槽有关。企业要加强员工管理，与部分员工签订商业保密协议。另外，企业与其他企业合作时涉及商业秘密的，也必须签订相应的保密协议和非竞争协议，以最大限度地保护商业秘密。

三、劳动法和合同法

劳动法，是调整劳动关系以及与劳动关系密切联系的社会关系的法律规范总称。企业创办需要雇佣员工，这就会涉及劳动关系问题。创业需要熟悉劳动法，正确处理劳动关系，严格签订劳动合同，避免劳资纠纷问题。创业者尤其需要熟悉劳动合同的订立、劳动合同的履行和变更、劳动合同的解除和终止以及相关法律责任等内容。

值得特别关注的是，2008 年 1 月 1 日正式生效的《劳动合同法》。该法律增加了保护劳动者的条例，规范了劳动关系，但是客观上也提高了企业的人力成本。所以，创业者需要关注《劳动合同法》的修改条款，依法合理雇工，最大限度地降低企业的人力成本。新法在合同签订、合同期、试用期、违约金、解约、裁员、合同终止、经济补偿等方面作出了修改，这里不详细介绍，创业者可以查阅相关法律文件。

合同法是调整平等主体之间的交易关系的法律，它主要规定合同的订立、合同的效力及合同的履行、变更、解除、保全、违约责任等问题。合同可以是书面的也可以是口头的。劳动合同属于劳动法的范畴，企业的经济活动还涉及其他合同，如买卖合同、借款合同、租赁合同、运输合同、保管合同等。合同订立需要规范，一般有专业的合同模板。不同类型的合同和不同的当事人约定的合同的内容是不一样的，但一般包括以下条款：当事人的名称或者姓名和住所；标的；数量；质量；价款或者报酬；履行期限、地点和方式；违约责任；解决争议的方法。

创业者一定要明确合同的效力，即合同是否违法，是否有效。

（一）无效的合同

（1）一方以欺诈、胁迫的手段订立合同，损害国家利益；

（2）恶意串通，损害国家、集体或者第三人利益；

（3）以合法形式掩盖非法目的；

（4）损害社会公共利益；

（5）违反法律、行政法规的强制性规定。

（二）免责条款无效的合同

（1）造成对方人身伤害的；

（2）因故意或者重大过失造成对方财产损失的。

（三）当事人一方有权请求人民法院或者仲裁机构变更或者撤销的合同

（1）因重大误解订立的；

（2）在订立合同时显失公平的；

（3）一方以欺诈、胁迫的手段或者乘人之危，使对方在违背真实意思的情况下订立的合同，受损害方有权请求人民法院或者仲裁机构变更或者撤销；

（4）当事人请求变更的，人民法院或者仲裁机构不得撤销。

（四）撤销权消灭的合同

（1）具有撤销权的当事人自知道或者应当知道撤销事由之日起 1 年内没有行使撤销权；

（2）具有撤销权的当事人知道撤销事由后明确表示或者以自己的行为放弃撤销权。

四、其他法律法规

（一）了解设立企业相关的法律知识

设立企业从事经营活动，必须到工商行政管理部门办理登记手续，领取营业执照，如果从事特定行业的经营活动，还须事先取得相关主管部门的批准文件。根据《民法通则》、《公司法》、《合伙企业法》、《外商独资企业法》、《中外合资企业法》等法律的规定，企业的组织形式可以是股份有限公司、有限责任公司、合伙企业、个人独资企业，其中以有限责任公司最为常见。设立企业还需要了解《企业登记管理条例》、《公司登记管理条例》等工商管理法规、规章。设立特定行业的企业，还有必要了解有关开发区、高科技园区、软件园区（基地）等方面的法规、规章、有关地方规定等，这样有助于选择创业地点，以享受税收等优惠政策。

（二）出资相关的法律

我国实行法定注册资本制，如果不是以货币资金出资，而是以实物、知识产权等无形资产或股权、债权等出资，还需要了解有关出资、资产评估等法规规定。

（三）会计财务税收等相关法律法规

企业设立后，需要税务登记，需要会计人员处理财务，这其中涉及税法和财务制度，需要了解企业需要缴纳哪些税，如营业税、增值税、所得税等，还需要了解哪些支出可以算进成本，开办费、固定资产怎么摊销等。

（四）劳动人事方面的法律法规

开办企业需要聘用员工，这其中涉及劳动法和社会保险问题，还需要了解劳动合同、试用期、服务期、商业秘密、竞业禁止、工伤、养老金、住房公积金、医疗保险、失业保险等诸多规定。

（五）知识产权相关的法律法规

创业还需要处理知识产权问题，既不能侵犯别人的知识产权，又要建立自己的知识产权保护体系，需要了解著作权、商标、域名、商号、专利、技术秘密等各自的保护方法。

（六）日常运营中经常需要了解的法律法规

在业务中还要了解合同法、担保法、票据法等基本民商事法律以及行业管理的法律法规。

导师提示

创业者须知法律法规一览

1. 基本法律

《民法通则》、《合同法》、《担保法》、《票据法》等。

2. 公司企业法律

《公司法》、《合伙企业法》、《个人独资企业法》、《中小企业促进法》、《企业登记管理条例》、《公司登记管理条例》等。

3. 劳动法律法规

《劳动合同法》以及相关实施条例。

4. 知识产权法律

《著作权法》、《商标法》、《专利法》等。

5. 公司企业税法

《企业所得税暂行条例》、《增值税暂行条例》、《营业税暂行条例》、《税收征收管理法》等。

思考与训练

一、思考题

1. 办理企业各项登记对创业企业意义何在？

2. 企业的法律形式有哪些，各自特点是什么？

3. 哪些行业需要前置审批？

4. 企业税种和税率有哪些具体规定？

5. 我国商标法中规定哪些标志不得作为商标使用？

二、实训题

与同学组成创业团队，为你们的项目做以下工作：

1. 为你们的项目和产品选择品牌及公司名称

要求：先作注册公司名称调查，确定你所选择的名称仍然还未被登记或已在公司商标法的保护中。公司名称及品牌不仅要有助于建立品牌的形象，同时也能打动顾客的购买欲，应该具有前瞻性与远见，消费者易记。

2. 决定公司的合法组织与法律架构

要求：决定是要自己创业还是合伙创业，公司的起始资本额要如何分配？必须先了解各种公司组织形态的利弊及运筹方式，再选择最适合组合模式并配合创业计划方式。

3. 选址

要求：各行业的考虑重点不尽相同，讨论企业选址的影响因素还要注意租金给付的能力和租约的条件。

4. 完成公司登记及了解各种法律相关条文

要求：必须了解所有与商业法规相关条文规定、执照或许可证申请的具体规定与细节。各县市政府的相关规定可能有所差异，人们可以在各地的中小企业协会或商会取得这些信息；留意营业执照相关申请规定及办法。

第三部分

后创业阶段

Step 8　开发市场与维护客户

导　入

展飞的创业团队打算开办玩具制造工厂，主要开发电子玩具，但如何制定玩具种类与确定档次、客户的开发与市场区域开发都是摆在面前的现实问题。为了了解市场，创业团队对玩具市场进行了调研与定位，讨论各种寻找客户的方法，但创业导师认为他们的这些准备还远远不能适应市场的竞争，展飞的团队要占领并维护市场需要做的工作还有很多……

学习目标

1. 了解市场定位对创业企业的重要性及定位手段
2. 熟悉市场开发的手段与客户开发的技巧
3. 熟悉客户维护的过程
4. 关注客户忠诚度，会分析客户流失的原因

企业在创业期间最重要的任务是要生存下来，此时企业的各方面资源都比较匮乏，市场分析可以帮助企业解决重大的经营决策问题。市场分析可以准确地找到目标消费群体，并且分析出消费者的消费心理和习惯，以此合理地利用企业有限的资源，安排适销对路的产品投放市场，并且设计出适合渠道结构，以便产品有效地铺向市场，同时企业能够及时回收款项。同时还需要对竞争者、消费者和企业自身的情况有充分的了解，分析营销环境，进行消费者分析，进行市场开拓、维护，为企业销售提供依据与保障，使创业企业能生存下去，并有机会发展壮大。

8.1　市 场 定 位

市场定位是 20 世纪 70 年代由美国营销学家艾·里斯和杰克·特劳特提出的，其含义是指企业根据竞争者现有产品在市场上所处的位置，针对顾客对该类产品某些特征或属性的重视程度，为本企业产品塑造与众不同的、给人印象鲜明的形象，并将这种形象生动地传递给顾客，从而使该产品在市场上确定适当的位置。

导师提示

市场定位并不是对一件产品本身做些什么，而是在潜在消费者的心目中做些什么。市场定位的实质是使本企业与其他企业严格区分开来，使顾客明显感觉和认识到这种差

别，从而在顾客心目中占有特殊的位置。

一、市场定位的层次

市场定位是指勾画企业产品在顾客心目中的形象，使企业所提供的产品具有一定的特色，适应一定顾客的需要和偏好，并与竞争者的产品有所区别的计划性活动。在现代市场营销学中，市场定位是一个多维的过程，它包括三个相互关联的层次：产品定位、品牌定位和企业定位。

（一）产品定位

产品定位是市场定位的第一步，是指将某个具体产品定位在消费者心中，让消费者一产生类似的需求，就会联想起这种产品。产品定位是其他所有定位的基础，这是因为，企业最终销售出去的是产品，只有产品在消费者头脑中形成鲜明的形象，才有可能在消费者头脑中树立起良好的品牌形象及企业想象。

产品定位的目的是让产品在消费者心目中留下深刻印象，产品可以是有形的物品，如汽车、可乐；也可以是无形的东西，如美容、音乐会；产品还可以是人员，如某歌星、影星等。因此，产品的各个要素多要与这一定位形象相符合。

一个产品应包括五个层次，即核心产品、形式产品、期望产品、附加产品及潜在产品。

创业故事

产品文化主题定位

有家不同寻常的海盗餐馆，它坐落在地中海之滨一处幽静的海湾边，风景秀丽。相传在古罗马时代，这里曾是海盗的宿营地。商人们借海盗揽客，于是就办起了有趣味的海盗餐馆。海盗餐馆刻意依照当年在海上神出鬼没、杀人越货的盗贼们的生活习惯建造布局。餐馆没有围墙，只是在平地上竖着一个大门，大门两边地上各放了一条5米长的大铁链和一个大铁锚。迎面的一堵墙旁边砌有两座一人多高的壁炉。据说这正是古时海盗们烤肉煮汤的地方。到了晚上，熊熊的火光把四周海面照得通红，十分壮观。餐馆里没有专门的店堂、餐厅，门的左侧是长着椰子树和棕榈树的一个庭院，树下放着木制的椅子和桌子，供客人进餐。旅客在这里可以一边品尝佳肴，一边欣赏海上景致。下雨刮风时，可将桌椅搬至旁边的小屋中。小屋盖成山洞模样，窗户很小，里面点着油灯，亮光如豆，随风摇曳，别具风情。餐馆用具也十分简单粗糙，客人们用大陶碗喝葡萄酒，用橄榄枝扎成的小筐盛各种美味，而鲜牡蛎则是来客必点的菜肴，其制作之精细、味道之鲜美，就连来自牡蛎家乡的法国食客也拍手叫好。游人们坐在绿荫树下，品鲜美之海味，听拍岸之涛声，美水天地之一色，发思古之幽情，无不感到心旷神怡，乐而忘返。因此，海盗餐馆终日生意兴隆，宾客如云。

（二）品牌定位

品牌定位必须以产品定位为基础，通过产品定位来实现。一旦品牌定位成功，品牌作为一种无形资产就会与产品脱离而单独显示其价值，品牌的价值甚至比产品本身的价值还高得多，它是产品销量的保证。企业销售出去的产品往往与其品牌紧紧相连，顾客一旦认可了你的产品，实际上也就是认可了产品的品牌。

（三）企业定位

企业定位处于定位阶梯的最高层。企业必须先定位他们的产品和品牌，然后才能在公众中树立企业美好的形象。一个企业良好的形象和较高的社会地位不仅可得到消费者认可，而且还可得到与企业有关的所有人员认可，包括供应商、批发商、零售商、风险投资者（股东）、金融家、政府、新闻机构、报刊评论员、经济分析员、律师、产业界知名人士和有关专家教授等。

二、市场定位的策略

市场定位是一种竞争策略，它显示了一种产品或一家企业同类似的产品或企业之间的竞争关系。定位方式不同，竞争态势也不同。

（一）避强定位

避强定位是一种避开强有力的竞争者的产品定位方式。这种方式的优点在于：能够迅速占领市场，并能在消费者或用户心目中迅速建立起产品和公司形象。由于这种定位方式市场竞争风险较小，成功率较高，常常为多数企业所采用。但空白的细分市场往往同时也是难度最大的细分市场。

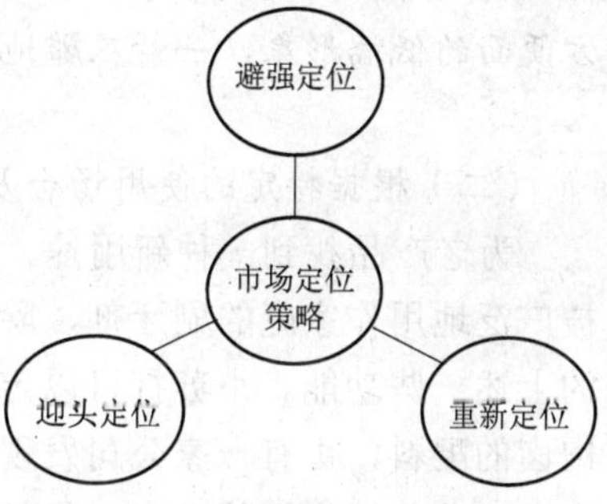

图 8-1　市场定位策略类型

（二）迎头定位

迎头定位是与在市场上占据支配地位的，亦即最强的竞争对手“对着干”的定位方式。虽然迎头定位具有一定的风险，但不少企业认为它是一种更能激励自己奋发上进的可行的定位尝试，一旦成功就会取得巨大的市场优势。

（三）重新定位

重新定位是指对销路少、市场反应差的产品进行二次定位或多次定位。企业在营销过程中可能会遇到产品定位不当，或虽然过去企业的市场定位很成功，但随着营销环境、消费者需求的变化，或者新的强有力竞争对手的出现，使得原来的定位不再有效，这时，企业便需要考虑进行重新定位。一般来说，重新定位旨在摆脱困境，重新获得增长与活力。这种困境可能是企业决策失误或其他多种原因引起的，不过，也有重新定位并非因为已经陷入困境，相反，却是产品意外地扩大了销售范围引起的。例如，专为儿童生产的某种饮料受到了广大青少年消费者的喜爱，那么该产品就需要重新定位。

三、市场定位的原则

各个企业经营的产品不同，面对的顾客不同，所处的竞争环境不同，因而市场定位所依据的原则也不同。总的来讲，市场定位所依据的原则有以下四点：

（一）根据具体的产品特点定位

构成产品内在特色的许多因素都可以作为市场定位所依据的原则。比如所含成分、材料、质量、价格等。如“七喜”汽水的定位是“非可乐”，强调它是不含咖啡因的饮料，与可乐类饮料不同。“泰宁诺”止痛药的定位是“非阿斯匹林的止痛药”，显示药物成分与以往的止痛药有本质的差异。一件仿皮皮衣与一件真正的水貂皮衣的市场定位自然不会一样；同样，不锈钢餐具若与纯银餐具定位相同，也是难以令人置信的。

创业故事

华龙面业在2002年以前，其产品定位基本上是在中低档，其“华龙面，天天见”的广告诉求，让其在农村市场纵横驰骋，风光无限，但随着市场规模快速扩张，特别是中低档方便面市场竞争的微利与白热化，其产品升级被提上日程。为此，华龙公司整合资源，通过充分的市场调研与科学论证，终于在2002年，重拳出击，推出了在华龙发展史上富有里程碑意义的新产品——今麦郎弹面，其产品定位为高档产品，渠道为主打大卖场、商超与社区便民店等，通过“弹面”这一产品的全新定位与卖点诉求，改变了华龙方便面的低端形象，一箭双雕地实现了产品升级与品牌升级。

（二）根据特定的使用场合及用途定位

为老产品找到一种新用途，是为该产品创造新的市场定位的好方法。小苏打曾一度被广泛地用作家庭的刷牙剂、除臭剂和烘焙配料，现在已有不少的新产品代替了小苏打的上述一些功能。小苏打可以定位为冰箱除臭剂，另外还有家公司把它当作了调味汁和肉卤的配料，更有一家公司发现它可以作为冬季流行性感冒患者的饮料。我国曾有一家生产“曲奇饼干”的厂家，最初将其产品定位为家庭休闲食品，后来又发现不少顾客购买是为了馈赠，又将之定位为礼品。

（三）根据顾客得到的利益定位

产品提供给顾客的利益是顾客最能切实体验到的，也可以用作定位的依据。

1975年，美国米勒（Miller）推出了一种低热量的“Lite”牌啤酒，将其定位为喝了不会发胖的啤酒，迎合了那些经常饮用啤酒而又担心发胖的人的需要。

创业故事

美国米勒啤酒公司曾将其原来惟一的品牌“高生”啤酒定位于“啤酒中的香槟”，吸引了许多不常饮用啤酒的高收入妇女。后来发现，占30%的狂饮者大约消费了啤酒销量的80%，于是，该公司在广告中展示石油工人钻井成功后狂欢的镜头，还有年轻人在沙滩上冲刺后开怀畅饮的镜头，塑造了一个“精力充沛的形象”。在广告中提出“有空就喝米勒”，从而成功占领啤酒狂饮者市场达10年之久。

（四）根据使用者类型定位

企业常常试图将其产品指向某一类特定的使用者，以便根据这些顾客的看法塑造恰当的形象。

创业故事

香港金利来公司推出的“金利来”领带，即是准确把握消费者定位与消费心理的成功典范。一句“金利来，男人的世界”的广告语，颇富号召力，以致让众多的男人们趋之若鹜，其产品虽然价格不菲，但仍然挡不住男人匆匆的脚步。金利来成功的奥秘在哪里？主要是抓住了消费者的价值、身份及情感心理。即带上“金利来”领带，就是身份、地位、名誉的象征。它能够给消费者带来心理上的极大满足感，通过购买动机的洞察与掌握以及准确定位，金利来公司赢得了消费者的“芳心”与青睐，从而皆大欢喜，各有所获。

事实上，许多企业进行市场定位依据的原则往往不止一个，而是多个原则同时使用。因为要体现企业及其产品的形象，市场定位必须是多维度的、多侧面的。

四、市场定位的步骤

市场定位要经过对市场进行细分确定目标市场后进行，企业市场定位要展现独特的竞争优势，即通过一系列的宣传促销活动，使其独特的竞争优势准确传播给潜在顾客，并在顾客心目中留下深刻印象。企业要顺利地完成这一任务，必须要做好三方面的工作：

首先，应使目标顾客了解、知道、熟悉、认同、喜欢和偏爱本企业的市场定位，在顾客心日中建立与该定位相一致的形象。

其次，企业应通过一切努力来强化目标顾客形象，保持对目标客户的了解，稳定目标客户的态度和加深与目标客户的感情，以巩固与市场相一致的形象。

最后，企业应注意目标顾客对其市场定位理解出现的偏差或由于企业市场定位宣传上的失误而造成的目标客户认识上的模糊、混乱和误会，及时矫正与市场定位不一致的形象。

五、市场定位的形式

（一）产品差别化

即是从产品质量、产品款式等方面实现差别。寻求产品特征是产品差别化战略经常使用的手段。

（二）服务差别化

即是向目标市场提供与竞争者不同的优异服务。企业的竞争力越好地体现在对顾客的服务上，市场差别化就越容易实现。

（三）人员差别化

即通过聘用和培训比竞争者更为优秀的人员以获取差别优势。

（四）形象差异化

即在产品的核心部分与竞争者雷同的情况下塑造不同的产品形象以获取差别优势。

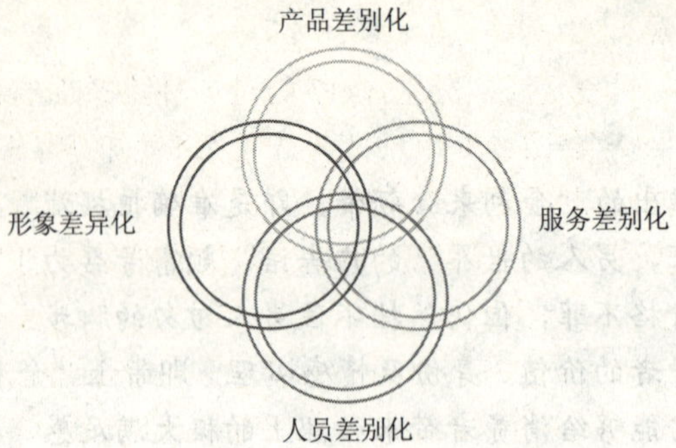

图 8-2 市场定位形式图

8.2 开发市场与客户

一、市场开发的方式

创业企业如何进入和拓展市场，并没有固定的模式，以下是一些实战技巧。

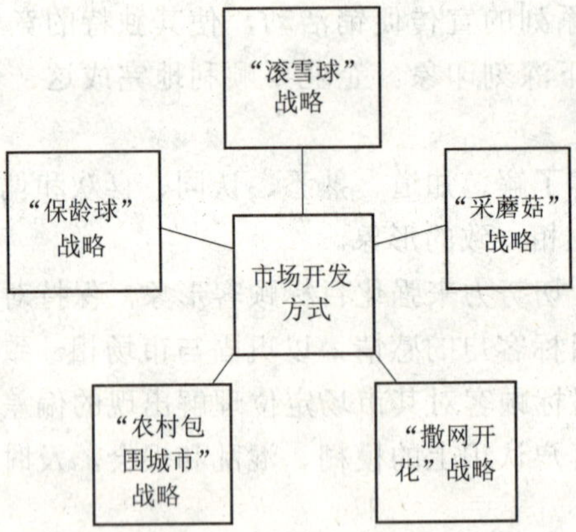

图 8-3 市场开发的方式

(一)"滚雪球"战略

目标市场的"滚雪球"拓展战略是中小企业最常用的一种策略，即企业在现有市场的同一地理区域内，采取区域内拓展的方式，在穷尽了一个地区后再向另一个新的区域进军的拓展战略。具体来讲，这种战略的拓展以某一个地区目标市场为企业市场拓展的"根据地"和"大本营"，进行精耕细作，把"根据地"和"大本营"市场做大、做强、做深、做透，并成为企业将来进一步拓展的基础和后盾。在"根据地"市场占有了绝对优势和绝对稳固之后，再以此为基地向周边邻近地区逐步滚动推进、渗透，最后达到"星星之火，可以燎原"，即占领整个市场的目的。

采取"滚雪球"的市场拓展战略具有降低营销风险、保证资源及时满足、利于稳定巩固拓展市场等优势。

（二）“采蘑菇”战略

与“滚雪球”不同的“采蘑菇”拓展战略则是一种跳跃性的拓展战略。企业开拓目标地区市场的先后顺序通常遵循目标市场的“先优后劣”的顺序原则，而不管选择的市场是否邻近。即首先选择和占领企业最有吸引力的目标地区市场，采摘最大的“蘑菇”；其次再选择和占领企业较有吸引力的地区市场，即采摘第二大的“蘑菇”，不管这个市场是否和原来的市场邻近。

“采蘑菇”的市场拓展方式也有其独特的优点，包括企业能取得最佳的经济效益、企业市场拓展战略具有灵活性与及时性等，但也具有缺乏地理区域上的连续性的缺点，但却是企业比较普遍适应的一个战略。不但强势企业可以采用，弱势企业运用它也可以取得不错的效果。

（三）“保龄球”战略

保龄球运动具有这样的特点：各保龄球之间存在一定的内在联系，只要恰当地击中关键的第一个球瓶，这个球瓶就会把其他球瓶撞倒一大片。

企业在拓展市场时同样可以运用这样的方法。要占领整个目标区域市场，首先攻占整个目标市场中的某个“关键市场”——第一个“球瓶”，然后，利用这个“关键市场”的巨大辐射力来影响周边广大的市场，以达到占领大片市场的目的。这种市场拓展战略我们称之为“保龄球”战略。

导师提示

“关键市场”的特点

1.“关键市场”的消费者具有较强的求新意识和较强的购买力，因而对新事物接受较快。

2.“关键市场”的消费需求具有极强的影响力、穿透力和辐射力。一般，“关键市场”的消费观念和潮流具有极强的超前性和引导性，即某种商品消费或生活方式一旦在这些市场流行，会引起一大批周边中小地区市场的消费者争相模仿、追随。所以，只要企业占领这个“高能量”市场，就能取得以点带面，辐射一大片市场的效果。

当然，这是一种“先难后易”的市场拓展策略。关键市场往往是商家必争之地，要攻占该战略市场要点，需要耗费大量的财力和人力。但一旦占领，其他市场就“横扫千军如卷席”了。显然，这是实力较强的大企业适合选择的战略。

（四）“农村包围城市”战略

和“先难后易”的“保龄球”战略相反，“农村包围城市”战略是一种“先易后难”的市场拓展战略。即首先蚕食较易占领的周边市场，积蓄力量，并对重点市场形成包围之势，同时也对中心城市形成一种无形的影响。等到时机成熟时，一举夺取中心市场。

对于中小企业来讲，首先就选择进攻最难占领的中心市场，欲速则不达，成功的可能性很小。这时企业还不如首先选择较易攻占的周边市场，一方面积蓄自己的力量和营销经验，另一方面对中心市场给予一种潜移默化的影响。

在实践中，“农村包围城市”战略的实施常常伴随着“时空间断法”的运用。企业在包围、占领周边市场同时，会对中心市场进行一定的广告宣传，但是却没有产品的跟进，有意造成市场空缺，让销售和宣传有一段时空间断，令消费者由出奇到寻觅，由寻觅到渴望，形成消费势能的递增蓄积，犹如大坝之于江水，人为地制造水位落差，最后形成万马奔腾之势，为一举占领中心市场提供良好的基础。

（五）“撒网开花”战略

撒网战略是企业在拓展其目标市场时，采用到处撒网，遍地开花，向各个市场同时发动进攻，对各个市场同时占领的方式。

导师提示

撒网战略的实施条件

撒网战略具有极大的市场拓展威力，可以在非常短的时间内达到同时占领各个市场的目标。但是，这种战略成功的条件却极为苛刻：

1. 需要企业具有充足的营销资源

在许许多多市场同时开展营销，各个市场都要建立自己的销售渠道。常常伴以广告“地毯式轰炸”，所需资金显然非一般企业所能承受；另一方面，每个市场都必须派出精干的营销策划、销售管理人员和业务代表，因此企业必须要有一支庞大并且经验丰富的营销团队。

2. 需要企业具有大量的开发费用

因为每个市场的需求各异，自然需要各种不同的产品。同时拓展的市场越多，则可能需要的新产品越多。所以，企业新产品开发费用的大量支出将不可避免。

3. 需要企业具有强大的调控能力

企业同时在多个市场发动进攻，无论是自己开山修渠还是借鸡生蛋，都可能遇到许多意想不到的情况和难以控制的市场混乱，所以，如果没有极强的协调控制能力，则企业难以应付同时发生的各种意外情况。

“遍地开花”式的市场拓展就像“闪电战”，意在迅速占领，广种薄收。但是这种目标市场拓展战略目前成功的可能性很小，成功者寥寥，失败者居多，可见这种战略并不适应于一般企业或实力和经验尚不丰富的企业。

二、公关营销在市场开发中的应用

在营销活动过程中，如何才能使公司的产品脱颖而出，创造良好的销售业绩，公关策略的巧妙应用应该起到不可或缺的作用。在营销活动中，市场竞争的关键就是一种注意力的竞争。因此公关的重大任务就是促销公司的产品。它通过运用各种沟通的策略、传播的手段、协调的方法，使企业营销进入一种艺术化的境界。

公关营销理论认为，建立、维持、发展各种市场关系是营销的一个重点。市场是很具体的，即活生生的消费者，所以占领市场不是占领商场的柜台，而是占领消费者的大脑。当今市场产品之间的差异越来越小，你能做到的，其他企业也能做到。因此关键在于谁先占领了消费者心，谁就是赢家。

创业故事

台湾台中一家咖啡店老板为了吸引住顾客，推出了一条独具匠心的促销举措，即为每位经常光临该店的顾客设置专用咖啡杯，而且每个专用杯上都绘上顾客自己的肖像漫画，这既是一种标记，又是一种纪念。此法一实施，该店立即名声大振，回头客越来越多，生意越做越旺，销售额也直线上升。

公共关系最佳方案就是善于揣摩和满足顾客的心理，善于沟通企业与顾客之间的情感，用情感来维系促销效果的持续性、长久性。公关营销可采用如下方式：

（一）制造新闻事件

制造新闻是指经过精心策划，有意识地安排某些具有新闻价值的事件在选定的时间内发生。吸引媒体注意，制造出适于传播媒介报道的新闻事件。

创业故事

2000 年 10 月 10 日，一家名不见经传的装饰材料开发公司——富亚准备实施“真猫真狗喝涂料富亚涂料安全大检验”活动。由于现场市民及动物保护协会成员的阻止，富亚经理蒋和平亲自喝下了涂料。现场故事一波三折，并没有以蒋和平“悲壮”地喝下自己的富亚涂料告终。当时，新华社播发了一篇 700 字的通稿《为做无毒广告，经理竟喝涂料》。此后，媒体纷纷跟风，“老板喝涂料”的离奇新闻开始像野火一样蔓延。北京市各大媒体《北京日报》、《北京晨报》、《北京晚报》、《北京青年报》、北京电视台竞相报道。不同之处只是在于：你正话反说，我就反话正说。最后有人做了统计，全国竟然有 200 多家媒体报道或转载了这则消息。无论如何，事件本身的轰动效应“造”出来了。北京电视台评选 10 月份十大经济新闻，“老板喝涂料”赫然跻身其中，与“悉尼奥运会”等同列。

（二）免费赠送公关造市

随着买方市场的日益成型，消费者的理性购买能力逐渐增强，生产厂家如果还是就营销搞营销，无疑是短视的。一项新产品、新服务被消费者接受必须建立在新的消费观念确立的基础之上，而新的消费观念的确立，仅仅靠广告的三言两语介绍是远远不够的；而且在当今信息丰富的年代，不少广告通常无人注意或被认为可信度极低，因此免费赠送正成为一些企业公关造市的有效手段。运用免费赠送措施可以化解人们对新产品、新服务的认知障碍。

创业故事

20 世纪 80 年代末期，美国孩子玩具宝跨国公司的看家产品——变形金刚已在欧美赚得盆满钵满，于是开始将目光投向亚太地区。要将一种有别于定型玩具的新式玩具介绍给玩具文化与欧美截然不同的亚太地区儿童，单靠广告肯定难以奏效。鉴于此，孩子玩具宝公司经过精心策划，决定采取公关手段进行促销。它把自己精心制作的电视系列动画片《变形金刚》无偿赠送给亚太各家电视台。由于是无偿赠播，电视台都欣然接受。经过这一大范围的广泛播放，成千上万的亚太地区儿童被变形金刚迷住了。就这样，“变形金刚”玩具轻而易举地叩开了亚太地区的市场大门，市场销售量与日俱增，形成了一股强劲的“变形金刚”热销势头。

（三）人际传播个性化

人际传播就要非常注意个性化设计，无论是一个电话、一个信函、一个卡片，都要非常有针对性地设计，这种设计来源于你对传播对象的了解，所以企业公共关系人员要建立公共关系档案，要不断更新，一旦需要时，就可检索个人档案，对其进行针对性设计，会收到非常好的效果。

创业故事

某市一家大企业的销售部经理A先生到天津谈生意，下榻在天津某宾馆。这天晚上，奔波了三天的A先生回到房间，洗漱之后打开电视机想稍事休息。这时，房间内响起了节奏性的调皮门铃。随着A先生的一声“请进”，走进来一位宾馆的礼仪小姐。她彬彬有礼地对A先生说：“请问，您是来自某市的A先生吧？”A答到：“是。”礼仪小姐说：“我们经理找您有事，请和我来一下，好吗？”A先生很疑惑：天津没有熟人，没有亲戚，谁会找我呢？难道是家中有什么事……可当他随礼仪小姐步入大厅，却惊呆了：

宾馆的礼仪小姐、部分服务员已整齐地站成两排，微笑地打着节拍，大厅中间大圆桌上放着一个生日蛋糕，上面点满了生日蜡烛。公共关系部经理走到A先生面前，微笑着对A说：“从您登记时用的身份证上，我们得知今天是您的生日。我代表宾馆的全体员工祝您生日快乐、身体健康！”A先生怎么也想不到，酒店能为自己举办这么隆重的庆祝晚会，感动得两眼噙泪，不知如何是好。A先生一口气吹灭了40多根蜡烛，切开蛋糕后分给大家共享。大厅内响起了欢快的“祝你生日快乐”的歌声。从此A先生走到哪讲到哪，成了该宾馆的义务宣传员。天津这家宾馆的美誉，随着A先生的足迹，遍及大江南北，很多外地顾客来天津都慕名投宿在这家宾馆。

在现实的营销过程中，公关的措施还很多。企业应该在营销过程中不断创新，才能取得较好的营销业绩。

三、客户开发

客户直接关系着企业的生存和发展，是企业收益的主要来源，所以对企业而言，寻找客户是非常重要的工作，必须十分重视。寻找客户是指市场人员找出潜在客户的过程。潜在客户是对企业产品或服务有需求或购买欲望的个人或机构。

（一）潜在客户的主要来源

所谓潜在客户，就是指对市场人员所在公司的产品或服务确实存在需求并具有购买能力的任何个人或组织。如果某个个人或组织存在对某种产品或服务的可能需求，但这种可能性又尚未被证实，那么这种有可能购买某种产品或服务的客户就称为“可能的潜在客户或准客户”;“可能的潜在客户或准客户”被证实确实有需求，就成为“潜在客户”;经销售人员按照某种要求评估合格的潜在客户就成了实际销售的对象，即目标客户。

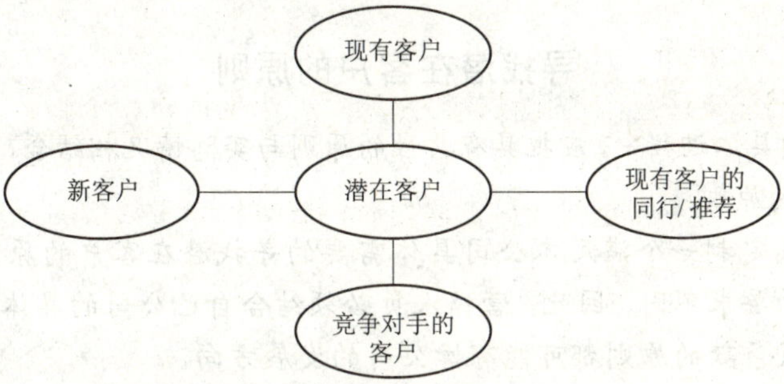

图 8-4　潜在客户的主要来源

1. 现有客户

公司当前的客户是最好的潜在客户来源。在市场竞争激烈的今天，市场开发工作尤为重要，这就要求市场部门以外的其他部门也应抓住机会向客户进行销售。市场人员可以从这些部门获得客户目录清单以及与这些客户有关的有价值的信息。这些目录清单可能包括一些以前被忽略掉的潜在客户，这些客户是公司的老主顾，他们对企业提供的商品或服务感兴趣。而且这些老主顾与社会各界联系多，交往面广，他们与其他公司或有合作关系，或有业务往来，通过他们的配合和协助常常会带来成交的信息与希望。

2. 现有客户的同行/现有客户的推荐

一般认为，同行是冤家，但相互没有竞争的不同区域的客户给企业的信息可能极有价值，他们都在行业内经营多年，对地区内的行业情况非常了解。市场人员应有意识地培养这样一个习惯，每次拜访客户后不管成功与否都顺便问一句“能否给我推荐一个客户”，长此以往必会收到效果。

3. 竞争对手的客户

据统计，大约 70%的市场人员不认为竞争对手的客户是其潜在客户，一般认为客户与原厂家长期建立起的关系壁垒是很难攻破的。但实际上竞争对手的客户也是潜在客户的重要来源之一。市场人员应首先分析本企业与竞争对手相比的优势与劣势，了解客户的需求特点，再将自身的优势与客户的需求相联系，这样也许就会找到市场机会。挖掘竞争对手的客户难度很大，需要产品定位、人际关系、产品质量等多方面的优势组合。

4. 发展新客户

在市场竞争激烈、市场需求纷繁复杂的情况下，不能仅仅依靠固定的几个客户，应该不断地寻找新的伙伴，形成一个有潜力、有活力的客户群。寻求新客户的途径主要有：

①直接寻找客户法，即派销售员直接到目标市场去推销，通过销售员采用各种推销技巧和方法去招徕顾客；通过举办展销会、博览会、技术交流会、交易会广泛接触和发展客户。②间接寻找客户法，即通过有关国家的商会、银行、专业咨询公司、贸易促进组织等介绍客户；利用亲友，介绍客户、联系业务；通过国内外有关报刊杂志，特别是专业性的报刊杂志，寻找一些潜在的客户；通过刊登广告招徕一些新客户等。

导师提示

寻找潜在客户的原则

在寻找客户的具体过程中，应把具有共性的原则与实际情况相结合，灵活借鉴与使用。

1. 量身定制的原则

也就是选择或定制一个满足本公司具体需要的寻找潜在客户的原则。不同的公司，对寻找潜在客户的要求不同，因此，营销人员必须结合自己公司的具体需要，灵活应对。任何拘泥于形式或条款的原则都可能有悖公司的发展方向。

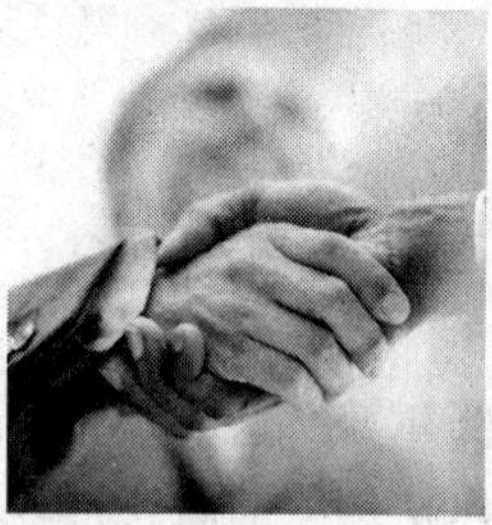

2. 重点关注的原则

即80∶20原则，该原则指导企业事先确定寻找客户的轻重缓急，首要的是要把重点放在具有高潜力的客户身上，把潜力低的潜在客户放在后边。

3. 循序渐进的原则

即对具有潜力的潜在客户进行访问，最初的访问可能只是“混个脸熟”，交换一下名片，随着访问次数的增加，访问频率的加快，可以增加访问的深度。

（二）接触客户的方法

在传统市场中可以采用以下方法接触客户：

1. 逐户寻访法

该法又称为普访法、贸然访问法，就是指市场人员在特定的区域或行业内，用上门访问的形式，对估计可能成为客户的单位、组织、家庭乃至个人逐一地进行访问并确定销售对象的方法。逐户寻访法遵循“平均法则”原理，即认为在被寻访的所有对象中，必定有营销人员所要的客户，而且分布均匀，其客户的数量与访问对象的数量成正比。该法主要适合于日用消费品或保险等服务的销售，但在当今社会经济环境下，人们对住宅、隐私越来越重视，这种逐户寻访法的实施面临着越来越大的难度。

2. 客户引荐法

该法又称为连锁介绍法、无限连锁法，就是指市场人员由现有客户介绍他认为有可能购买产品的潜在客户的方法。现有客户的介绍方法主要有口头介绍、写信介绍、电话介绍、名片介绍等。实践证明，客户引荐法是一种比较有效的寻找潜在客户的方法，它不仅可以大大地避免寻找工作的盲目性，而且有助于市场人员赢得新客户的信任。客户引荐法适合于特定用途的产品，比如专业性强的产品或服务性要求较高的产品等。

3. 光辉效应法

该法又称为中心辐射法、名人效应法或影响中心法等，属于介绍法的一种应用特例。它是指市场人员在某一特定的区域内，首先寻找并争取有较大影响力的中心人物为客户，然后利用中心人物的影响与协助把该区域内可能的潜在客户发展为新客户的方法。“光辉效应”法则表明，一些中心人物的购买与消费行为，可能在他的崇拜者心目中形成示范作用与先导效应，从而引发崇拜者的购买行为与消费行为。光辉效应法适合于一些具有一定品牌形象、具有一定品位的产品或服务的销售，比如高档服饰、化妆品、健身等。

4. 代理人法

代理人法，就是通过代理人寻找潜在客户的办法。这种方法在国外用得比较多，一般是市场人员在自己的业务地区或者客户群中，通过有偿的方式委托特定的人或者机构为自己收集信息，了解有关客户和市场、地区的情报资料等。实际上这种方法是以一定的经济利益换取代理人的关系资源。代理人法的不足与局限性在于合适的代理人难以寻找，更为严重的是，如果市场人员与代理人合作不好、沟通不畅或者代理人同时为多家公司担任代理，则可能泄露公司商业秘密，这样可能使公司与市场人员陷入不公平的市场竞争中。

5. 直接邮寄法

直接邮寄法，就是企业将产品及企业信息印刷成信件或宣传品，以直接邮寄的方式传送给有可能购买的客户，以促使客户购买的一种方式。在有大量的可能的潜在客户需要某一产品或服务的情况下，用直接邮寄的方法来寻找潜在客户不失为一种有效的方式。直接邮寄法具有成本较低、接触的人较多、覆盖的范围较广等优点。该法的缺点是时间周期较长。

6. 电话营销法

所谓电话营销法就是指利用电信技术和受过培训的人员，针对可能的潜在客户群进行有计划的、可衡量的市场营销沟通。运用电话寻找潜在客户法可以在短时间内接触到分布在广阔地区内的大量潜在客户。

7. 资料查阅法

该法又称间接市场调查法，即市场人员通过各种现有资料来寻找潜在客户的方法。不过，使用该方法需要注意以下问题：一是对资料的来源与资料的提供者进行分析，以确认资料与信息的可靠性；二是注意资料可能因为时间关系而出现的错漏等问题。

8. 客户资料整理法

这种方法本质上属于“资料查阅寻找法”，此法强调客户资料管理，现有的客户、与企业联系过的单位、企业举办活动（如公关、市场调查）的参与者等，他们的信息资料都应该得到良好的处理和保存，这些资料积累到一定的程度，就是一笔财富，在市场营销精耕细作的今天，这尤为重要。例如，某个家庭购买的第一代洗衣机是“小天鹅双桶洗衣机”、第二代洗衣机是“小天鹅全自动洗衣机”、第三代洗衣机是“小天鹅滚筒式洗衣机”，如果要做到真正让客户的三代洗衣机都用“小天鹅”，客户的资料和精细的客户服务就是必不可少的。

9. 交易会、展览会寻找法

即通过展览会寻找客户的方法，这是一种最直接与客户面对面沟通交流的方法。另外，一般展会都有自己的网站，企业可从相应的展会网站上查询到各个参展商的名单及联系方式、公司网址等信息。

国际、国内每年都有不少交易会，如广交会、津洽会、英国国际果蔬展览会等，这是一个绝好的商机，要充分利用，交易会不仅能实现交易，更重要的是寻找客户、联络感情、沟通了解。例如，奥联的一个客户的老总，参加了广交会回来，向全体员工宣布一个惊人的好消息："我有足够的信心向大家保证：今年我们的销售收入可以增加 2 个亿！"展会的成效可见一斑。

10. 市场咨询寻找法

所谓市场咨询法，就是指市场人员利用社会上各种专门的市场信息咨询机构或政府有关部门所提供的信息来寻找潜在客户的方法。使用该方法的前提是存在发达的信息咨询行业，目前中国市场的信息咨询业正处于发展阶段。使用该方法的优点是比较节省时间，所获得的信息比较客观、准确，缺点是费用较高。

一些组织，特别是行业组织、技术服务组织、咨询单位等，它们手中往往集中了大量的客户资料和资源以及相关行业和市场信息，通过咨询的方式寻找客户不仅是一个有效的途径，有时还能够获得这些组织的服务、帮助和支持，比如在客户联系、介绍、市场进入方案建议等方面。

11. 通过当地行业协会寻找客户

基本上每个行业都有自己的行业协会，如软件行业协会、电子元件行业协会、仪器仪表行业协会等，行业协会虽只是民间组织，但却是最了解行业内情况的。如果企业的潜在客户恰好是某协会的成员，能得到协会的帮助是企业直接接触到潜在客户的有效方法。

12. 通过专业信息公司寻找客户

如一些专业建筑信息公司能提供详细的在建工程信息，包括工程类别、建筑成本、工程时间表和发展商项目经理建筑师联系方式等，且信息每天更新。这能为建材生产企业的市场人员节约大量时间，虽然要向信息公司付一些费用，但总体成本还是合算的。

除了上述方法外，大型专业市场、政府机构等相关部门也可作为寻找海外客户的途径之一，例如，企业的潜在客户需要获得政府机构有关方面资格认证的，其信息大都能在公开的政府网站上获得。

在新兴网络市场可以采用以下方式：

13. 利用搜索引擎寻找客户

现代社会已愈来愈离不开 Internet，它使得企业在网上搜索潜在客户变得十分方便，只要利用搜索引擎，输入几个关键词，就能获得客户名单联系方法，甚至详细的公司介绍。

导师提示

利用搜索引擎寻找客户的实用技巧

1. 关键词上加引号

在键入时将引号一起输入。如“Incense Importer”（香进口商），“Buddha Image Importer”（佛像进口商）。

2. 市场调查方法

搜索“产品名称+Market Research”，如“Candle+Market Research”（蜡烛+市场调查）。

3. 通过 B2B 平台寻找客户

企业可以有针对性地选择一些 B2B 平台，如阿里巴巴等，发布自己的产品信息，同时也可以从 B2B 平台上搜索到相关买家，主动联系。

4. 通过搜索黄页网站和工商目录寻找客户

黄页和工商目录一般都会收录各国著名的贸易公司商号的名称、电话、传真、公司的地址、主要经营项目及历史经营情况等。

14. 通过行业网站寻找客户

每个行业几乎都有行业网站，用关键词搜索，一般这些网站会有会员列表，可以获得相关信息，同时在这些专业网和行业协会网站上会有很多相关链接，也可通过链接获得相关信息。

15. 通过专业国家服务机构官方网站寻找客户

国际贸易中可以通过专业国家服务机构来寻找买家，如使馆、商会、参赞处等，比如要寻找宗教用品进口大国韩国的买家，可以搜索韩国驻各地大使馆，商会的官方网站。

表 8-1　　网络推广工具分析

项　目	分　　析
友情链接	• 有文字链接和图片链接两种，以对等原则交换 • 与自有产品/品牌内容互补的网络营销
电子邮件	• 定期采用主动广告推广方式，邮件的真实性事关重要 • 登记潜在客户和现有关键人的 Email 资料 • 邮件行文须引入兴趣，定期关心有反馈的用户
免费电子杂志	• 使客户了解最新产品、技术和公司动向的工具 • 和电子邮件推广并用 • 电子杂志内容必须是客户感兴趣的内容
广告推广	• 资金允许条件下进行 • 选定的广告方式决定于该广告形式是否是目标受众易于达到的地方 • 建立监测系统，确定广告效果

续表

项　目	分　　析
与核心客户互换广告资源	● 在彼此企业网站互换广告位 ● 可以为双方代理实质上的交易 ● 是整合双方供应链信息的主要工具
呼叫中心	● 咨询和订货使用，如 CRM 工具
新闻组、BBS 与论坛	● 进行定时、定量的宣传工作的主要工具 ● 适用于解决方案、咨询或服务、技术含量较高的产品 ● 适用于个人感兴趣的业务或私人的专题，如管理论坛、旅游论坛、美食论坛等
ICQ/MSN 等即时通讯工具	● 即时交流工具，适用于推广活动组织、发布、通知、客户意见征询等 ● 私人信息交流的主要工具
意见箱	● 重要的交互工具 ● 对于产品/解决方案意见，由大客户部门负责即时回复 ● 对于经常性问题，设计 FAQ，并制作标准回复函 ● 对于技术问题、使用问题等，指定专人在规定时间内予以回复 ● 对于其他反应，包括在论坛中的意见，指定专人负责即时回复

8.3 维 护 客 户

一、管理与维护客户信息

客户是企业的宝贵资源，企业应对客户数据进行全面收集，分析客户数据，将客户数据应用于产品设计、市场规划、销售过程，使其成为企业发展的重要手段。客户信息对企业的重要性还表现在：客户数据是企业生产的指导，客户数据是企业市场营销的指导，客户数据是企业客户服务的基础。

管理客户信息主要有以下步骤：

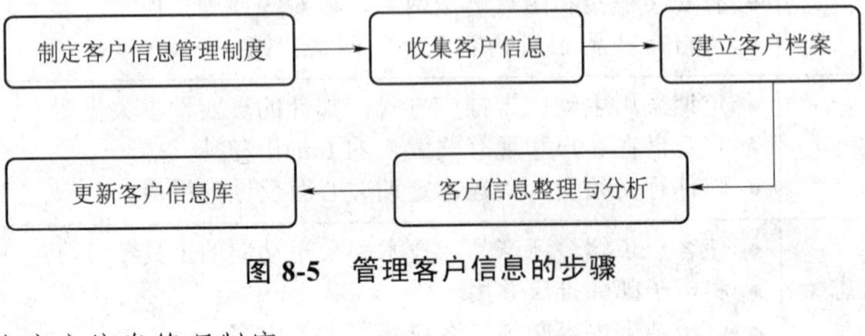

图 8-5　管理客户信息的步骤

（一）制定客户信息管理制度

对于一个真正要实行客户信息管理的企业来说，一个有效的信息渠道是建立起一套专门的、规范化的信息搜集制度和方法，并作为企业一项管理职能，分别落实到相应的管理和销售部门中去。在企业中要设立信息管理岗位与岗位职责，他们的一个重要任务就是有针对性地搜集客户的信息。其手段包括直接接触、调查走访客户、从第三方获取资料等多种形式。大多数企业此项工作一般由对应的销售人员去收集。同时管理部门应设计专门的信息搜集表格，并将搜集职责交到各个相关的部门或销售员手中，由其在与客户的业务交往过程中及时地反馈上来，其中两个主要的部门是销售部和财务部。

（二）收集客户信息

客户信息收集的内容主要包括客户背景资料、客户规划信息、已销售状况、项目资料、竞争对手资料五大部分。客户信息收集渠道很多，一般来说可以采用：

1. 二手资料收集渠道

主要是通过客户内部资料、经济类报刊、企业年报、上市公司报告、政府机关、行业组织、新闻报道、企业宣传、咨询公司、网络、顾客、内部员工、供应商等渠道进行资料的收集。

2. 原始资料收集渠道

通过对销售人员、受雇于本公司工作的咨询公司、专业调查公司、投资银行等进行直接调查和市场竞争所得到的信息资料。

3. 其他信息来源渠道

例如利用招聘广告、展览展销会、参观工厂、购买竞争对手的受欢迎产品进行分析、创造样板市场观察客户态度、挖走竞争对手重要员工等方式。

导师提示

客户信息收集技巧

在上述渠道中，最为正规和有效的渠道应该是原始资料收集渠道。但是这种资料收集成本较大，因此在这里介绍一些小的技巧进行说明。

1. 成为对方中的一员

最省钱的方法是成为顾客的一员，假设对方是上市公司，那么成为小股东便是一条捷径。目前诸多上市公司都是采用这一手法，只要是股东就可以看到年报，而且还可以参与股东大会，这样就可以近距离观察客户，有利于信息的收集等多方面工作的开展。

2. 注意收集客户的宣传材料

宣传材料往往详细地介绍客户的需求、定位、战略、业绩等多方面的信息，而这些虽然有夸大的成分，但仍然可以从中找到有用信息。

3. 购买和分析客户产品

这种方法在高新技术行业称为逆向工程或反向工程，在服务业被称为标杆管理。这样做可以明白客户的需求，以更好地开展服务。

（三）建立客户档案

资料收集结束以后，需要对这些有用的资料信息进行分类、整理，并建立一系列资料卡，即建立客户档案，以备查用。客户资料信息卡是企业了解市场的重要工具之一。

通过客户资料信息卡，企业可以连续地了解客户实情，从中看到客户的动态变化。据此，企业对客户情况一目了然，在制定企业经营战略与政策时，可以节省大量的时间、人力与财力。

客户资料信息卡可用于寄发广告信函、订立收付款计划、订立访问时间计划、对信用度分类、决定佣金折扣、区别现有顾客与潜在顾客等。

客户资料信息卡有 5 种类型，包括客户资料卡、客户管理卡、客户地址分类表、客户等级分类表和客户投诉记录表。

导师提示

客户分类

客户信息管理的对象是客户及其相关信息。为了有效进行管理，需要对客户进行分类。客户分类可以按不同的方法，常用的主要有以下几种：

1. 按客户的性质，可以划分为政治机构（以国家采购为主）、特殊公司（如与本公司有特殊业务等）、普通公司、顾客个人和合作伙伴等。

2. 按交易过程，可以分为曾经有过交易业务的客户、正在进行交易的客户和即将进行交易的客户。

3. 按时间序列来分，可分为老客户、新客户和未来客户。

4. 按交易数量和市场地位来分，可分为主力客户（交易时间长、交易量大等）、一般客户和零散客户。

按照不同的方式划分的不同类型的客户，因其需求特点、需求方式、需求量等均不同，所以对其管理也要采取不同的方法。

（四）客户信息整理与分析

通过上述步骤之后，信息采集基本完成，其后的问题就需要对客户信息进行研究分析，找出客户最关心的问题。信息整理最主要的方法就是对信息进行归纳总结、对比分类、挑选删除。

1. 归纳整理

归纳总结就是对某一类相似原因或答案的问题进行归纳，将它们放在同一类别内。例如顾客对产品哪些问题感兴趣。各行业总会有如下这些：价格、质量、包装、促销政策等，这是相似答案，还是相似原因？例如同是客户对产品价格不满，这里面的具体原因则有很多，是与其他企业价格相比，本企业价格过高而导致的对价格不满，相对于顾客身份过高或过低的价格而产生的对价格的不满，还是相对于过去产品价格增幅或降价过快而导致的对价格不满等。

2. 对比分类

虽然对比分类与归纳总结在某些方面有些重合，但它们的立足点是不同的。归纳总结是通过找相同的因素而寻求出问题的原因，对比分类则是通过找不同的因素寻求问题的原因。例如顾客为什么购买竞争对手的产品，这就需要对比本企业与竞争对手在产品价格、产品质量、产品服务等多方面的不同来寻找原因。

3. 挑选删除

挑选删除的目的是把本企业和竞争对手以及和顾客期望值距离较远的项目挑选出来并且删除它。它包括两方面的工作，其一如果不能够弥补不足，就需要在客户服务中进行有意识地规避，并且想好应对方法。其二对这一不足进行弥补，达到与竞争对手或顾客期望值吻合甚至超出的水平。

通过上述分析之后，企业可以找到客户最关心的问题。对于这些问题如果企业不能找到解决办法，就会失去客户，因此需要特别注意。对于其他一些问题，特别是某些不切实际的客户关心的问题可以不去理睬。毕竟，要满足所有层次的客户是不可能的事情，企业需要的是质量最好的客户。

每个企业都应该根据本公司的特点进行市场信息收集、信息的研究和分析、找出客户最关心的问题，只有这样才能把客户研究透，才能使企业的产品销售给他们或者采购到最符合企业利益的物料。

创业故事

High 5 是一家运动服装经销商，公司将客户服务体系与一个较大的 IT 系统整合在一起，并体会到了其益处。以前，High 5 的客服代表都很纠结，因为他们有时候要花上 48 个小时，才能找到客户问询的完整历史资料，然后将客户的诉求拼凑完整，才能给客户提供折扣。为了解决这个问题，High 5 采用了一种解决方案，将销售和客户服务整合在一起，客服代表能直接快速得到客户销售数据和折扣水平数据，进而妥当地解决问题，并有效跟踪订单。成果很是喜人：与客户的沟通更高效了，生产率更高了，订单不断。

（五）更新客户信息库

客户的需要不是一成不变的，随着时间的推移，随着角色的转换，企业的客户群体也在发生着变化，企业必须“因地制宜、因时制宜”，不断作出相应调整。调整点不仅仅是客户最终想要的产品与服务，还包括“周边”的某些服务。

将尽可能多的客户名输入到数据库中，可以聘用外部机构来完成数据的审查与输入，并与同行业的一个不具有竞争力的企业交换客户名单。大量收集客户的有关信息，每次与客户接触时，询问 1～2 个问题，客户的信息会反映客户的真实需求，客户能获得什么好处，客户还希望获得哪些更多的利益，客户更关注的是什么等多方面的客户信息。对于一些重要客户，企业不仅要研究客户本身的市场情况、经营情况，还需要对客户所处的环境、市场竞争情况等有所了解，并在此基础上，帮助客户提供一些力所能及的服务和产品。

定期或不定期地“净化”客户信息文件，验证信息的正确性，修改错误或过时的信息，注重地址、联系办法等方面的变更，及时更新信息。

导师提示

与客户保持主动联系的方法

1. 扮演成“神秘客户”对企业联系部门的客户服务质量进行“试探性”的调查，尝试 8～10 种不同的情况，对感觉和意见作电话记录。

2. 给竞争对手的客户联系部门打电话，比较服务水平的不同。定期重复这一工作。

3. 提供特价、清仓处理、试用等产品或服务的促销活动信息，把客户打来的电话作为一次销售机会。

4. 测试客户服务中心的自动语音系统的质量，努力使语音听起来更友好，更能有帮助作用，处理速度更迅捷，缩短客户排队等候时间。

5. 对企业内记录客户信息的文本或纸张进行跟踪，简化繁琐的步骤，缩短处理周期，提高客户响应速度。

6. 识别商业价值高的客户，与他们保持更主动的联系；提供个性化的服务；指定专人与客户方的联系人进行联络；尝试找回过去失去的重要的客户，说明可以重新开始合作的原因。

7. 收集客户的 E-mail 地址，保持联系；向客户提供多种可行的联系渠道，考虑使用自动传真系统，将客户信息存入到数据库中。

8. 把每天接到的投诉进行整理和分析，提高对客户投诉进行处理的“一次即圆满”的比率。

二、提升客户满意度与忠诚度

（一）客户满意度与忠诚度的关系

在高度竞争的行业中，完全满意的客户远比满意的客户忠诚。也就是说，在高度竞争的行业中，只要客户满意程度稍稍下降一点，留住客户的可能性就会急剧下降。这表明要留住客户，企业必须尽力使客户完全满意。如果客户未遇到产品和服务问题，接受调查时他们会感到很难作出不好的评价，而会表示满意。但如果企业的产品和服务过于一般，并未让客户感到物超所值，客户也不会保持忠诚。

客户忠诚包含态度成分和行为成分两部分。前者指客户对企业的员工、产品和服务的喜欢和留恋的情感，又称客户忠诚感；后者受态度成分的影响，客户忠诚感以客户的多种行为方式表现出来，这些行为方式包括再次购买、大量购买、经常购买、长期购买以及为企业的产品和服务做有利的宣传等。目前，企业主要采用客户再次购买意向衡量客户忠诚感。在市场竞争激烈、客户改购容易的情况下，这种衡量方法可以较准确地反映客户忠诚感，但在低度竞争情况下，它很难提示客户内心的真正态度。这时客户的再次购买意向主要是由外界因素决定的，一旦外界因素的影响减弱，客户不忠诚的态度就会通过客户大量跳槽表现出来。但是无论竞争情况如何，客户忠诚感与客户满意程度的关系都十分密切。

只有客户完全满意，他们继续忠实于公司的感情才会比较强烈。

导师提示

客户对营销人员或公司满意将给公司带来相应的利益

1. 将他的愉快经历告诉 3～5 人。
2. 100 个满意的客户会带来约 24 个新客户。
3. 更多地购买，并且长时间对该公司的商品保持忠诚。
4. 购买公司推荐的其他产品，并且提高购买产品的等级。
5. 对他人说公司和产品的好话，较少注意竞争品牌的广告，并且对价格也不敏感。
6. 给公司提供有关产品和服务的好主意。
7. 客户满意带来客户的忠诚，从而带来利润的增长。据统计，客户忠诚度每增加 5% 可使公司利润增长 25%～85%。
8. 满意客户口中的一句表扬之词远远胜过描述产品用的一千个词语。

（二）提升客户满意度

客户满意度与客户的期望值有关，因此，只要能了解到客户的需求，然后为其提供符合甚至超越他们期望的商品/服务，一般都会使客户满意；只有让客户满意，客户才会增强对产品的信任感及对企业售后的安全感，才会持续购买，成为忠诚客户，企业才能得以生存与发展。

要使客户满意并不是轻而易举的事，同样需要掌握方法和技巧。客户满意是建立在客户期望之上的，据此列出公式：

满意度＝感受值÷期望值

其中，期望值是指客户的“既定认识”；感受值是指实现后的实际状态；期望值是主观建立的，所以同一事物不同的人，或同一事物同一人不同时期，期望值都可能不同。

感受值是客观存在的，不以人的意志为转移。因此，期望值的大小决定了满意度的高低，而且它们之间是呈反比例关系的。可见，降低期望值是提高满意度的一个重要途径。

一般而言，客户是通过如下过程建立他的期望值的，如所示：

图 8-6　客户建立期望值过程

根据这个过程的描述，期望值的建立是在第②、③步中完成的，那么企业就可以在第②、③步中对客户施以影响，从而达到降低客户期望值的目的。降低客户期望值常用方法主要有：以说明的方式改变客户的经验与信息、改变客户的逻辑思维方式以降低期望值以及利用客户期望值的脆弱性等。

增加客户的感受值也是提高客户满意度的一条途径。实际上，这是企业实现客户满意最务实的一种做法，它代表超值服务，许多企业的发展长盛不衰，很大程度上便是得益于此。

导师提示

提高满意度的方法

1. “悬念”原则：即通常所说的“吊胃口”

这一原则在增加客户感受方面大体就是要突出“不要让他得不到，也不要让他太容易得到”这一技巧。企业在增加客户感受时，并不是一次提供的价值越大越好。这样很容易让客户下次的期望值建立在这次之上，而加重企业的负担。曾有一个销售化妆品的企业，推出了上门送货服务，随着客户增多，不能做到每一客户都送，结果引来许多客户的异议。

2. 激励、保健因素有机结合

保健因素指的是不满意因素，即造成客户异议的因素；而激励因素是造成客户满意的因素，是企业单独提供给客户的具有特色的服务，少了它客户也许不会不满意，但有了它客户会产生更满意的感觉。通常情况下，保健因素是指各竞争企业同时都在提供的服务，比如各空调厂家都提供上门安装，书店都提供购物袋等。保健因素投入过大只会是事倍功半，激励因素也应注意特色和创新。没有创新的服务如让利，也许起初会起到一定效果，但做过了头就会受到“收益递减规律”的制约，所以企业应将精力用在有特色的激励因素服务上来，才有可能保持客户长期的满意度。

3. 主动为客户服务

实际上就是“招呼式服务”，通过主动为客户服务来提高核心客户的满意度。从心理学角度来说，如果企业提供的服务不是主动的，在客户看来则意味着企业并不积极，没有把客户的利益放在心上并时刻为客户着想。这种完全属于问候性质的服务虽然不可能马上就有什么结果，但客户会觉得企业值得信赖。

4. 适时帮助客户

在客户需要的时候伸出援助之手，热情地予以帮助，使客户能够感受到企业的真诚，他也会表现出对企业的满意和忠诚。适时帮助客户是提高客户满意度的一条捷径，企业应经常将最新的资讯送给客户，客户往往会跟那些一直保持往来又能提供最新讯息的企业做生意。

（三）提升客户忠诚度

所谓“客户忠诚”就是“比其他人更偏爱购买某一种产品或服务的心理状态或态度”或是“对某种品牌有一种长久的忠心”。客户忠诚实际上是客户行为的持续性。这种以感情为基础的表述深刻地揭示了客户忠诚的含义。

创业故事

在世界十大饭店之一的泰国东方饭店，你也许从未瞄过他们的服务员一眼，但他们却知道你是个有价值的老客户。他们会在把你提升为头等客户，优先给你提供服务；楼层服务员在为你服务的时候叫出你的名字，餐厅服务员会问你是否会坐一年前你来的时候坐过的老位子，并且会问你是否需要一年前你点过的那份老菜单。当你生日时，你还可能收到一封他们寄给你的贺卡，并且告诉你，他们全饭店都十分想念你。

泰国东方饭店几乎天天客满，不提前一个月预订很难有入住机会，用他们的话说，只要每年有 1/10 的老顾客光顾，饭店就会永远客满。非常重视培养忠实的客户，并且建立了一套完善的客户关系管理体系，这就是东方饭店成功的秘诀。

培养客户忠诚并不是简单的事。具体说来，要想成功维系客户使之成为忠诚客户要做到以下几点：

1. 明确客户的期望

客户满意度就是客户的期望值与其对公司所提供产品和服务的评价的相符程度。因此企业应找出自己心目中的优质服务与客户的期望有何差距。在明确了客户的期望后，还要能制定一套比较适用的沟通计划，利用该计划能使客户期望的服务水准稍低于企业所能提供的水准。如企业可能在接到通知后 18 小时内提供服务，则对客户只保证 24 小时之内；如果维修人员接到电话后能在 2 小时内赶到，则只承诺 3 个小时之内。之所以要这么做是因为，当企业所提供的产品/服务水准超越了他们的期望时会在其心中形成良好的认知，这就为客户对企业保持忠诚提供了基本的前提条件。

2. 培养“老客户是主角”的意识

吸引新客户的成本至少是保持老客户的 5 倍。成功的企业总是积极培养“客户是主角”的意识，尽量积极地让客户参与到生产活动中去，这样可以产生更加有效的服务。把老客户看作是主角，其中最基本的做法是把客户看作是自己公司的一员或者是组织的一部分，让他比较清楚地知道自己该做什么事。

3. 确定客户的真正需要

只有确定了客户的真正需要，才能满足他们的需要，也才有使之成为忠诚客户的可能。可以通过虚心向他们请教和认真倾听他们的心声两种办法来确定客户的需要。

4. 与客户建立有价值的互动关系

忠诚度是通过与客户的互动、对话而建立的，并把这种关系扩展到极致。企业实施与客户互动交流对话的渠道主要有：调查，如信函、电话、问卷及座谈会；订单形式，如在订单上设计可让顾客表达意见的栏目；新闻简讯，如在新闻简讯上开辟一块读者来信专栏，鼓励客户提供意见，这种做法可在公司与客户之间建立起更具有人性化的、一对一的信任感；取样调查；建议委员会；电子邮件信箱等。此外，建立客户数据库也是一个能与客户保持互动关系的重要方法，准确、详细的客户数据库能为企业建立与客户的互动关系的策略提供决策基础，而互动关系又能进一步充实数据库的资料。

导师提示

网络时代的客户忠诚

网络时代企业对信誉更重视，客户对服务要求更高；客户忠诚更加难于建立，而一旦建立之后，却能为企业带来更加丰厚的回报。

在互联网这一虚拟的空间中跟踪客户的足迹，包括客户购买史和购物偏好，比在现实的传统商业环境中更容易。但在虚拟商店中，客户的购买方式是透明的，其每笔交易都会被自动记录。如果一个客户在看到价格显示屏时就退出网站，那么他属于“价格敏感型”；如果他从一个网页跳到另一个网页而没有达成任何一项交易，那么他很可能没有找到想要的东西。通过提供这些数据，网络给企业带来了前所未有的机会，使得他们可以更好地了解并服务于客户。

其实，电子忠诚的真正目的是为了让企业能“透过现象看本质”，能看到获得商业成功的关键所在。大量研究揭示，客户忠诚的五个主要决定因素并不包括技术，相反却都是一直提倡的客户服务方面的基本点：质量保证、即时发货、令人信服的产品提示、便利的定价合理的运送和明确的值得信赖的隐私政策。当然，这些要素随着行业不同而不同，并会随着时间而演化。

网络时代，建立强有力的客户忠诚不再仅仅是增加利润的一种途径，而是企业的生存之本。

三、防止客户流失

客户流失又称“客户跳槽”。不再购买本企业产品/服务的客户显然是跳槽者（“完全跳槽客户”）；而那些在购买本企业产品/服务的同时也购买竞争对手产品/服务的客户、那些在本企业购买产品/服务的绝对数量（或金额）在增加但在本企业相对消费份额却在下降的客户也属于“跳槽者”，这些客户属于“部分跳槽客户”。

企业应重视客户流失率。客户流失率上升了，企业利润必然会下降，即使企业能吸引足够的新客户来弥补，企业仍然要花不菲的人、财、物力，企业的经济效益仍然会下滑。因此只有了解客户流失的真实原因，才能发现市场管理中的问题，并采取补救措施防止其他客户流失，甚至还可以使已流失的客户重新回来，并与之建立起更为牢固的关系。

导师提示

客户流失对企业的危害

客户流失会对企业构成危害。根据危害程度不同，可以把危害划分为表象危害和深度危害，表象危害是表面的，而深度危害是内在的，甚至长远的、全局的。客户“跳槽”对企业可能构成的“深度危害”主要有以下两种：

1. 形成连锁“跳槽”反应

“跳槽”企业成为其他客户的标杆企业，进而形成“跟随效应”，使企业的核心客户集体叛离。在这种情况下，客户“跳槽”使客户总体信任度降低，使正常的生产经营活动受到影响，甚至影响到企业的生存能力。

2. 形成负面传播效应

负面效应包括很多方面，诸如客户“跳槽”也是媒体关注的焦点，若被媒体恶性传播，将有损企业形象、品牌形象，影响其他客户对企业的信任度和忠诚度。同时研究表明：客户满意可以把满意传达给3～4个人，不满意就可能影响13个人。因此，个人传播也是不可忽略的一个重要方面。

（一）客户流失的原因分析

1. 销售人员的流动导致客户流失

销售工作是一个比较有挑战的工作，同时销售人员也是每个公司最大最不稳定的“流动大军”，如果控制不当，在他们流失的背后，常常伴随着客户的大量流失。究其原因，销售人员手上往往有属于自己的渠道，也是竞争对手企业所看到的最大的个人优势和资源。

2. 竞争对手导致客户流失

这种类型的客户流失是由于企业竞争对手的影响而造成的。任何一个行业，客户毕竟是有限的，特别是优秀的客户，更是弥足珍贵的，20%的优质客户能够给企业带来80%的利润，这是亘古不变的法则。优秀的客户是更大厂家争夺的对象，当前的市场没有常胜将军，任何一个企业都处在激烈的竞争环境中，稍有不慎就会招致失败。市场上的竞争往往是白热化的，也许你的竞争对手正在对你的大客户动之以情、晓之以理、诱之以利，以引诱他放弃你而选择他。

3. 诚信问题导致客户流失

有些销售人员喜欢向客户随意承诺条件，但结果又不能兑现，或者返利、奖励等不能及时兑现给客户。客户最担心和没有诚信的企业合作，一旦企业的诚信出问题，客户往往会选择离开。

4. 企业自身过失导致客户流失

这种类型的客户流失是由于企业自身工作中的过失造成的。它占客户流失总量比例最高，带给企业影响最大，是最需要重点考虑的。粗制滥造产品、对客户不闻不问、对员工置之不理、忽视反馈信息、不关心企业的形象、思想消极、固步自封，这是客户流失的种种原因。总之，造成客户流失，是因为客户的需求难以得到满足、客户对企业没有足够的信心。

（二）客户流失的先期征兆和预警

客户越来越理性，即使“跳槽”也要符合自身根本利益，或者是出于战略考虑。因此，即使客户想要“跳槽”，也总有一种“过渡措施”，当然这种“过渡措施”有显性和隐性两种。对于“显性过渡措施”，客户可能会与企业直接沟通或在公开场合加以公开；而“隐性过渡措施”则难于察觉，甚至突然撕毁合同，给企业造成巨大损失，因此企业必须做好客情工作，把握客户“跳槽”的晴雨表。

其实，客户“跳槽”是有征兆的，这需要企业不断地去观察、分析。

1. 客户正在“分羹”给更多的企业

随着公共采购趋势发展，客户正在成为一种公共资源，无论客户是工业客户还是商业客户。当客户不断减少订单时，企业就应该想一想“有一天奶酪会不会不见了”，居安思危、患得患失有时也是必要的。

2. 客户正在实施企业发展战略调整

企业发展战略主要有前向一体化、后向一体化、水平一体化。诸如商业客户通过后向一体化进军生产领域，利用现有商业网络销售自有品牌产品，这将对原有的供货企业构成冲击，而且在政策上也一定会向自有品牌倾斜。

3. 客户公开宣布调整采购模式

客户这样做就是向各企业发出“再竞争”通告，也是开始“鸣枪示警”，同时也是出于对过去采购模式的改革。其实客户不断调整采购模式很常见，诸如欧倍德在刚进入中国时采取 100%全国集中采购模式，然而面对中国市场的巨大差异，使其饱受集中采购之苦，于是开始将全国集中采购模式大幅向区域采购（60%）和地方采购倾斜（20%）。

4. 渠道冲突出现而又难于平抑

供需双方在渠道上很容易出现不可调和或难于平抑的渠道冲突，这时如不能妥善解决，合作危机就可能出现。其实，在商业终端大型化的今天，尤其家电、IT 产品、医药等行业领域，生产商、经销商与终端商之间的“摩擦”不断，终止合作的事情时有发生。

企业要防止客户流失，最根本的做法是提升客户的满意度，进而形成忠诚度，这要从战略和策略两个角度去解决这个问题。通过建立战略合作伙伴关系，有利于形成长久合作机制；通过策略化运作可以稳固日常合作关系；二者结合才能“长治久安”。

（三）防止客户流失

留住客户靠的是良好的客户满意度、忠诚度和人际关系，在任何事情上平等相待都有助于维护持久的关系。有些退出障碍是必要的，这样可以约束那些有益的长期客户离去，克服他们暂时的不满情绪。如果没有障碍阻止客户退出，有价值的客户就可能毫无顾忌地离开。

有两大类障碍可以预防客户退出：经济处罚和心理转移代价。

1. 经济处罚

可采取直接方式，比如收费；或间接方式，采取额外费用的形式，让企业在退出时承担这笔费用。

2. 心理障碍

让决策者对改变后未来选择的供应商的前景抱有担忧、不确定或怀疑的心理状态。

这两类措施都可以有效地防止客户流失。

思考与训练

一、思考题

1. 市场定位的意义是什么？如何对市场进行定位，其主要步骤有哪些？
2. 市场开发的手段有哪些？
3. 如何理解客户对企业经营的意义？客户开发有哪些技巧？

4. 客户维护的过程是什么？

5. 关注客户忠诚度，会分析客户流失的原因。

二、案例分析

A会所的困惑

A是一家颇具规模的美容会所。该美容会所地理位置优越，会所周边有学校、政府机关、企事业单位、银行、特色商店等，是一个小资、高尚定位人群密集的区域。几年来的经营过程中，该会所经营思路较正确，不断引进先进美容设备，增加新的服务项目，至今拥有了包括了纤体、美容、健身、针灸理疗等多个项目，尤以纤体和健身闻名。总的来讲，在美容行业竞争日益激烈的情况下，还是取得了不错的业绩，在业界和消费者心目中也树立了较好的形象。但是，老板王女士近来却忧心忡忡，发现有两个问题越来越严重：

（1）经营中新的项目不断推出，新老客户也都比较拥护，营业额上去了，但利润却徘徊不前；

（2）会所生意非常好，员工积极性也相当高，但消费者的满意度却没有提高，甚至出现客户流失的现象。

王女士十分担心，这两大问题如果无法尽快得到有效遏制，其势必将影响到会所未来的发展。

案例问题：假如你是王女士，如何解决以上两个问题？

Step 9　管理与运营创业企业

导　入

展飞的创业团队已经将玩具厂引上了正轨，公司目前有员工 10 人。随着市场的不断拓展，团队打算进一步扩大公司规模。面对市场的各种机遇，团队成员有了困惑，包括公司应向哪里发展、应招聘哪些人员、如何建立组织文化、如何认知和化解公司的各种风险……他们正在企业经营的历练中向企业家的理想迈进。导师对他们的发展充满希望，也提醒他们经营管理之路永无止境！

学习目标

1. 了解企业文化对企业运营管理的影响
2. 熟悉创业企业适用的企业战略
3. 掌握创业企业人力资源管理的主要内容与运作方式
4. 了解创业企业风险的类型及预防

9.1　构建创业企业组织文化

在创业之初，创业者主要精力大多都放在项目、资金、客户上，创业者往往忙于各种应酬和具体事务，很难能静下心来认真思考企业战略和企业文化。但是一个不容争辩的现实是，但凡伟大的企业都是在创业初期就制定了长远的目标和伟大的愿景。坚定的目标、清晰的愿景是支撑和引导企业一步步长大的基石和土壤。

作为一种有效的管理工具，组织文化在企业经营实践中由来已久。每个人与每个企业都处在社会体系中，除了追求物质以外，还必须满足精神上的需要，组织文化正是推动个人和组织发展的精神动力的源泉。当大家在信誓旦旦地要将企业办成“百年老店”的时候，我们需要了解一个基本事实：世界上的教会和学校历史往往较长。这两种组织的共同特点是，都有深入人心的文化信仰，都有深入行为的传统。企业归根结底是赢利性的组织，但企业存在必然要找到自己存在的理由和生存信仰。不知道为什么而存在，就会陷入到为了赚钱而赚钱的圈子中去，员工感到没有希望，组织没有生机。企业没有自己的生存信仰，就容易在前进的过程中走弯路，甚至迷失方向，误入歧途。

信息广角

1998年版的《美国最适合就业的100家大公司》一书描述IBM公司是："把自己的信念像教会一样制度化……结果形成了一家充满虔诚信徒的公司……有人把加入IBM比做参加教团或从军……如果你了解海军陆战队你就会了解IBM……你必须乐于放弃部分自己的个人意识，以便生存下去。"

经营大师松下幸之助曾断言："真正激励人们百分百投入的动力，不是金钱等组织提供的外部条件，使人们忘记痛苦不断前行的，是其内在的组织文化。"

韦尔奇有句名言，管理得越少，管理得就越好——用的是"基于价值观的领导"，曾经要求每位员工随身携带GE价值观卡片。

美国社会学家英格尔斯曾断言："在任何一个国家，那些完善的现代制度以及伴随而来的指导大纲、管理守则，本身是一些空的躯壳。如果一个国家的人民缺乏一种能赋予这些制度以真实生命力的广泛的现代心理基础，如果执行和运用着这些现代制度的人，自身还没有从心理、思想、态度和行为方式上都经历一个向现代化的转变，失败和畸形发展的悲剧结局是不可避免的。再完美的现代制度和管理方式，再先进的技术工艺，也会在一群传统人的手中变成废纸一堆。"

一、企业文化的内涵

创业者在创业之初就必须确立企业文化。企业文化不是形式主义，不是企业组织员工唱唱歌、做做操、喊喊口号、表演几个节目等就有企业文化了，这只能是企业文化最简单的外在表现形式，真正的企业文化是全体企业员工在长期的创业和发展过程中培育形成的，共同遵守的企业最高目标、价值标准、基本信念及行为规范，是企业理念形态文化、物质形态文化和制度形态文化的复合体，是企业最高精神信仰。

企业文化是在工作团体中逐步形成的规范，是为一个企业所信奉的主要价值观，是一种含义深远的价值观、神话、英雄人物标志的凝聚，是指导企业制定员工和顾客政策的宗旨，是在企业中寻求生存的竞争"原则"，是新员工要为企业所录用必须掌握的"内在规则"，是传统氛围构成的公司文化，它意味着公司的价值观，诸如进取、守势或是灵活——这些价值观构成公司员工活力、意见和行为的规范。管理人员身体力行，把这些规范灌输给员工并代代相传。它不是指知识修养，而是指人们对知识的态度；不是利润，而是对利润的心理；不是人际关系，而是人际关系所体现的处世为人的哲学。企业文化是一种渗透在企业的一切活动之中的东西，它是企业的美德所在。

企业文化是指企业组织的基本信息，基本价值观核对企业内外环境的基本看法，是由企业的全体成员共同遵守和信仰的行为规范、价值体系，是指导人们从事工作的哲学观念。

二、企业文化的核心——价值观

初创企业的企业文化是在摸索和形成过程中，大可不必急于定论自己的企业文化，真正属于自己的企业文化形成还需假以时日。但企业必须要有自己的核心理念，没有核心理念的企业，就不知道自己要做什么，发展比较盲目。

（一）愿景与目标

愿景告诉人们“我们（企业）将成为什么”，它不同于战略目标——明确告诉成员什么时间能达成什么具体目标。一个明晰的愿景，应该是对企业内外的一种宏伟的承诺，使人们可以预见达成愿景后的收益，它应该具备以下特征：能够让人们激情澎湃，鼓励成员，调动他们的积极性，让人们觉得有点高远但又愿意全力为之奋斗。20 世纪 50 年代初，当索尼还是一家很小的企业时，它宣称的愿景是“成为最知名的企业，改变日本产品在世界上的劣质形象”。一个令人振奋不已的愿景很容易在股东、员工及其他相关利益者之间进行沟通、达成共鸣。如果没有规划共同愿景，战略管理很容易在一大堆项目的混乱选择中消失，各部门间的变革因为没有人知道变革将会带领企业走向何方而毫无意义。同时在战略阶段中也要按愿景规划中所提到的，给员工一个足以让他们兴奋不已的蓝图。所以战略要提出共同愿景，让员工和利益相关者提供帮助，甚至于牺牲短期利益。用愿景激发员工变革的欲望，这是战略管理必不可少的一环，也是初创企业创立企业文化的核心。

目标是企业前进的方向，愿景是企业成员工作的动力。这只能由老板提出，员工认可就会跟随。目标明确、愿景清晰是寻找合作伙伴、寻找创业员工的前提。创业初期，定位企业发展目标、描绘企业发展愿景，是老板的首要任务，也是建设企业文化的基础。

信息广角

著名企业愿景

联想集团的愿景：未来的联想应该是高科技的联想、服务的联想、国际化的联想。

麦当劳的愿景：控制全球食品服务业。

索尼公司的愿景：为包括我们的股东、顾客、员工乃至商业伙伴在内的所有人提供创造和实现他们美好梦想的机会是索尼公司的使命，体验发展技术造福大众的快乐。

通用机器（GE）愿景：使世界更光明。

微软公司愿景（使命）：计算机进入家庭，放在每一张桌子上，使用微软的软件。

福特公司愿景（使命）：汽车要进入家庭。

中国移动通信使命：创无限通信世界，做信息社会栋梁。

迪斯尼公司愿景：成为全球的超级娱乐公司。

波音公司愿景：在民用飞机领域中成为举足轻重的角色，把世界带入喷气式时代（1950 年）。

苹果电脑公司愿景：让每人拥有一台计算机。

华为公司愿景：丰富人们的沟通和生活。

万科公司愿景：成为中国房地产行业领跑者。

（二）核心价值观的表述

如果目标和愿景得到员工认可，接下来，就应该和员工讨论企业的是非判断标准。

这也是大家通常所讲的企业的核心价值观。企业的核心价值观可以用一句话来表述。

信息广角

著名企业价值观

IBM公司价值观——成就客户、创新为要、诚信负责。

迪斯尼公司价值观——极为注重一致性和细节刻画；通过创造性、梦幻和大胆的想象不断取得进步；严格控制、努力保持迪斯尼“魔力”的形象。

波音公司价值观——领导航空工业，永为先驱；应付重大挑战和风险；产品安全与品质；正直与合乎伦理的业务；“吃饭、呼吸、睡觉都念念不忘航空事业”。

苹果电脑公司核心价值观——提供大众强大的计算能力。

摩托罗拉公司价值观——保持高尚的操守，对人永远地尊重。

宝洁公司价值观——领导才能、主人翁精神、诚实正直、积极求胜和信任。

联想公司价值观——成就客户、创业创新、精准求实、诚信正直。

- 成就客户——致力于客户的满意与成功；
- 创业创新——追求速度和效率，专注于对客户和公司有影响的创新；
- 精准求实——基于事实的决策与业务管理；
- 诚信正直——建立信任与负责任的人际关系。

创业需要创新，创新需要打破传统，打破传统就意味着不能按部就班，不能有太多的条条框框。清规戒律太多不适合创业期的企业。创业期的企业，制定制度不是重点，提出或提炼适应企业成长的价值观才是重点。创业期的管理工作就是激发全体成员的工作激情，培养良好的工作习惯。

大道至简，创业期确定了企业核心价值观之后，再明确几条大家共同遵循的理念就可以了。通俗地讲，就是旗帜鲜明地提出企业赞成什么、反对什么，倡导什么、鄙视什么。创业期的企业文化也许就是几句话，甚至一句话。可别小看了这一句话或几句话，几句话格调有高下：志在高远，就可能吸引人才，引领企业展翅飞翔；目光短浅，斤斤计较，企业就可能定格在夫妻店的规模。这几句话就是做人做事的准则。这些准则越精练越好。越精练内涵越丰富，越精练越容易记住。如果企业倡导“诚实对待每个人、诚实做好每件事”，那么可以每天、每周或每月终了，让每一位员工对照自查、自评、自省。首次违背自我改正，再次违背批评教育，三次违背自动离职。当然要求员工做到的，老板自己首先要做到。若能如此，即使制度不完整，员工也能积极工作、认真负责，企业依然能够活力四射，后劲十足。

创业者可以和员工讨论企业主张什么、反对什么、支持什么、打击什么，然后用大家喜闻乐见的语言精练地表述出来，所有成员应遵照执行、定期对照检查，并严格处理破坏者，这就是创业期企业文化建设的内容。

导师提示

好的企业文化所包含的内容

1. 没有办公室政治

好的创业企业文化里，每个人都彼此信任。对点子的评价是基于其价值，而不是看是谁提出来的。大家对于将要获得的回报感到满足。

2. 你不是在单纯地工作，而是富有使命感

好的创业企业文化是由这样的一些人构成的：他们有能力做很多事情，但实际上他们心甘情愿专注于公司的个别产品或服务。信任公司，觉得公司从事的事情是最重要的。

3. 良好的竞争环境

好的创业企业文化要在精神上奖励表现出色的员工，而对表现不佳者要非常严厉，很快淘汰那些达不到高标准的人。最终留下来的人会发现，他周围的同事都跟他一样，甚至更为出色。

4. 节省每一分钱

好的创业企业文化对每一分钱都很在意，费用方面会非常谨慎。Amazon 公司用门板做桌子的传统并不是这样会便宜（很可能不会），而是造成一种感觉，Amazon 不会在办公家具上浪费钱。在创业的早期，Interpid Learning Solution 公司内部设了一个节约奖，奖给那些有超级省钱能力的员工，公司 CEO 得过一次奖，他租了一辆货车，自己一个人把附近一家公司搬家遗弃的会议桌拖了回来。在好的创业企业文化里，成本控制意识强也很有感染性。

5. 股权激励

员工可以享受到公司未来的价值。如果员工仅仅只关注奖金，而对股权丝毫不感兴趣，那表明他们对公司的未来没有信心。

6. 完美匹配

公司战略正确并且与愿景目标保持一致，员工各司其职，做他们擅长的事情。从 CEO 到办公室文员所有员工的想法一致。

7. 良好的沟通

任何人都不会对公司的目标产生迷惑。沟通是公开和通畅的，有困难就直接提出来，而不忽视。

8. 充满激情、责任心强的领导

创业企业的领导应该是公司的精神领袖，好的领导能够担负起责任并以身作则。作为公司的 CEO 应带头鼓舞士气。

9. 互相尊重

在不太好的创业企业文化里，不同岗位的人们会看不起其他岗位。而在好的创业企业文化里，每个人都会对其他人所做的事予以尊重，对他人的成绩予以祝贺。员工之间会有激烈但有益的讨论，最终作出大家接受的决定。

10. 专注于客户

好的创业企业文化非常关注谁是客户、客户想要/需要什么、客户当前的支付意愿等等。在产品或服务面市之后，客户的反馈也是非常重要的一部分。好的创业企业文化很少会对客户的问题感到惊讶，因为这些是充分了解客户的前奏和过程。

11. 精力充沛

在你走进有好的创业企业文化的企业时候，你会感觉到办公室里充满能量，每个人都在专注自己的使命。门是开着的，白板上写得满满的，每个人都在忙着做事，会议简单有效。

12. 宽松的工作环境

创业企业应该有趣。在好的创业企业文化里，任何人都会体会到快乐。员工会告诉他们的朋友，他们是多么快乐。在这样的企业文化里抱怨是无藏身之处的。

13. 真诚

好的创业企业文化不会企图走捷径，他们以最高级别的真诚态度对待客户、处理员工问题、做日常工作。这种真诚意味着他们对公司产品充满信心，很放心地把产品交给用户。任何形式的欺骗，哪怕是部分欺骗，都是不可接受的。

三、企业文化的形成

国际上很多知名公司的品牌无不来自其背后具有辐射性企业文化的支持，如可口可乐的美国文化、劳斯莱斯的贵族文化、万宝路的牛仔文化、白兰地的田园文化、麦当劳的温情文化等等。因此，创企业就是创文化，企业是否能真正创立和发展成功，就是看是否打造了强势的企业文化。而处于初创期的企业，除了认识到企业文化建设的重要性和企业文化体系外，还需要系统地对制度、行为和物质层面进行规划，并且要专门组织培训、研讨等活动进行文化导入和重塑，这些都需要投入大量的人力、物力和财力。

（一）创业初期老板文化

造就企业文化的通常是企业的创始人或者最高管理者，他（她）的行为和其思维模式也就奠定了这个企业的企业文化模式，也就是说企业文化一部分是创始人的人格化。所以说创始人对本企业文化的影响是决定性的，当一个新的企业成立后，创始人的管理思路以及言行举止就已经开始打造这个企业的文化，对整个公司的企业文化发展已经开始产生具有决定性的影响力。

创业期企业老板或创业者在企业的决策中能起到舵手作用。例如万科王石的理性赌博带来了超前的制度设计；华为任正非的“君主立宪”使得权力结构半开半锁；联想柳传志的大刀“削藩”化解了四次分裂；海尔张瑞敏的权力神化下的隐忧；长虹的强人政治、独特的纠错机制等等，这些老板的文化思维和行为风格界定了企业文化初期的形式，也是老板个人能力的一种展现，基本上代表了整个企业的文化风格。我国90%以上的企业，尤其是中小型的民营企业文化现状就是这样。企业的文化力只是一种朦胧而模糊的雏形，没有人去注意或研究它，只是觉得老板能把企业做好，老板的能力强，大家就在他的影响下，向他学习或模仿，老板说什么就是什么。这就要注意，一味地把企业文化的个性当成个人风格的展现，于是老板主义盛行，个人以言代法，在自己的小天地里搞个人崇拜，造成组织中弥漫着个人至上的气息，这种神化的结果不但不利于企业文化建设，反而是企业中的一个毒瘤。

（二）创业团队影响企业文化

创业团队是创建企业的关键要素。在现实中，创业团队成员由于经营理念与方式的不一致，团队思想没有统一，有些成员不认可公司的目标和策略价值，产生恶性冲突，导致创业团队解散，这种现象比比皆是。因此，团队成员之间要充分沟通、交流，这不仅可以避免团队的解散，更主要的是通过沟通，可以形成统一的价值观，有利于企业价值观的形成和完善。

（三）企业文化的传播

企业文化要落实到企业的每一个角落，要借助一些方式和方法，最重要的是要造势。有的企业在楼道里和办公区域里铺天盖地地搞一些宣传栏、海报、小彩旗，其实这就是造势，要让全员都动员起来。企业文化宣传应该是全方位的，除了楼道里的宣传海报，每个办公室也要悬挂公司企业文化价值观，甚至在员工电脑上也贴上这些词，使大家一上班就感到企业价值观无处不在。还可以公司网站、内部报刊上张贴企业文化的宣传报道，营造出一种浓厚的氛围。没有形式就没有内容，假如员工连企业价值观是什么都不知道，谈何理解和认同。在过程中理解，在过程中沟通，在形式中融入。

正如深圳华为文化，他们主张不认同华为文化的员工要被除名，不提拔使用，但在操作使用中，则要使用“温吞水”的策略。不认同华为文化管理层也不跟员工计较，只要好好工作就行。但时间一长，员工也会坐不住了：看来我也不能老不积极，至少也得“假”积极，“假”久了就成了真。“假”还造成了一种势，一种外围的气氛，影响了别人，结果把别人给带进步了。企业文化的推动贯彻也要一张一弛。

员工是企业文化的载体，假如员工没有积极性参与，或者说被动参与，那企业文化建设注定要失败。例如进行员工企业文化研讨会，将企业文化建设和员工的工作实际联系起来；举办企业文化演讲比赛，讲述员工心目中的企业文化；举办企业文化节，通过各种各样的活动让员工感受企业文化精髓，体现员工的文化风貌等等。只有绝大部分员工认同的企业文化才可能成为真正的企业文化，企业文化只有通过员工行为体现出来了才可以说企业文化建设取得了成效。

创业故事

Google 公司企业文化故事

被 Google 公司排在最前面的公司文化是平等互敬。这家公司没有一个人有自己专门的办公室，就连 CEO 也是这样。职位不同只能代表决定的事情不同，不代表谁可以凌驾于他人之上，自己的事情自己做。平等文化还表现在公司每个人的意见都会得到最大程度的重视。Google 招聘人才中有个著名的环节是，应聘的人必须经过四五名资深工程师的面试，最后大家开会讨论决定是否录用，这个过程中只要有一个人反对，应聘者就不能通过。另外每个员工都可以看到老板或是其他同事的工作计划，可以提出建设性的意见，又能监督老板是否完成了目标。这种透明不仅有利于员工明确公司的方向，更是年终大家相互考评的重要依据。Google 公司年终的考核与是否升职，是否加薪有关，而这个考核结果不是由某个上级领导说的，而是要同事间相互打分。Google 公司员工的解释是，你干得好不好其实合作者最清楚。

Google 公司可以不给老板专门的办公室，但却有给钢琴爱好者专门设立的钢琴房。更不可思议的是，有人曾提出公司应该提供游泳的环境，但实际上公司的地盘不大，怎么解决呢，终于有人发现有一种健身仪器叫游泳机，澡盆那么大，人可以趴在里面，水动，人不动。

员工认为，在短短的七八年时间里，Google 公司就从一个小打小闹的在线搜索引擎公司成长为一个在所有领域都插上一脚的技术巨鳄，其中的秘密大概就是平等、透明、以人为本。

9.2 制定创业企业战略

创业是激动人心而又充满挑战的人生旅途。有关数据表明：90%以上的新创企业在10 年内都不复存在，创业成功者只是极少的一部分。作为能力和资源都比较薄弱的新创企业，如何在激烈的市场环境中站稳脚跟，如何提升竞争优势，如何实现可持续发展？这些问题关系到企业的生存和发展，是对创业者战略思考和行动能力的考验。战略思考可以使创业者在埋头苦干的同时不迷失方向，保证将企业有限的资源集中于最有可能实现经营目标的事项上。

一、战略的前置思考

战略思考主要是要求创业者回答以下几个问题：

（一）创业的目的

经营企业的动机、目的和目标直接影响和决定企业的经营理念与经营战略，决定企业将采取什么行动来实现经营目标，所以此问题的答案直接决定了企业的发展和命运。创业要思考如下问题：

我们因为什么原因创办此企业？是因为有某种客户或权力关系，看到了一个赚钱的机会，能更好地发挥自己的潜能，还是其他什么原因？创业是主动的还是被动的？

我们创办此企业的目的是什么？是为了实现个人价值，赚钱养家糊口，搞个公司卖掉，还是为了换一种生活方式？

我们想创立一个什么样的企业？我们的长远目标是什么？三年目标是什么？一年的

目标又是什么？

（二）赚钱的方式

从根本上讲，企业是以营利为最终目的的组织，这也是其区别于其他非营利性组织的本质特征。关注顾客，是因为顾客是企业实现营利的来源；关注员工，是因为员工是企业实现营利的主体。顾客和员工最终都是为实现企业营利目标服务的。那么如何赚钱呢？这其实也就是企业的商业模式定位问题。很多企业倒闭就是因为对这个问题没有很好地考虑和把握。请考虑以下问题：

我们“真正的”顾客是谁？我们最终为谁提供产品和服务？他们在哪？有何共同的行为特征？有何共同的价值需要？购买者、影响者和使用者分别是谁？他们的需要有何异同？

我们提供什么产品和服务？为什么这些产品和服务对顾客是重要的？我们的特色在哪里？顾客为何买我们的产品而不去买竞争者的产品？没有我们这个世界是否会变得更糟？这些产品和服务是否满足了大部分顾客共同的价值需要？

我们以什么方式为我们“真正的”顾客提供他们所需的产品和服务？我们如何做到在持续提升顾客价值的同时不断降低企业的经营成本，而不是在两者之间进行权衡和取舍？为顾客创造和提供价值的哪些环节需要加强，哪些需要减少，哪些需要新增，哪些需要去除？

（三）经营能力

企业想做什么是一方面，企业能不能做又是另外一方面。当然做事的能力是在做的过程中不断提升和获得的，但我们事先必须有意识地去引导和培养这些能力。请考虑以下问题：

我们所需的最重要的能力是哪些？哪些能力已经具备？哪些能力需要提升？如何提升？我们感受变化的能力如何？我们获取资源的能力如何？我们进行外部合作的能力如何？我们服务客户的能力如何？我们将所有资源和能力进行整合以使之符合目标和战略需要的能力如何？

我们需要哪些资源？我们是否需要土地、资金、厂房、机器、设备、技术等资源？其中哪些已经具备？哪些需要获取？如何获取？

我们的声誉和品牌如何？声誉和品牌对于我们的重要性如何？我们公司的声誉如何？我们的产品品牌如何？如何提升我们公司的声誉和品牌？

（四）如何行动

很多企业的失败，不是由于没有好的战略，也不是因为员工缺乏能力，而是因为缺乏有效的、持续的和坚定的行动。企业需要通过行动实现目标，员工需要在行动中学习，管理者需要在行动中感知环境的变化以及时调整战略、适应环境。战略和执行是驱动企业绩效实现的必不可少的、密不可分的两个轮子。请考虑以下问题：

为实现企业的经营目标，我们最重要的事项是什么？（列出 3 项，最多不超过 5 项）

为完成这些优先事项，我们要实现的具体目标和要采取的具体行动有哪些？（为每项优先事项确定 3 个要完成的定量指标，为每个定量指标的实现确定要做的最重要的三件事）

我们接下来 30 天的行动计划是什么？都有哪些事项要完成？要达成什么目标？谁负责？起止时间？所需的资源和支持有哪些？30 天的行动计划应当每周进行检查和更新，每月花些时间与团队成员一起坐下来看看哪些事情按计划完成了，哪些事情改变了，哪些事情未完成，是什么原因，如何改进？在此基础上再制定下一个月的行动计划。这实际上就是战略管理最基本的工作，战略只有落实到日常的行动中才有意义，才会真正产生价值。

（五）要获得哪些利益相关者的支持

在社会分工越来越细的今天，要实现经营目标，要执行发展战略，光靠企业员工还远远不够，创业者还必须争取尽可能多的利益相关者的支持。请思考以下问题：

哪些人是我们的利益相关者？我们必须与谁沟通？（利益相关者包括员工、顾客、供应商、影响者、管理者，乃至竞争者。）

他们应当知道什么？我们希望从他们那里获得什么支持？

我们应当如何与他们沟通？需要注意的是，不同的对象、不同的沟通内容需要采取不同的沟通方法。

由于环境是不断变化的，企业也是处于不断的发展过程之中，以上几方面的问题需要创业者经常性地思考，并适时检查和调整行动方案。相对于结果而言，战略管理更注重过程，过程做对了、做好了，结果自然是水到渠成的事情。

导师提示

战略指导思想应包括的几个方面

1. 市场导向，需求驱动，尽力满足社会需求

企业要围绕市场运转，实现自主经营，自负盈亏，千方百计满足市场需求，努力提高市场占有率。

2. 依靠品种、质量、成本取胜

适应经济增长方式从粗放型向集约型转变，企业要改变粗放式管理，转向精细化管理，努力提高产品的技术含量和附加值，保证和提高产品质量，降低成本。

3. 实现系统整体优化

企业是一个由各个方面有机结合而成的复杂系统，要对企业生产经营的诸要素进行优化组合与合理配置，实现系统整体优化，协调和平衡各个局部与局部之间、局部与整体之间相互适应关系，尽力提高企业经济效益。

4. 善于竞争，优胜劣汰

企业要进入市场竞争体系，适应优胜劣汰的激烈竞争，充分调动和运用自己的各种资源，在竞争中求得生存与发展。

5. 长远观点，放眼未来

制订和实施企业战略都必须具有长远观点，切忌急功近利。不断改造内涵，加大技术改造力度，增强企业后劲。

6. 以人为本，依靠全体职工

建立以人为中心的管理，真正体现尊重人、理解人和关心人，充分依靠和调动全体职工的积极性，去实现企业的战略目标。

二、战略管理的过程

企业战略管理包括战略制订、战略执行、战略控制等过程。

（一）战略制订

战略制订的依据包括外部环境分析与内部条件分析。

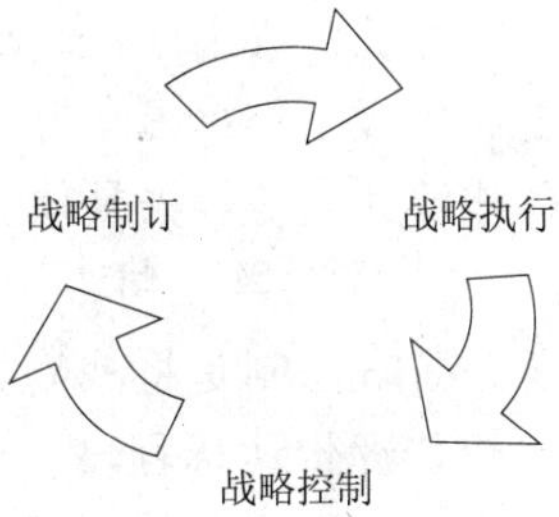

图 9-1 战略管理程序图

外部环境分析要及时收集和准确把握企业的各种各样的外部环境信息，譬如，国家经济发展战略，国民经济和社会发展的长远规划和年度计划，产业发展与调整政策，国家科技发展政策，宏观调控政策，本部门、本行业和本地区的经济发展战略，顾客（用户）的情况，竞争对手的情况，供应厂家的情况，协作单位的情况，潜在的竞争者的情况，等等。

内部条件分析是指分析本企业的人员素质、技术素质和管理素质，产、供、销、人、财、物的现状以及在同行业中的地位，等等，明确本企业的优势和薄弱环节。

战略制订一般由以下程序组成：明确战略思想；分析外部环境和内部条件；确定战略宗旨；制定战略目标；弄清战略重点；制订战略对策；进行综合平衡；方案比较及战略评价。

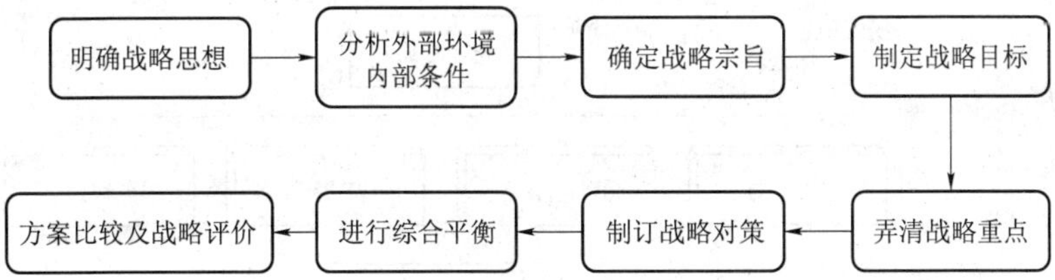

图 9-2 战略制定的程序

导师提示

确定战略目标注意事项

1. 对象明确。有预期服务的对象、要完成的任务和达到的结果。

2. 定量和定性相结合。对企业预期达到的结果，既有定量指标，又有定性内容。在定量指标方面，有产品产量、净产值、销售收入、新产品开发品种种类、产品质量性能、劳动生产率、利润、其他经济效益指标、技术改造项目、人才培训、职工福利，等等。

3. 时间限定清晰，并且保证长、中、短期目标相互衔接协调。实践表明，推行目标管理是实施战略执行和战略控制的有效方法。应根据市场变化，适时进行战略调整。建立跟踪监视市场变化的预警系统，对企业发展领域和方向、专业化和多元化选择、产品结构、资本结构和资金筹措方式、规模和效益的优先次序等进行不断的调研和战略重组，使企业的发展始终能够适应市场要求，达到驾驭市场的目的。

（二）战略执行

为了有效执行企业制订的战略，一方面要依靠各个层次的组织机构及工作人员的配合和积极工作；另一方面，要通过企业的生产经营综合计划、各种专业计划、预算、具体作业计划等等去具体实施战略目标。

（三）战略控制

战略控制是将战略执行过程中实际达到目标所取得的成果与预期的战略目标进行比较，评价达标程度，分析其原因；并及时采取有力措施纠正偏差，以保证战略目标的实现。

三、创业企业战略抉择

当企业已成功地完成了第一阶段——创立阶段，（这一阶段的成功一般基于企业家个人和其创业群体的能力，创业者就是企业最初的人力资源。）接下来，就进入了企业的迅速增长阶段，公司的生产不断扩大，销售收入快速增长，员工人数也迅速增加。这时企业就如同一个儿童拥有一副成年人的身材，出现了极度的不适应，被称为企业成长的痛苦期。处于这种迅速成长痛苦中的创业企业，要么战胜这种困难迅速崛起并逐步成为大企业；要么昙花一现，在经历最初的辉煌之后走向衰退并最终倒闭。

结合创业企业一般规模小、投资少等特点，其战略选择可参考如下方面：

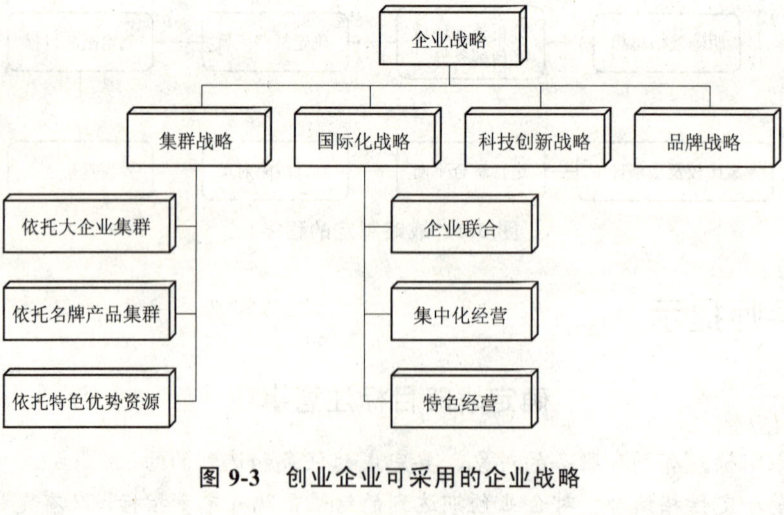

图 9-3 创业企业可采用的企业战略

（一）集群战略

产业集群是在特定的区域内由许多相同或相关产业的企业以及与之配套服务的专业化的供应商和服务机构构成的集合体。一个区域内某一产业的企业密度越大，产业各环节的配套程度越高，企业集群的创新能力和竞争能力也就越高，创业企业发展的机遇也就越多。

集群战略的几种模式：

1. 依托大企业和骨干企业集群

在依托大企业集群战略中，应注意选择产业链较长的大企业为龙头企业，如顺德的家电企业群、东莞的电脑及其配件产业群、深圳的高新技术产业集群都是非常好的例子。

2. 依托名牌产品集群

如著名的新明珠企业集团在三水购地 2 000 亩建设生产基地。像这样的品牌企业还通过贴牌等形式委托镇内企业生产，对其他企业起到了辐射带动作用。同时，很多创业企业依托一些名牌产品集群，这样既有利于生产名牌产品的企业做大做强，也有利于创业企业自身的发展。

3. 依托特色和优势资源集群

一个地区的特色和优势可以是区位优势、自然资源优势和社会资源优势。做加工好，还是创品牌好，要因企业能力而定。对龙头企业来说，加强品牌意识，提高文化附加值是必须思考的问题；而对于更多的创业纺织服装企业，可能选择做批发，或者做内贸、外贸的贴牌生产，专门做“工厂”也许更适合，这种战略模式也可认为是依托特色和优势资源集群模式，符合本地实际情况。

（二）国际化战略

国际化战略就是企业将其有价值的技术和产品（源于其核心能力）转移到本土竞争者缺乏这些技术和产品的市场上，发挥比较优势。由于多元化经营战略、内部发展战略和撤退战略一般适用于大型跨国企业，创业企业的国际化就应当采取以联合战略为主、集中化经营战略和特色经营战略为补充的战略选择。

1. 企业联合战略

企业联合是为了获得增长或增加规模经济分担风险，与其他企业实行某种形式的联合。采取联合战略，能够最大限度地弥补单个企业的劣势，通过优势互补来增强竞争能力。这就可以运用创业企业集群跨国经营理论，由地区性行业协会组成资源共享的信息平台，组织业务关联的创业企业拓展海外市场。

2. 集中化经营战略

集中化经营是指企业生产的产品和产品销售的市场比较集中，绝大多数销售额来自同一种类的产品或技术上有密切联系的产品。美国经营最好的一批企业，都是属于经营高度集中化的企业，他们或服务于一个单独的市场，或应用一门单独的技术。由新技术革命引起的产业结构变动，将使一部分企业实行集中化战略利用其技术专长，在某一技术领域内保持领先地位，从而使企业高速成长。

3. 特色经营战略

特色经营是指企业生产和经营的商品或提供的服务具有与众不同的特色，以特色取胜。这种特色可以表现在产品设计、技术性能、质量、企业文化、销售方式、用户服务等其中某一方面。实行特色经营战略，往往需要增加研究开发和设计费用，产品成本会相应提高，所以一般不可能有较大的销售量，必须谨慎地选择目标市场和消费者层次。

（三）科技创新战略

从战略高度重视企业技术创新，加大对研究开发的资金投入。虽然目前创业企业绝大多数规模较小，但规模偏小并不影响其进行技术创新。技术创新的主体是企业，而影响企业技术创新能力的首要因素是企业经营者。应建立对技术创新关键人员的激励机制。技术创新能力除了来自企业经营者的创新精神外，还源于企业职工队伍特别是科技人员的创新激情。因此，应健全技术创新机制，使每个员工自觉地为技术创新出谋献策，特别是对技术创新关键人员的激励机制尤为重要。积极与科研院所、高等院校建立协作关系，借“脑”搞创新、搞开发；与科研院所、高等院校建立战略联盟，形成紧密的技术创新体系，弥补企业自身创新能力不足的缺陷。

（四）品牌战略

现代企业与其说是经营产品，不如说是经营品牌。未来的市场格局将由强势品牌分割，进而走向品牌集中。一个创业型企业要想不被市场竞争的巨浪吞没，只有走进强势品牌的天地，才能构建起相对安全的生存平台。

品牌之所以成为品牌，一定具有极其鲜明的个性，这种独特的个性，牢牢地把消费者吸引，使人过目不忘，印象深刻，品牌因此大行其道。广告是品牌的催化剂，这已是一个不容争辩的事实，但品牌不能只依靠广告。一般来说，创业型企业多以市场热销产品为主，经营的风险性相对较大，所以企业赖以生存的命脉是持续保证和提高产品的质量。持续稳定的优秀品质是名牌产品的本质属性。在实施品牌延伸战略过程中，要把经营品牌之实与品牌之名有机结合起来，避免顾此失彼。要从战略角度考虑品牌延伸。深圳万科和深圳华为在创业发展过程中都因精心经营品牌，才有今天的影响力。

9.3 创业企业人力资源管理

一、招聘员工

在创业初期，如果不是非常必要，就不要雇人。因为自己做一切事情才能了解这项工作的本质，才会懂得如何判断工作完成的好坏，才会知道怎样写出符合实际的岗位招聘要求，也才会清楚在面试中该问什么问题，才能知道该雇用全职员工还是兼职人员，是该将工作直接外包还是坚持自己来做（如果可能，尽量自己来做）。在指导人们完成自己已经做过的工作，就知道何时该批评，何时该鼓励。有时候可能觉得力不从心，甚至可能觉得筋疲力尽。这时可以通过招聘员工让自己感觉轻松一些，但也可以通过学习正确的处理方法来解决问题。在最初的运营中付出的所有努力，都会变成无数倍的管理智慧，最终回报给创业者。另外，把自己的命运交到别人的手上，这是非常危险的。

（一）把握招聘的时机

招聘一定是在创业者的工作压力大于自己承受能力的时候。不要为了贪图一时高兴而招人。要时时提醒自己：如果不招人又会怎样？这项额外的工作真的带来了很大的负担吗？能不能用一套软件或者改变一下操作来解决这个问题呢？同理，如果有人离职了，不要立即招人来顶替他。看看如果没有人在这个职位上，自己能坚持多久。当创业者在很长一段时间内都被超负荷的工作所困扰，工作质量有所下滑时，这才是招人的正确时机。具体招聘流程见下图。

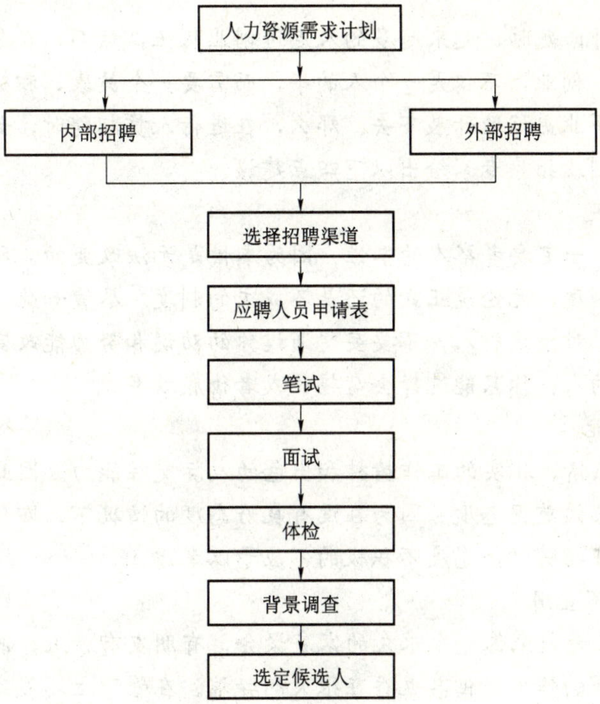

图 9-4　一般企业招聘流程

（二）招聘要点

1. 利用好新闻媒体及相关投资人

新闻媒体的影响力对招聘人才不可忽视，许多应聘者都不太在乎一家公司是否是顶级公司还是一般公司，但是一旦有风险投资公司投资，或者创业者的名字出现在各大技术媒体，就会吸引大量的应聘者关注。

2. 招聘内容尽量精简

招聘时写满了介绍，写了很多学位要求，语言要求，项目经验等，会让人家望而却步，懒得看，往往精简的东西都比冗长的内容更具吸引力。

3. 利益诱惑

不要期待应聘者不在乎薪水，先在乎个人成就、在乎过程、在乎是否能实现人生价值，给应聘者高薪才能激发积极性。比如固定薪水 2 000 元 1 月，若员工自己能开发某个新项目，则可得到额外 5 000 元奖励，这样，应聘者对公司的兴趣就大多了。

4. 客户导向的创业公司不如技术导向的创业公司吸引力大

像时尚、食物、体育类的创业公司不如技术、金融、B2B 类的公司吸引力大，所以创业公司在开始之初就要定好位，这样公司不但有清晰的发展方向，对人才招聘也有好处。

导师提示

招聘四项注意

当创业成为一种话题时，越来越多的人走进创业队伍。然而，在创业过程中，会遇到各种各样的情况。创业，不仅是一个人的事，而需要一个健康、积极的团队，需要团队作战精神才能将事业更好地开展下去。那么，在进行人员招聘时，如何把好关，避免不该犯的错误呢。创业指导专家给出以下四点建议：

1. 本性难以改变

在招聘员工时，一定要考察人的本性，因为本性是无法改变的。所有员工通常都必须遵守公司的规章制度，无论是正式的还是不成文的制度。尽管如此，有些人始终无法做到或者没有做到。对于这种人，不要妄想通过你的劝说和努力能改变他的本性，能使他成为你真正需要的人，你只能选择全盘接收或者彻底放弃。

2. 态度重于技能

你无法培训出热情、扎实的工作精神和出色的人际交往能力。因此，在技能与态度相互矛盾时，你更应该重视态度。因为在没有良好态度的情况下，即使再过硬的技能都将无法施展。因此在招聘时，态度不积极的不应予以考虑。

3. 朋友和家人不宜用

很多成功的企业看起来像一个永久的家庭聚会，有朋友有亲人，或者这些人能发挥出其他员工无法发挥的作用，但其也存在很大的弊端。在管理上不能完全按照规章制度行事，出现问题进行处罚也很难。如果企业中家庭成员和员工并存，有些员工会夸大家庭成员的资格。而且家庭成员与员工一同工作时，也常会在沟通中存在问题，增加了人际冲突的可能性。

4. 直觉不可忽视

在招聘过程中，除了一些正规的考试制度外，在招聘现场直觉也是不可忽视的。让你的经验和直觉告知你的聘用决定。不要害怕去进行你自己的测试，假如感觉拿不准那么就放弃这个人。

（三）招聘后的试用期必不可少

有些人在面试中看起来很专业，但做起事来却很糟糕。最好的评估办法就是看他们的实际工作情况。要把试用者先安排到一个小项目中，从中能观察到他们如何决策，如何提问，通过他们的实际行动对他们进行判断，甚至可以建立一个虚拟的项目。如在南卡罗莱纳的工厂里，宝马公司建立了一条模拟装配生产线，让那些求职者在这里实际操作 90 分钟，完成和汽车有关的各种工作。这些公司都十分清楚，一旦进入实际工作环境当中，一个人的真实水平就会体现出来。翻看作品、阅读简历、约见面试是一回事；实际和人搭档干活，那又是另一回事。经过试用期，就可以辨别谁是真正值得雇佣的人。

二、薪酬设计

创业企业刚开始可能规模很小，产品单一，无财力可言，但是依靠志同道合、具有强烈事业心的合作者，可以将家庭式的作坊发展成在商品市场中占有一席之地的企业。初期阶段，薪酬的管理主要体现公平，可以不形成为制度。如何将小企业继续发展壮大，在市场的竞争压力下经得起风浪，就需要企业决策层在管理上作综合的考虑，而此时薪酬管理作为企业管理的重要一环，就显得重要起来。

薪酬的本质是劳动者付出劳动，雇主付给其相应的经济回报，是一种市场交易行为。薪酬管理具有六大职能，即保留人才、吸引人才、激励人才、价值牵引、资源配置和补偿职能。薪酬由工资、激励薪酬、福利薪酬三部分构成，如图所示：

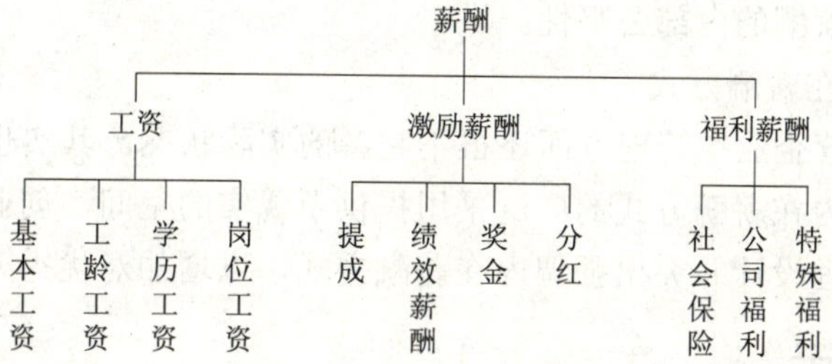

图 9-5　企业薪酬结构

（一）薪酬管理的指导原则

1. 投资观念

尽管资金匮乏问题时不时地困扰着创业期企业，但仍然要求企业不要只是简单地把薪酬作为人力成本来核算，而是要在资金实力允许的范围内尽可能采取更有市场竞争力的薪酬总水平定位，以保持对企业所需优秀人才的足够吸引力。

2. 系统观念

薪酬本身就有内在薪酬（工作带来的满足等）与外在薪酬（包括货币性奖励和非货币性奖励两大部分，前者一般由基本工资、业绩工资、激励工资、技能工资等形式，后者一般指法定福利和补充福利）的区分，同时它又是作为整个激励体系的一个组成部分存在的。这就要求创业期民营企业在设计薪酬制度过程中，将各种薪酬方式、支付方法结合起来使用，并且与其他激励机制相互配合、协调一致。从而尽可能充分地发挥薪酬体系的整体效用，提高人力资产的投入产出比率。

3. 重点观念

价值创造的规律表明，在一个企业中 20%的人创造了 80%的价值。不难理解，需要明确这 20%的员工，并在薪酬分配上给予重点保证和倾斜。这就是重点观念。体现在薪酬制度设计过程中，创业期民营企业要尽可能地对少数核心优秀人才给予足够的关注，甚至可以考虑保证最核心的 3%～5%的关键人才的薪酬水平高于市场平均水准。

（二）具体设计思路

在遵循适当的薪酬设计指导原则基础上，创业期民营企业需要进一步形成适合自身实际情况的薪酬设计思路。

1. 提高货币性薪酬的市场竞争力

创业期企业对人才的吸引力总体上还很弱，因而只能靠以较高的薪酬总水平来吸引优秀人才。但由于受到资金实力的制约，多数创业期民营企业在设计薪酬制度时，结构上可以采用较低的基本工资水平和较高的绩效奖金方式，在确保法定福利的基础上较少甚至没有补充福利。对于急需的专业技术、管理和市场营销人才，可以另外再采取股权、股份期权等长期激励方式来吸引和保留。

2. 适当淡化内部公平性

当企业处在创业期时，主要业务流程及组织结构尚不稳定，职位职责还不明确，常常存在一人多职或职责交叉的现象，主导员工所有的是往往是创业热情，而不是名誉和地位。因此，创业期民营企业在设计薪酬制度过程中，应该将重点放在薪酬的外部竞争力上，并适当淡化薪酬的内部公平性。

3. 突出强调内在薪酬方式

多数创业期民营企业在管理方面还很不完备的实际状况，其实也给技能多样性、工作意义、自主权等内在薪酬方式的广泛采用提供了现实的空间。创业期企业在设计薪酬制度过程中，可合理设计并突出强调内在薪酬方式，以增加对优秀人才的吸引力。

导师提示

不同岗位的薪酬方式设计

企业内部可以分为技术高度密集型岗位、部门和一般经营、服务型两类。两者在工薪制度上将有所区别：技术高度密集型岗位，企业对所招募的员工有比较强的依赖性，所以为了招募到技术人才，在工薪设计上必须考虑企业的长远发展目标和相对的稳定性。为此，工薪制度应采取灵活的组合方式，如直接给股份、高薪加高福利等。

对于一般经营、服务型部门和岗位，应采用岗位、级别的等级工薪制度。该项制度建立得越早越好。根据企业的岗位需求和实际能力以及员工的实际能力和水平，有目的地定岗、定员和定级、定薪。员工进入企业有明确的个人定位及发展目标，岗位的变化与薪水具有必然的联系。企业的工薪制度和激励制度是两个不同的制度，尤其是初创企业更要加以区分，否则会导致基本工薪制度与激励制度的混乱，使员工的工作热情受到打击。企业管理者要对作出杰出贡献的员工给予激励，这时不能采用在原岗位直接加薪的简单方法，而应采用一次性奖励或升职加薪的方法。

（三）薪酬设计时要考虑的几个问题

1. 岗位设置

岗位设置考虑的重点是精简实用，尤其是关键岗位（主导企业运转不可或缺的）和特殊岗位（销售、管理），设计符合本企业特点的薪酬制度。

2. 岗位与薪酬的关系

企业的发展离不开人才的支撑，知识经济时代企业的竞争实质就是人才的竞争。人才的选用要注重其潜能，能力太强或太弱都会造成企业的损失，“适者为好”是招聘的原则；但是在关键岗位和特殊岗位的人员招聘上要以“择优录用”为原则，希望通过人才的引进来帮助企业更上一层楼。

3. 薪酬调查

人才市场价格是招聘者必须了解的重要资料，它可以帮助企业在资金投入和运用上作精确的预估。企业在作人才市场价格调查时，要寻找同类企业——规模相似、管理模式相接近、最好是市场竞争伙伴——作为参考公司，这样企业可掌握最精确的信息，确定合理的价位。

导师提示

薪酬调查渠道

1. 网络。网络上的信息很多，薪酬、价格、岗位、劳动力市场以及许多企业需要的其他信息都可以在网上查到。

2. 面谈。与企业的员工或者相关人员进行直接交谈，了解企业薪酬状况，通过面谈能获得许多有用的信息。

3. 招聘。企业在招聘员工时要公示招聘岗位、薪酬价格及其他相关信息，招聘人员在与应聘人员面谈后会得到一些新的信息，企业可以根据这些新信息进行薪酬调整。

4. 委托。企业可以委托专业机构调查薪金状况。受委托专业机构往往有独特的获取信息的方法，可以系统地向企业提供需要的信息，但企业应先对这些信息进行分析，再决定是否采用。

5. 行业协会。企业还可以通过参加行业协会，在协会内部搜集信息。在市场经济发达的国家，行业协会的功能之一就是搜集信息、分析信息、反馈信息。

4. 其他因素

在薪酬设计时，还要考虑国家和地区的经济状况、政府政策导向、当地人才市场的需求情况、企业的经营状况、业务发展的目标计划及与薪酬相关的员工福利计划等。

导师提示

薪酬政策选择

1. 高薪酬战略

高薪酬战略即企业薪酬高于同行业平均水平。实行高薪酬战略可以留住优秀人才，让他们安心工作。在两种情况下企业可以实行高薪酬战略：一是企业盈利状况良好，效益外溢；二是企业希望吸引优秀人才。

2. 平均薪酬战略

平均薪酬战略即企业薪酬与市场平均水平基本持平。实行平均薪酬战略可以实现企业的平稳发展。长江三角洲、珠江三角洲的制造业大多采用这种战略。

3. 低薪酬战略

低薪酬战略即企业薪酬低于市场平均水平。实行低薪酬战略可以降低企业成本，提高产品的竞争力。劳动密集型企业往往采用这种战略。

（四）制定不同类型人员薪酬激励方案

1. 销售人员提成方案

在确定提成比例时，企业可以对员工自己开拓的客户给予较高的提成比例，对那些通过公司广告吸引来的客户给予较低的提成比例；对同一个业务员，企业可以给其新开拓的第一单业务较高的提成比例，而其后难度相对较小的其他业务较低的提成比例；在给业务员分配活动区域时，可以首先把市场分成若干个区域，让优秀的业务员先进行选择，而业务员的排序应根据销售业绩定期调整。

2. 中高层激励性薪酬方案

中高层管理干部是企业的核心成员，对企业的生存与发展至关重要，因此企业要十分重视中高层的激励性薪酬方案。可采用年终分红、股票期权和年薪制等形式。

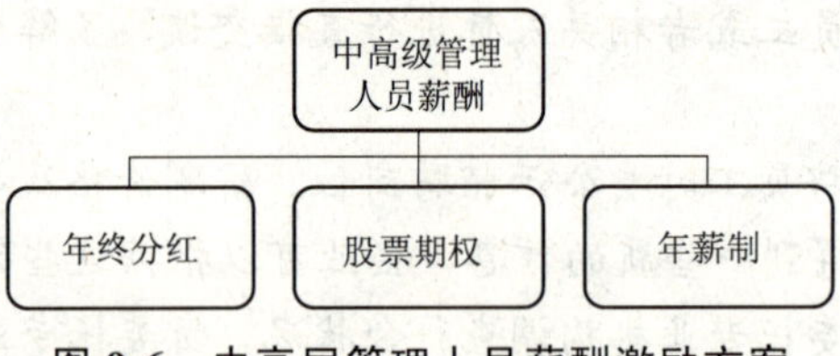

图 9-6　中高层管理人员薪酬激励方案

（1）年终分红。年终分红就是企业的中高层管理人员承包企业的利润，在规定时间内实现承包目标之后，按照预先约定分享获得的利润。企业的年终分红比例一般在 5%～15%之间，部分分红力度较大的企业可以达到 20%左右。企业在对分红多少进行排序时，不能完全按照工资级别排序，把分红变成纯粹的工资补充，这不利于调动员工的积极性，而要根据绩效考核的结果进行分红。

（2）股票和期权。即企业给予中高层管理人员在一定时间内以特定价格购买一定数量股份的权利，并在将来获利，这就是利用股票和期权对中高层管理人员进行长期激励的薪酬方案。一般而言，管理层持股应用管理层的奖金购买，通过分红、股票兑现等方式实现持股人的收益。而期权往往是约定的股票价格和份额，通过市值差额实现。

（3）年薪制。即支付薪酬时以年薪作为计算单位，年薪总额为基本年薪、绩效年薪、风险年薪和福利的总和。一般而言，年薪制适用于对企业高层管理人员进行激励。

3. 生产工人激励性薪酬方案

生产工人薪酬方案以计件和计时两种方式为主。

（1）计件工资。它是企业对生产工人常常采用的激励方式，便于计算，易于理解，计量原则公平，因而有着很好的激励效果。但是计件工资也有其不足之处，即计件工资的计件标准和工资率难以准确确定，对之进行修订是一件非常烦琐的事情。此外，一些企业为了提高利润，随意更改计件标准，在雇员中声名狼藉。因此要采用计件工资的激励方式，企业就一定要事前定好工资率和计件标准。

（2）计时工资。即确定工人的标准工时，以完成工作的时间作为发放薪酬的依据。采用计时工资，企业一定要制定出量化的标准，否则会出现磨洋工的现象。具体标准可以参照行业情况，最好让多数人通过努力可以完成，少数精英稍加努力便可完成，还有少部分人无法完成。

4. 奖金设计

奖金的设计一定要体现公司的战略意图和价值导向，在设计具体项目时，可以分为五类：一定时间内根据考评结果发放考评奖金；完成一项任务后发放项目奖金；根据全年业绩情况发放年终奖金；全勤员工获得全勤奖金；针对特定事情，及时设立特别贡献奖金。

三、新员工培训

要在短时间内让企业所录用的员工快速进入角色、融入企业，从“局外人”转变成为“企业人”，就需要通过规范系统的方法使其感到受尊重、被关注，形成员工的归属感，对个人在企业中的职业发展充满信心。所以，及时、规范、全面的入职培训是人力资源管理中不可忽视的一个重要环节。它既是选才招聘的后续步骤，也是创业企业留住人才的第一步。

（一）新员工培训的主要内容

入职培训是一项由企业人力资源部门和新员工的直接上级共同协作的工作。包括一般性培训和专业性培训两类，还可加入辅导性计划。

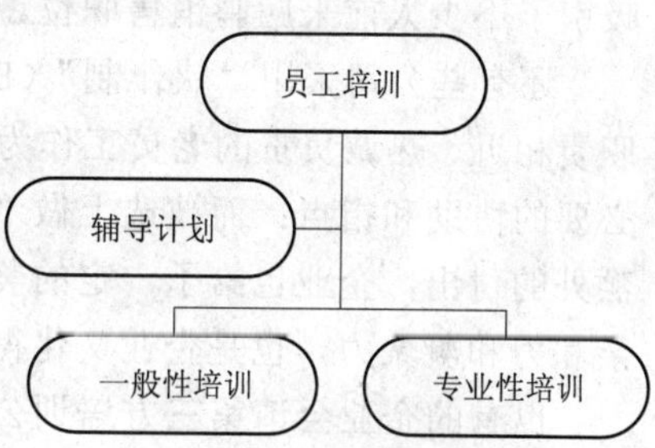

图 9-7 员工培训结构图

1. 一般性培训

一般性培训包括企业概况（公司的历史、背景、经营理念、愿景、使命、价值观）、本行业的概况、公司的行业地位、市场表现、发展前景、基本的产品/服务知识、制造与销售情况、企业的规章制度与组织结构、公务礼仪、行为规范、商业机密、职业操守、薪酬和晋升制度、劳动合同、福利与社会保险等。这一部分内容相对标准化，部门或岗位的差异不大，一般由人力资源部门承担和组织，所需时间也通常比较短暂且固定，规模大、新招员工多的公司还可集中采取团体性的课程，这样成本低、效率高。

2. 专业性培训

专业性培训包括工作场所、办公设施设备的熟悉；内部人员的熟悉（本部门上级、下属、同事，其他部门的负责人、主要合作的同事）；了解业务、流程、职责、权限，包括客户、产品、市场、行业、对外联络方；有时需实地进行，如参观工厂、仓库、研发实验室等；专业性的技术、业务、财务等管理方法训练等。这部分内容则应根据不同岗位的实际工作需要，主要由新员工的直接主管/部门负责人拟定并推动执行，所需时日则可有很大差异，短则一两日，长则数月，但一般以试用期为上限。

3. 辅导计划

辅导计划是个不错的工具。主管可以根据新员工的个人情况量身定做，考虑其当时的职务所需以及将来的发展所需，使新人的学习有特定的方向；依据辅导计划，主管可每周或每月定期了解新人学习和适应情况，不时面谈，沟通彼此的想法，修正不适当的部分。通过这种方式，主管不需要全天候“监视”新人的所作所为，也可培养新员工对工作的认同感和责任感。

（二）培训方式

入职培训的方式方法可灵活多样。可以是授课式、研讨会形式，也可以是在岗实地培训，甚至可以是户外训练等方式。

例如，美国惠而浦公司（Whirlpool Corporation）对新加入的销售人员采用实地培训。以7个人为一组，安排在公司密歇根总部附近的房子里，为期两个月，只有2个周末允许回家度假。除了普通的讲授方式，还让新销售员工每天用公司的产品洗衣、做饭、洗碗；他们也会在当地的商店购买家用电器，将惠而浦的产品和竞争者的产品作比较，等等。这个培训使新加入的销售人员快速熟悉产品和业务，参加了该项目的员工通过试用期留在惠而浦的比率也比较高，而且还吸引了不少人前来应聘销售职位。

还有些公司采用“伙伴制”（Buddy System），就是给每个新员工指定安排一名工作职责相近、热诚负责的老员工作为“结对子”的“伙伴”，事无巨细，随时可给予新员工必要的协助和指点；而被选上做“伙伴”也是企业对优秀员工的一种认可和荣誉，对其额外的付出，企业也给予一定的奖励。这种一对一的“贴身全程服务”很能显示企业的亲和力和凝聚力，也是企业文化得以传播和加强的可靠途径。

也有的企业会请第三方培训公司，采用更新颖的户外拓展训练作为入职培训的一部分。这种拓展训练沿用了体验式培训的基础理论，结合新人融入方面的心理学和组织行为学研究成果，通过科学的情境设计，让课程兼顾新人的个体行为感受、团队角色观念的树立和企业价值认同的推动，从而促进新员工融入企业，加强新员工对企业的认同感和归属感；同时也使新员工在体验中理解和认同企业文化。

导师提示

让第一天印象深刻的几项工作

让新员工对就职的第一天留下深刻的好印象，就意味着入职培训和员工融入新环境成功了一半；同时，这也不失为留住人才的一个很好的切入点。这里罗列一些方法供参考选择，看似琐碎，却可于细微之处见实效：

1. 举办一个简单但热烈的欢迎会，备些咖啡和茶点（依据预算多寡），邀请公司员工来和新同事见面认识。

2. 帮助新员工安排好工作的准备，包括：办公座位、办公用品、姓名牌、名片、出入卡、内部通讯录、紧急联络表、电话设置、电脑设置（包括电邮信箱的申请开通）甚至台历等。

3. 告知最基本和即刻需要用到的信息，如：办公区的布局，最常用的电话和电邮的使用指南，复印、传真、打印等办公设备的使用，茶水间、餐厅、洗手间的使用等。

4. 欢迎信——可用公司的“行话”或“俚语”准备一封生动幽默的欢迎信。(信中可体现企业文化和亲和力)

5. 准备公司纪念品(印有公司标识)。

6. 邀请共进午餐。

7. 尽量指定“专人”负责某位新员工的第一天。

前3至6个月的试用期是企业对新员工的考察期，其实它同时也是员工证实“找对了新东家”的自我验证时期。成功的新员工培训与发展已经深入到了员工的行为和精神的层次，在局外人转变为企业人的过程中，员工逐渐熟悉、适应组织环境并开始初步规划自己的职业生涯，定位自己的角色，开始发挥自己的才能。所以，企业应使用好入职培训这个工具，对千挑万拣招来的人才充分施展“留人”策略，勿让人才流失掉。

9.4　创业企业风险管理

任何一个营业中的企业每天都面临着一定的风险，对于小企业，这种风险带来的损失相对来说更为严重，因为小企业承受风险损失的能力相对较小。小企业在营业时就要制订出如何最有效地应付风险对策，把风险损失限制在企业所能承受的最小范围内。

企业经营风险主要包括各种潜在的损失、损坏以及因未采取保险措施而对企业造成的损失。常见的风险有：火灾、盗窃、风灾、职工或顾客发生意外，坏账损失、业务中断、丧失经营机会以及企业经营者在日常生活中的个人风险等。这些潜在的损失都应该引起足够的重视，就像重视产品质量或经营效果一样。

所以，企业的风险管理应该是查找并确认企业存在的各种风险，制定并执行各种行动方案来减少、消除、转移或避开这些风险。

一、创业企业风险的种类

(一)投资风险

它是指因投资不当造成投产企业经营效益不好，投资资本下跌。企业对此应做到：在项目投资前，一定要各职能部门和项目评审组一起对准备投资的项目进行严格、科学的审查和论证，不能盲目运作。对外资项目更不能作风险承诺，也不能作差额担保和许诺固定回报率。

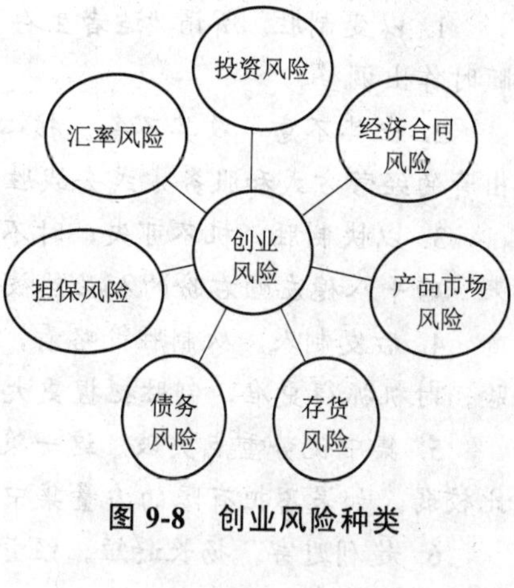

图 9-8　创业风险种类

(二)经济合同风险

它是指企业在履行经济合同过程中，对方违反合同规定或遇到不可抗力影响，造成本企业的经济损失。因此，企业应重视经营和产品合同签订后的履约及赔偿责任问题。合同签订后还应密切注视其执行情况，要有远见地处理随时发生的变化。

（三）产品市场风险

它是指因市场变化、产品滞销等原因导致跌价或不能及时卖出自己的产品。产生市场风险的原因有三个：市场销售不景气，包括市场疲软和产品产销不对路；商品更新换代快，新产品不能及时投放市场；国外进口产品挤占国内市场。

（四）存货风险

它是指因价格变动或过时、自然损耗等损失引起存货价值减少。这时企业应马上清理存货，生产时要控制投入、控制采购、按时产出，加强保管。有些观念保守的企业担心存货贬值，怕影响当前效益，长期不处理，结果造成产品积压，损失越来越大。

（五）债务风险

它是指企业举债不当或举债后资金使用不当致使企业遭受损失。为了避免企业资产负债，企业应控制负债比率。许多企业因股东投资强度不够，便以举债扩大生产经营或盲目扩大征税，结果提高资产负债率，造成资金周转不灵，还会影响正常的还本付息，甚至有可能导致企业因资不抵债而破产。

（六）担保风险

它是指为其他企业的贷款提供担保，最后因其他企业无力还款而代其偿还债务。企业应谨慎办理担保业务，严格审批手续，一定要完善反担保手续以避免不必要的损失。

（七）汇率风险

它是指企业在经营进出口及开展其他对外经济活动时，因本国与外国汇率变动，使企业在兑换过程中遭受的损失。企业平时就要随时注意其外币债务，密切关注各种货币的汇率变化，以便采取相应措施。特别是在银行有外币贷款的企业更应如此。

导师提示

规避风险有九招

规避风险的九招如下：

1. 以变制胜。所谓“适者生存”，强调的就是“变”，经营者要适应外部环境的变化，随时作出调整。

2. 出其不意，攻其不备。核心是一个“奇”字，用出奇的产品、出奇的经营理念、出奇的经营方式和服务方式去战胜竞争对手。

3. 以快制胜。机不可失，时不再来，比对手快一分就能多一分机会。对什么都慢慢来、四平八稳左顾右盼的人必然被市场淘汰，胜者属于那些争分夺秒、当机立断者。

4. 后发制人。从制胜策略看，后发制人比先发制人更好，可以更多地吸收别人的经验，时机抓得更准，制胜把握更大。

5. 集中优势重点突破。这一策略特别适用于小企业，因为小企业人力、物力、财力比较弱，如果不把有限的力量集中起来很难取胜。

6. 趋利避害，扬长避短。经营什么产品，选择什么样的市场，都要仔细掂量，发挥自己的优势。干应该干的，干可以干的，有所为，有所不为。

7. 迂回取胜。小企业与人竞争不能搞正面战，搞阵地战，而应当搞迂回战，干别人不敢干的，干别人不愿干的。

8. 积少成多，积微制胜。"积少成多"是一种谋略，一个有作为的经营者要用"滴水穿石"、"聚石成山"的精神去争取每一个胜利，轻微利、盲目追求高利润的经营者未必一定成功。

9. 以廉制胜。"薄利多销"是不少经营者善于采用的一种经营策略。"薄利多销"前提是能多销，"薄利少销"则是不可取的。

二、大学生创业风险

大学生创业者要认真分析自己创业过程中可能会遇到哪些风险，这些风险中哪些是可以控制的，哪些是不可控制的，哪些是需要极力避免的，哪些是致命的或不可管理的，一旦这些风险出现，应该如何应对和化解。特别需要注意的是，一定要明白最大的风险是什么，最大的损失可能有多少，自己是否有能力承担并渡过难关。大学生创业的风险主要有以下几个方面：

（一）项目选择太盲目

大学生创业时如果缺乏前期市场调研和论证，只是凭自己的兴趣和想象来决定投资方向，甚至仅凭一时心血来潮作决定，一定会碰得头破血流。大学生创业者在创业初期一定要做好市场调研，在了解市场的基础上创业。一般来说，大学生创业者资金实力较弱，选择启动资金不多、人手配备要求不高的项目，从小本经营做起比较适宜。

（二）缺乏创业技能

很多大学生创业者眼高手低，当创业计划转变为实际操作时，才发现自己根本不具备解决问题的能力。因此一方面大学生应去企业打工或实习，积累相关的管理和营销经验；另一方面，应积极参加创业培训，积累创业知识，接受专业指导，提高创业成功率。

（三）资金风险

资金风险在创业初期会一直伴随在创业者的左右。是否有足够的资金创办企业是创业者遇到的第一个问题。企业创办起来后，就必须考虑是否有足够的资金支持企业的日常运作。对于初创企业来说，如果连续几个月入不敷出或者因为其他原因导致企业的现金流中断，将会给企业带来极大的威胁。相当多的企业会在创办初期因资金紧缺而严重影响业务的拓展，甚至错失商机而不得不关门大吉。另外如果没有广阔的融资渠道，创业计划只能是一纸空谈。除了银行贷款、自筹资金、民间借贷等传统方式外，还可以充分利用风险投资、创业基金等融资渠道。

（四）社会资源贫乏

企业创建、市场开拓、产品推介等工作都需要调动社会资源，大学生在这方面会感到非常吃力。平时应多参加各种社会实践活动，扩大自己人际交往的范围。创业前，可以先到相关行业领域工作一段时间，通过这个平台，为自己日后的创业积累人脉。

（五）管理风险

一些大学生创业者虽然技术出类拔萃，但理财、营销、沟通、管理方面的能力普遍不足。要想创业成功，大学生创业者必须技术、经营两手抓，可从合伙创业、家庭创业或从虚拟店铺开始，锻炼创业能力，也可以聘用职业经理人负责企业的日常运作。创业失败者，基本上都是管理方面出了问题，其中包括决策随意、信息不通、理念不清、患得患失、用人不当、忽视创新、急功近利、盲目跟风、意志薄弱等。特别是大学生知识单一、经验不足、资金实力和心理素质明显较弱，更会增加在管理上的风险。

（六）竞争风险

寻找蓝海是创业的良好开端，但并非所有的新创企业都能找到蓝海。更何况，蓝海也只是暂时的，所以，竞争是必然的。如何面对竞争是每个企业都要随时考虑的事，而对新创企业更是如此。如果创业者选择的行业是一个竞争非常激烈的领域，那么在创业之初极有可能受到同行的强烈排挤。一些大企业为了把小企业吞并或挤垮，常采用低价销售的手段。对于大企业来说，由于规模效益或实力雄厚，短时间的降价并不会对它造成致命的伤害，而对初创企业则可能意味着彻底毁灭的危险。因此，考虑好如何应对来自同行的残酷竞争是创业企业生存的必要准备。

（七）团队分歧的风险

现代企业越来越重视团队的力量。创业企业在诞生或成长过程中最主要的力量来源一般都是创业团队，一个优秀的创业团队能使创业企业迅速发展起来。但与此同时，风险也就蕴含在其中，团队的力量越大，产生的风险也就越大。一旦创业团队的核心成员在某些问题上产生分歧不能达到统一时，极有可能会对企业造成强烈的冲击。事实上，做好团队协作并非易事，特别是与股权、利益相关联时，很多初创时很好的伙伴都会闹得不欢而散。

（八）核心竞争力缺乏的风险

对于具有长远发展目标的创业者来说，他们的目标是不断地发展壮大企业，因此，企业是否具有自己的核心竞争力就是最主要的风险。一个依赖别人的产品或市场来打天下的企业是永远不会成长为优秀企业的。核心竞争力在创业之初可能不是最重要的问题，但要谋求长远的发展，它就是最不可忽视的问题。没有核心竞争力的企业终究会被淘汰出局。

（九）人才流失风险

一些研发、生产或经营性企业需要面向市场，大量的高素质专业人才或业务队伍是这类企业成长的重要基础。防止专业人才及业务骨干流失应当是创业者时刻注意的问题，在那些依靠某种技术或专利创业的企业中，拥有或掌握这一关键技术的业务骨干的流失是创业失败的最主要风险源。

（十）意识上的风险

意识上的风险是创业团队最内在的风险。这种风险来自于无形，却有强大的毁灭力。风险性较大的意识有投机心态、侥幸心理、试试看心态、过分依赖他人等。

大学生创业过程中所遇到的阻碍并不仅此十点，在企业发展过程中，随时都有风险。应保持积极的心态，多学习，多汲取优秀经验，结合大学生既有的特长优势，大学生创业的步伐会越走越远，越走越稳。

三、预防风险的对策

预防创业风险“八字诀”：分析、评估、预防、转嫁。

（一）学会分析风险

创业者对每一经营环节都要学会分析风险，做什么都不能满打满算，要留有余地，对可能出现的风险要有明确的认识和克服的预案。

（二）善于评估风险

通过分析，预测风险会带来的负面影响。例如，投资一旦失误，可能造成多大损失；投资款万一到期无法挽回，可能造成多大经济损失；贷款一旦无法收回，会产生多少影响；资金周转出现不良，对正常经营会造成哪些影响等。

（三）积极预防风险

例如，对投资方案进行评估，对市场进行周密调查，制定科学的资金使用政策等。一旦某个环节出现问题，要有采取补救措施的预案，尽可能减少负面影响。同时还要加强管理，建立健全企业各种规章制度，特别是合同管理、财务管理、知识产权保护等；在平时的业务交往中要认真签订、审查各类合同，加强对合同履行过程中的监督。

（四）设法转嫁风险

风险不可避免，但可以转嫁。例如财产投保，就是转嫁投资意外事故风险；购买商品是转嫁筹资风险；以租赁代替购买设备是转嫁投资风险。创业也是如此，个人独资承担无限责任，但几个人共同投资，就是有限责任，就能分散风险。

经历风险承担损失的企业要组织重建，进行管理组织创新，进行适当的企业文化调整，变被动为主动，化消极为积极，使企业以崭新的姿态和面貌出现在市场上。

当然创业企业进入到正常运营轨道之后，需要创业者关注的管理问题还有很多，如成本核算、生产管理、物流配送管理、采购与销售管理等，这就需要创业者系统学习和研究这些专业领域知识，不断提升自己的各项管理技能。创业没有回头路，尽管前路漫漫，只有不断向前，勇敢的创业者才能实现自己的梦想。

思考与训练

一、思考题

1. 企业文化对企业运营管理有何影响？作为创业者你会树立哪些企业理念和价值观？

2. 企业战略对创业企业有何意义？初创阶段企业宜采用何种企业战略？

3. 创业企业薪酬设计应考虑哪些因素？对于不同薪酬政策你如何理解？

4. 创业企业风险的类型有哪些？

二、练一练，做一做

1. 假设你是展飞创业团队（见导入部分）的一员，主要负责人力资源管理，现在公司需要招聘玩具设计师 2 名，请针对该职务拟定如下内容：

（1）职务说明：包括岗位职责、岗位所需资历、学历及工作经历等；

（2）薪酬福利设计：采取的薪酬体制及奖励办法；

（3）入职后的职业生涯道路设计：即该岗位在企业内职业发展规划；

（4）招聘的媒体选择，调查这些媒体的发布渠道、频次及收费情况，选择其中一个或几个媒体，并说明理由。

三、案例分析

宜家：平等和容忍

瑞典宜家（IKEA）是二十世纪中少数几个令人眩目的商业奇迹之一，它于1943年初创建，从一点“可怜”的文具邮购业务开始，在不到60年的时间内就发展为在全球共有180家连锁商店，分布在42个国家，雇佣了7万多名员工的企业航母，成为全球最大的家居用品零售商。

无疑，宜家繁荣的强大支撑力正是其多年来坚定不移的文化理念，而这种文化背后又折射着创始人英格瓦·坎普拉（Ingvar Kamprad）深刻的烙印。

平等主义的用人理念

宜家的企业文化来源于北欧斯堪的纳维亚和瑞典文化，如非正式、关注成本、幽默和脚踏实地，其文化的核心之一就是平等主义。坎普拉倡导平等、反官僚、信任员工的直觉、建立扁平化的组织。宜家定期举行反官僚作风周，在此期间，总监们在店堂后面的寄存间工作。

宜家每年要接收将近20 000名新员工。如何把宜家的文化和价值观传输给他们、贯彻到每一个地方，是一个巨大的挑战。“要注重企业文化，在招聘过程中就必须保持公平的态度，只有这样，在招聘员工时，才能确保企业文化被理解并且被适当地评价。” 宜家CEO达尔维格说。此外，宜家还将不同种类的培训计划作为工作流程随时进行，并设有许多评价方法。

由于过去总是有些岗位找不到合适的人选，宜家也越来越重视员工的职业生涯设计，试图在公司内部尽可能地让员工担任不同的工作，例如从零售到采购，并且范围在不断地扩大。

虽然宜家曾认为瑞典人更适合做公司的经理，但五年前它放弃了这一战略，代之以倡导对不同国家雇员的平等对待。“多样化能够产生更加具有挑战性的工作氛围，并且加强了我们的雇员基础。”达尔维格说。

创始人的魅力

其实，不论是平等主义还是关注客户，都是宜家79岁的坎普拉个人特征的完美体现。“长久以来，坎普拉都是宜家文化的偶像和宜家信仰的推广者。”哈佛商学院教授Christopher Bartlett说，“当他讲话时，不论对象是消费者还是员工，听者无一不被感染。”

拥有超凡魅力、脚踏实地、过分吝啬——从曾经朗读困难的乡村男孩成为零售业天才的坎普拉有着令人惊异的故事。

坎普拉6岁就开始踏足零售业，从卖火柴到卖鱼、圣诞树装饰物、种子、圆珠笔和铅笔等。1943年，17岁的坎普拉凭着零售天分和激情创办了宜家，宜家（IKEA）这一名字就是创始人名字的首写字母（IK）和他所在的农场（Elmtaryd）以及村庄（Agunnaryd）的第一个字母组合而成的。宜家起初销售钢笔、皮夹子、画框、装饰性桌布、手表、珠宝以及尼龙袜等。

1951 年，宜家发表第一个目录册（直到 1963 年，坎普拉一直自己写所有的条目）。“为众人创造更好的生活”、“浪费资源是致命的罪过”、“发展是我们的责任”这些标语都曾先后出现在宜家的卷角目录中，这本小册子会发到全体员工手中。在《一个家具经销商的遗嘱》中，坎普拉写道：把你的生活分为 10 分钟为一单元的部分，在无意义的活动上牺牲尽可能少的时间。

坎普拉风格中的突出特征就是平等主义和容忍错误。哈佛商学院的一个案例这样描述他，经理要坐头等舱去参加会议，而他回答说：“在宜家，没有头等舱。”直到今天，即使是宜家最高层的经理们都坐经济舱。

“这种对坎普拉的忠诚是非常强大的，”一位前宜家高级执行官说，“他拥有一个核心团队，他们是宜家品牌和文化的忠实信徒，甚至可以为他去打第三次世界大战。”

问题：宜家的企业文化包含哪些内容？它是怎样影响宜家的经营的？员工的忠诚感是如何形成的？

四、小测试

学习了创业知识，请完成下列测试，看一看你是否做好了创业准备。

1. 开始创业后你立刻做的第一件事情是：
   a. 找钱、找 VC
   b. 撰写商业计划书
   c. 物色创业伙伴
   d. 着手研发产品
   e. 选择办公地点
2. 创业公司应该：
   a. 低调埋头苦干
   b. 努力到处自我宣传
   c. 看情况顺其自然
   d. 借别人的势进行联合推广
3. 招聘员工时最重要的是：
   a. 学历高低
   b. 朋友推荐
   c. 成本高低
   d. 工作经验
4. 你在哪一种条件下，会决定创业：
   a. 等有了一定工作经验以后
   b. 等有了一定经济实力以后
   c. 等找到天使投资或 VC 投资以后
   d. 现在就创业，尽管自己口袋里没有几个钱
   e. 一边工作一边琢磨，等想法成熟了就创业
5. 你认为创业成功的关键是：

a. 资金实力
b. 好点子
c. 优秀团队
d. 政府资源和社会关系
e. 专利技术

6. 以下哪项是创业公司生存的必要因素：
a. 高度的灵活性
b. 严格的成本控制
c. 可复制性
d. 可扩展性
e. 健康的现金流

7. 产品进入市场的最佳策略是：
a. 价格低廉
b. 广告投入
c. 口碑营销
d. 品质过硬

8. 和投资人交流最有效的方式是：
a. 出色的现场 PPT 演示
b. 详细的商业计划书和财务预测
c. 样品当场测试
d. 有朋友的介绍和引荐
e. 通过财务顾问的代理

9. 选择投资人的关键因素是：
a. 对方是一个知名投资机构
b. 投资方和团队不设对赌条款
c. 谁估值高就拿谁的钱
d. 谁出钱快就拿谁的钱
e. 只要能融到钱，谁都一样

10. 你认为以下哪一项是 VC 投资决策中最重要的因素：
a. 商业模式
b. 定位
c. 团队
d. 现金流
e. 销售合约

11. 从哪句话里可以知道 VC 其实对你的公司并没有实际兴趣：
a.“我们有兴趣，但是最近太忙，做不了此项目”
b.“你们的项目还偏早一些，我们还要观察一段时间”
c.“你们如果找到领投的 VC，我们可以考虑跟投一些”

d. “我们这个行业不熟悉，不敢投”

e. 上面任何一句话

12. 创业团队拥有51%的股份就绝对控制了公司吗？

a. 正确

b. 错误

13. 创业公司的CEO，首要的工作责任是：

a. 制定公司的远景规划

b. 销售、销售、销售

c. 人性化的管理

d. 领导研发团队

e. 融到投资人的钱

14. 凝聚创业团队的最好办法是：

a. 期权

b. 公司文化

c. CEO的魅力

d. 工资和福利

e. 团队的激情

15. 创业公司的财务预测中最重要的是：

a. 销售增长

b. 毛利率

c. 成本分析

d. 资产负债表

16. 创业公司的日常运营中，以下工作最重要的是：

a. 会议记录的及时存档

b. 业绩指标的合理安排和及时跟踪

c. 团队的经常性培训

d. 奖惩制度

e. 管理流程的ISO9000认证

17. 创业公司的日常运营中，最棘手的问题是：

a. 人的管理

b. 销售增长

c. 研发的速度

d. 资金到位情况

e. 扩张力度

18. 创业公司产品市场推广效果的衡量标准是：

a. 广告投入量和覆盖面

b. 营销推广的精准程度

c. 产品出色的品质保证

d. 广告投入和产出比例

e. 产品价格的打折力度

f. 品牌的市场渗透率

19. 防止竞争的最有效手段是：

a. 专利

b. 产品包装

c. 质量检查

d. 不断研发新产品

e. 比竞争对手更快地占领市场

20. 创业公司的第一个大客户竟然是个“土财主”，你会：

a. 一视同仁地对他提供你公司的标准服务

b. 指导他如何来积极配合你的工作

c. 修理他，给他些颜色看看

d. 提供全面服务+免费成长辅导

21. 你认为创业公司中的最大风险是：

a. 市场的变化

b. 融资的成败

c. 产品研发的速度

d. CEO 的个人能力和素质

e. 决策机制的合理性

22. 当创业公司账上的现金低于三个月的时候，应该采取哪项措施：

a. 立刻启动股权融资

b. 通知现有公司股东追加投资

c. 立刻大幅削减运营成本，包括裁员

d. 打电话给银行请求贷款

e. 把自己的存折和密码交给公司会计

23. 创始人之间发生矛盾时，你会：

a. 坚持原则，据理力争

b. 决定离开，另起炉灶

c. 委曲求全，弃异求同

d. 引入新人，控制局势

24. 投资创业公司的理想退出方式是：

a. 上市

b. 被收购

c. 团队回购

d. 高额分红

e. 以上都是

【试卷答案】

1. d	2. b	3. d	4. d	5. c	6. e	7. d	8. c	9. e	10. c
11. e	12. b	13. b	14.b	15. a	16. b	17. a	18. d	19. e	20. d
21. d	22. c	23. c	24. E						

将自己测试结果与答案相比，每答对 1 题算 1 分，看看自己能得多少分？

（1）如果你的得分是 1～8 分：还不具备创业的基本知识，不要贸然创业；

（2）如果你的得分是 9～16 分：游走在创业的梦想和现实之间，继续打磨打磨吧；

（3）如果你的得分是 17～24 分：已经做好了创业的基本准备，大胆往前走喽！

参考文献

[1] 张天桥，侯全生，李朝晖. 大学生创业第一步. 北京：清华大学出版社，2008.
[2] [美] 马里奥特. 青年创业指南. 户才和，译. 北京：经济日报出版社，2004.
[3] 夏于全. 创业初期该做什么. 北京：中国三峡出版社，2006.
[4] 任宪法. 自主创业丛书：白手创业. 北京：中国经济出版社，2007.
[5] [美] 布罗茨基，[美] 博林翰. 街头生意经. 李瑜偲，译. 北京：中信出版社，2010.
[6] 杨柳纯. 创业心经. 广州：南方日报出版社，2007.
[7] 斯蒂芬 · P · 罗宾斯. 今日商务. 北京：中信出版社，2004.
[8] 刘兴倍. 商务管理. 北京：清华大学出版社，2008.
[9] 施鸣放. 创业投资的 101 个选择. 广州：广东经济出版社，2006.
[10] 赵延忱. 创业资金解决之道. 北京：企业管理出版社，2008.
[11] 杨艳萍. 创业学. 长沙：湖南大学出版社，2004.
[12] 缪兴峰，李丽，叶小明. 现代商务管理与实务. 广州：中山大学出版社，2006.
[13] 张德. 人力资源开发与管理. 北京：清华大学出版社，2001.
[14] [美] 贾森 · 弗里德（Jason Fried），大卫 · 汉森（David Heinemeier Hansson），Mike Rohde. 重来：更为简单有效的商业思维. 李瑜偲，译. 北京：中信出版社，2010.
[15] 世界创业实验室网站：http://elab.icxo.com/
[16] 大学生创业网：http://www.studentboss.com/

工学结合新思维高职高专财经类“十二五”规划教材

（一）基础课程

1. 经济应用数学
2. 大学语文
3. 应用统计基础
4. 经济学基础——宏微观经济的理性选择
5. 大学生职业生涯设计与就业指导
6. 大学生创业实战指导

（二）国际经贸

1. 国际贸易环境分析
2. 外贸单证实务与操作
3. 进出口贸易操作实务
4. 进出口业务流程综合实训
5. 国际贸易理论与实务
6. 保险实务
7. 国际结算实务
8. 国际金融实务
9. 报关实务
10. 新编商务英语函电
11. 商务英语写作
12. 商务英语谈判
13. 外贸英语函电
14. 服务外包实用英语入门

（三）财会金融

1. 会计学原理
2. 会计报表分析
3. 会计信息化教程
4. 外贸会计实务
5. 经济法实务
6. 商业银行综合柜台业务

（四）工商管理

1. 管理咨询实务
2. 人际沟通与礼仪
3. 市场营销实务
4. 商务信息检索
5. 国际市场开发
6. 商务沟通技巧
7. 房地产销售实务
8. 房地产税收实务
9. 现代商务管理实操

（五）物流管理

1. 企业物流管理
2. 物流市场调研与开发
3. 物流服务营销

（六）电子商务

1. 电子商务
2. 网络营销

（七）旅游与酒店管理

1. 旅行社经营与管理
2. 酒店经营与管理
3. 饭店前厅与客房管理实务
4. 酒店实用英语
5. 旅游英语